Inventário Extrajudicial
Na Prática

O GEN | Grupo Editorial Nacional – maior plataforma editorial brasileira no segmento científico, técnico e profissional – publica conteúdos nas áreas de concursos, ciências jurídicas, humanas, exatas, da saúde e sociais aplicadas, além de prover serviços direcionados à educação continuada.

As editoras que integram o GEN, das mais respeitadas no mercado editorial, construíram catálogos inigualáveis, com obras decisivas para a formação acadêmica e o aperfeiçoamento de várias gerações de profissionais e estudantes, tendo se tornado sinônimo de qualidade e seriedade.

A missão do GEN e dos núcleos de conteúdo que o compõem é prover a melhor informação científica e distribuí-la de maneira flexível e conveniente, a preços justos, gerando benefícios e servindo a autores, docentes, livreiros, funcionários, colaboradores e acionistas.

Nosso comportamento ético incondicional e nossa responsabilidade social e ambiental são reforçados pela natureza educacional de nossa atividade e dão sustentabilidade ao crescimento contínuo e à rentabilidade do grupo.

Jussara Citroni **Modaneze**

Inventário Extrajudicial
Na Prática

- A autora deste livro e a editora empenharam seus melhores esforços para assegurar que as informações e os procedimentos apresentados no texto estejam em acordo com os padrões aceitos à época da publicação, e todos os dados foram atualizados pela autora até a data de fechamento do livro. Entretanto, tendo em conta a evolução das ciências, as atualizações legislativas, as mudanças regulamentares governamentais e o constante fluxo de novas informações sobre os temas que constam do livro, recomendamos enfaticamente que os leitores consultem sempre outras fontes fidedignas, de modo a se certificarem de que as informações contidas no texto estão corretas e de que não houve alterações nas recomendações ou na legislação regulamentadora.

- Fechamento desta edição: *15.08.2024*

- A Autora e a editora se empenharam para citar adequadamente e dar o devido crédito a todos os detentores de direitos autorais de qualquer material utilizado neste livro, dispondo-se a possíveis acertos posteriores caso, inadvertida e involuntariamente, a identificação de algum deles tenha sido omitida.

- **Atendimento ao cliente:** (11) 5080-0751 | faleconosco@grupogen.com.br

- Direitos exclusivos para a língua portuguesa
  Copyright © 2025 by
  Editora Forense Ltda.
  Uma editora integrante do GEN | Grupo Editorial Nacional
  Travessa do Ouvidor, 11 – Térreo e 6º andar
  Rio de Janeiro – RJ – 20040-040
  www.grupogen.com.br

- Reservados todos os direitos. É proibida a duplicação ou reprodução deste volume, no todo ou em parte, em quaisquer formas ou por quaisquer meios (eletrônico, mecânico, gravação, fotocópia, distribuição pela Internet ou outros), sem permissão, por escrito, da Editora Forense Ltda.

- Capa: Carla Lemos

**CIP-BRASIL. CATALOGAÇÃO NA PUBLICAÇÃO
SINDICATO NACIONAL DOS EDITORES DE LIVROS, RJ**

M691i

    Modaneze, Jussara Citroni
        Inventário extrajudicial na prática / Jussara Citroni Modaneze. - 1. ed. - Rio de Janeiro : Método, 2025.
        264 p. ; 23 cm.

    ISBN 978-85-3099-528-7

    1. Inventários de bens - Brasil. 2. Partilha de bens - Brasil. 3. Herança e sucessão - Brasil. I. Título.

24-93440   CDU: 347.65/.68(81)

Meri Gleice Rodrigues de Souza - Bibliotecária - CRB-7/6439

Este livro é dedicado aos pais, já falecidos. Ao meu José Luiz Modaneze, autor da herança do primeiro arrolamento no qual, recém-formada, advoguei em causa própria e pelo patrimônio partilhado: caráter, honestidade, amor à família e ao trabalho e alegria de viver!

Ao pai da minha filha, meu marido, Júlio Cesar de Moraes, com quem cresci, pessoal e profissionalmente, e convivi durante as experiências narradas neste livro.

E também àqueles que me apoiam compartilhando vivências, experiências e carinho: minha filha, Letícia; meu irmão, José Luiz Junior; e minha mãe, Regina!

APRESENTAÇÃO DA OBRA

O objetivo desta obra é ser "prática": como fazer a escritura de inventário, ou de arrolamento – termo que geralmente utilizamos, espécie do gênero "Inventário". Ela foi escrita no final do ano de 2017, revisada em abril de 2018 e novamente em abril de 2024 (mais precisamente, nas anotações constam o dia 16 de abril de 2018 e, seis anos depois, novamente, o dia 16 de abril de 2024! Gosto de números!).

Neste livro comento sobre o que observar, como e quais planos de partilha sugerir, o passo a passo para realizar o arrolamento e a partilha dos bens e como redigir a minuta da escritura.

O primeiro capítulo, no qual quase não constam conceitos jurídicos, foi escrito a partir das minhas anotações para as aulas que ministrei em cursos preparatórios para concursos, na Escola de Escreventes, e também para os grupos de estudos realizados com os escreventes do 17º Tabelião de Notas de São Paulo, na época em que a lei foi editada.

Destaco que no 17º Tabelião o conhecimento é compartilhado. Se adquirimos experiência com o tempo e a prática, lá os "causos" são comentados e a experiência de um enriquece a prática do outro! E essas práticas ilustram este livro. Os exemplos e as minutas têm amparo em casos práticos que foram objeto das Escrituras de Arrolamento lavradas no 17º Tabelião ao longo de quase vinte anos, com a colaboração dos Escreventes desse Tabelionato, que lavraram como foi sugerido e debatido comigo após orientarem as partes dessa ou daquela maneira.

Portanto, os casos "práticos" serão comentados, com os textos da redação de cada escritura. Os nomes das partes foram alterados e alguns informações deletadas, porém os valores monetários foram mantidos, a fim de ilustrar como realizamos a partilha.

Trazemos também a legislação, os provimentos e as decisões administrativas e judiciais que fundamentam e embasam esses atos notariais e, ainda, "dicas" de como salvar e localizar as minutas no Tabelião, com as informações sobre as peculiaridades e especificidades de cada uma dessas escrituras.

Por fim, comentamos sobre os requisitos específicos para a lavratura das escrituras de inventário sem Testamento, conforme a interpretação da redação da Lei 11.441/2007. Cumpre destacar que um dos objetivos dessa lei foi dar mais agilidade aos procedimentos e desafogar o Poder Judiciário nos atos em que a declaração de vontade e o consenso das partes são formalizados para a produção dos efeitos jurídicos. Ora, se há consenso, o Tabelião de Notas formaliza essa vontade juridicamente por meio de uma escritura, com celeridade, eficiência e segurança jurídica e, ainda, com criatividade e raciocínio jurídico para orientar sobre a melhor solução!

Desejo que o conhecimento seja compartilhado e a atividade notarial prestigiada!

Boa leitura! Abraços.

MATERIAL COMPLEMENTAR

Para que o leitor possa estar sempre atualizado, serão disponibilizados, pelo QR Code abaixo, materiais complementares com meus comentários a respeito de alterações legislativas relacionadas ao tema desta obra que surgirem após sua publicação.

SUMÁRIO

CAPÍTULO I – DO ARROLAMENTO EXTRAJUDICIAL... **1**

1. Legislação 1
2. Requisitos para lavrar as escrituras 3
3. Herdeiros legítimos e/ou testamentários 8
   - 3.1. Herdeiros legítimos 8
     - 3.1.1 Da ordem de vocação hereditária 9
   - 3.2 Herdeiros testamentários 17
4. Peculiaridades 20
   - 4.1 Facultatividade da via extrajudicial 20
   - 4.2 Livre escolha do tabelião de notas 21
   - 4.3 Patrimônio situado no Brasil 22
   - 4.4 Adjudicação 22
   - 4.5 Documento hábil para transferir o patrimônio 23
   - 4.6 Informações à CESDI 24
5. Imposto de transmissão *causa mortis* 25
   - 5.1 Obrigação principal 25
   - 5.2 Obrigação acessória 26
   - 5.3 Obrigação principal e acessória no estado de São Paulo 27
6. Procuração 30

CAPÍTULO II – REQUISITOS DA LEI Nº 11.441/2007.. **33**

I) Partes maiores e capazes – consenso 33
1. Qualificação e capacidade 33
2. Consenso 35
3. Autor da herança 35
   - 3.1 Autor da herança casado ou convivente em união estável *x* regime de bens 35
     - 3.1.1 Autor da herança casado ou convivente em união estável *x* imóvel recebido por doação 38
   - 3.2 Autor da herança divorciado, com união estável dissolvida ou viúvo 38

XII INVENTÁRIO EXTRAJUDICIAL NA PRÁTICA

4. Viúvo, companheiro e herdeiros do autor da herança 39

5. Estado civil do herdeiro na data do óbito e na escritura 40

   5.1 Herdeiro ou companheiro casado no óbito e viúvo ou com união estável dissolvida na escritura de arrolamento 42

II) Testamento 43

1. Inexistência de testamento 44

2. Existência de testamentos revogados, caducos ou invalidados 44

   2.1 Testamento revogado 45

   2.2 Testamento caduco 45

      2.2.1 Subjetivamente caduco 46

         2.2.1.1 Subjetivamente caduco por pré-falecimento 46

         2.2.1.2 Subjetivamente caduco por renúncia 47

      2.2.2 Objetivamente caduco 48

   2.3 Testamento inválido 49

   2.4 Alternativas para a lavratura de escritura de arrolamento com testamento – nos estados em que não há autorização nas normas 49

      2.4.1 Prévia manifestação judicial 49

      2.4.2 Posterior homologação judicial 50

3. Testamento válido com autorização expressa do juízo competente 51

III) Advogado 51

CAPÍTULO III – ESCRITURA DE ARROLAMENTO CUMPRINDO TESTAMENTO VÁLIDO... 53

1. Do testamento – disposições 54

2. Cautelas do tabelião ao cumprir testamento em escrituras de arrolamento 55

   2.1 Da ação de abertura, registro e cumprimento de testamento 57

3. Testamenteiro e vintena 58

4. Cláusulas restritivas e sua justificativa 59

CAPÍTULO IV – INVENTARIANTE 63

1. Escritura autônoma de nomeação de inventariante 64

CAPÍTULO V – NOMEAÇÃO DE INVENTARIANTE PARA CUMPRIR OBRIGAÇÃO DE FAZER 69

1. Compromissário vendedor falecido 69

2. Compromissário comprador falecido 71

3. Compromissário vendedor e comprador falecidos 72

4. Pagamento parcial do preço 72

CAPÍTULO VI – PARTILHA PARCIAL, SOBREPARTILHA, RET/RAT E INVENTÁRIO NEGATIVO ... 75

1. Partilha parcial e sobrepartilha 75

2. Retificação da partilha 76

3. Inventário negativo 78

CAPÍTULO VII – ARROLAMENTO CONJUNTO X DIREITO DE REPRESENTAÇÃO 81

1. Arrolamento conjunto 81

2. Direito de representação 83

SUMÁRIO | XIII

CAPÍTULO VIII – RENÚNCIA *X* CESSÃO DE DIREITOS HEREDITÁRIOS E DE MEAÇÃO.... **87**
1. Renúncia da herança 87
2. Cessão de direitos hereditários e de meação 89
3. Comoriência 92
4. Bens à colação 92
5. Documentos apresentados e arquivados 93
6. Declaração de operação imobiliária e ressalva 94
7. Dispensa de inventário para verbas da Lei nº 6.858/1980 95
8. Emolumentos 96

CAPÍTULO IX – COMO REALIZAR A PARTILHA **97**
1. Análise de documentos 97
   1.1   Estado civil do autor da herança *x* patrimônio comum e particular 97
   1.2   Herdeiro e quinhão *x* meeiro e meação 98
   1.3   Atribuição de valor ao patrimônio 99
   1.4   Composição da meação e dos quinhões 100
2. Exemplos de partilhas 101
   2.1   Partilha da lei 101
   2.2   Partilha desigual 101
   2.3   Usufruto na meação 101
3. Elaborar a minuta, aprovar e assinar 102

CAPÍTULO X – EXEMPLOS DE ARROLAMENTOS E PARTILHAS **105**
1. Inventário 106

CAPÍTULO XI – BUSCA DE MINUTAS **111**

CAPÍTULO XII – MINUTAS DE ARROLAMENTO **113**
Declarações diversas 114
1. Arrolamento partilha da lei 117
2. Adjudicação: bens particulares e bens comuns para cônjuge 121
3. Arrolamento com renúncia e adjudicação para descendentes 125
4. Arrolamento e sobrepartilha – viúva e descendentes 129
5. Arrolamento com cessão de direitos de meação e usufruto na meação – viúvo e descendentes 133
6. Arrolamento conjunto – descendentes 138
7. Arrolamento conjunto – descendentes e estado civil do filho 143
8. Três escrituras: a) arrolamentos com obrigação de fazer: outorgar escritura definitiva; b) arrolamento dos direitos de compromissário comprador; e c) venda e compra 149
9. Três escrituras: a) nomeação de inventariante para a cessão de direitos hereditários da falecida para terceiro; b) cessão onerosa de direitos hereditários feita pelo espólio; c) arrolamento do crédito da cessão onerosa, do dinheiro recebido 159
10. Escritura de adjudicação para homologação judicial 168
11. Duas escrituras: a) nomeação de inventariante para quitar as guias do ITCMD e b) arrolamento com testamento e partilha 171
12. Arrolamento com testamento e partilha – legítima e disponível 177

INVENTÁRIO EXTRAJUDICIAL NA PRÁTICA

13. Arrolamento com testamento que prevê substituição e adjudicaçao – sem herdeiros necessários 181
14. Arrolamento – óbito ocorrido durante a vigência do Código Civil de 1916 185
15. Arrolamento e partilha – colaterais – irmãos unilaterais e bilaterais, sobrinhos por direito de representação 188
16. Arrolamento com ascedentes e companheiro 194
17. Arrolamento com adjudicação ao companheiro 200
18. Arrolamento com comoriência 204
19. Arrolamento com renúncia do herdeiro do segundo falecido e bem apresentado à colação 210
20. Aditivo retificador – erro material – cálculo matemático 215
21. Aditivo retificador – erro material – documento arquivado 216
22. RET/RAT – todas as partes comparecem – valores dos bens 217
23. RET/RAT para incluir dívida do cartão de crédito 219
24. Certidão parcial de escritura de arrolamento para comprovar o inventariante nomeado pelas partes 221
25. Certidão parcial de escritura de arrolamento para comprovar a união estável 222

CAPÍTULO XIII – MINUTAS DE PROCURAÇÃO E RENÚNCIA 225

1. Procuração para arrolamento e partilha "da lei" 226
2. Procuração para arrolamento com cessão de direitos hereditários 227
3. Procuração para renúncia em arrolamento 228
4. Procuração para nomear inventariante para cumprir obrigação de outorgar escritura definitiva 229
5. Escritura autônoma de renúncia de herança da sucessão legítima 230
6. Escritura autônoma de renúncia de legado (testamento) 231

CAPÍTULO XIV – DECISÕES ADMINISTRATIVAS E JUDICIAIS 233

Procuração com poderes para renunciar a herança 233
Arrolamento de imóvel adquirido por doação a um dos cônjuges e não ao casal 233
Inventários com testamento 235

CAPÍTULO XV – LEGISLAÇÃO 237

Normas Extrajudiciais da Corregedoria-Geral da Justiça do Estado de São Paulo 237
Legislação sobre o ITCMD: lei, decreto, resolução, Portaria CAT e outros 238

Capítulo I

DO ARROLAMENTO EXTRAJUDICIAL

1. LEGISLAÇÃO

A Lei Federal nº 11.441, de 4 de janeiro de 2007, e posteriormente a Lei Federal nº 13.105, de 16 de março de 2015, alteraram o Código de Processo Civil Brasileiro (CPC) e criaram a possibilidade de a separação, o divórcio e o inventário serem realizados por meio de escritura pública lavrada pelo Tabelião de Notas.

Os arts. 982 e ss. do Código de Processo Civil de 1973 e, posteriormente, o art. 610 do Código de Processo Civil de 2015 preveem que os requisitos para essa possibilidade são:

- serem partes maiores e capazes;
- existir consenso entre as partes;
- inexistir testamento e herdeiros menores ou incapazes; e
- ter a presença de advogado.

A Resolução nº 35/2007, publicada pelo Conselho Nacional de Justiça (CNJ), após a edição da Lei nº 11.441/2007, regulamenta o procedimento para aplicação dessa lei na via administrativa/extrajudicial e as regras gerais para a lavratura das escrituras de arrolamento e partilha, determinando que as corregedorias de cada estado da Federação e do Distrito Federal editem suas regras específicas. Essa resolução foi alterada por outras resoluções posteriores, a fim de adequar tal legislação à prática notarial, sendo a mais recente e específica quanto à nomeação de inventariante, com a redação dada pela Resolução nº 452/2022.

O Provimento nº 149 (Código Nacional de Normas), de 30.08.2023, do Conselho Nacional de Justiça, entre diversas outras disposições, também regulamenta essas escrituras a partir do item 440.

Acesse mais sobre o conteúdo:
Resoluções nº 35/2007;
nº 452/2022; nº 149/2023.

> http://uqr.to/1u16d

As regras de procedimento são complementadas pelas Normas de Serviço das Corregedorias-Gerais de Justiça de cada estado e do Distrito Federal. Os tabeliães de notas devem observar a regulamentação de seu estado ao lavrar arrolamentos extrajudiciais, além de observar a normatização dos imóveis situados em outros estados da Federação, caso haja.

No estado de São Paulo, a primeira regulamentação foi realizada com a publicação das Conclusões do Grupo de Estudos instituído pela Portaria nº 01/2007, da Corregedoria-Geral de Justiça, publicada no *Diário Oficial* de 08.02.2007. Em seguida, foram publicadas alterações nas Normas de Serviço da Corregedoria-Geral de Justiça, no Capítulo XIV, referente ao tabelião de notas.

Inicialmente, o Provimento nº 33/2007 introduziu os itens 91 a 154; depois, para uma adequação das Normas de Serviço à prática do dia a dia, com o Provimento nº 40, de 14 de dezembro de 2012, alterou os itens anteriores com a inserção dos itens 75 a 83 e 105 a 129.2, disciplinando a matéria, com previsão de quais documentos são apresentados e arquivados, quem comparece na escritura, entre outros requisitos e determinações.

Posteriormente, houve a edição dos Provimentos nº 40/2012 e nº 56/2019, tendo a regulamentação dessas escrituras no tabelião de notas sido inserida como Capítulo XVI, itens 76 a 130.

Acesse mais sobre o conteúdo:
Provimento nº 58/1989.

> http://uqr.to/1u16e

Destacamos o estado de São Paulo, que tem atualmente essa regulamentação no Capítulo XVI, itens 76 a 130.2, de suas Normas de Serviço, Tomo II.

Portanto, como cada estado da Federação tem suas normas específicas, itens expressos em suas legislações, editadas por suas Corregedorias-Gerais de Justiça, é importante que o tabelião verifique os requisitos estaduais na lavratura e registro dessas escrituras, que envolvem imóveis em cada estado. As normas de serviço ou consolidação de cada estado são localizadas facilmente na internet.

2. REQUISITOS PARA LAVRAR AS ESCRITURAS

Ao lavrar escrituras de arrolamento, é necessário observar diversas legislações, seja em relação à autorização para a prática desse ato, para determinar quem são os herdeiros e qual o patrimônio a ser partilhado ou para atribuir valor a esse patrimônio e também o procedimento para realizar essa partilha, além da legislação referente aos tributos incidentes sobre o fato.

A forma como a escritura deve ser lavrada e os documentos que devem ser apresentados e arquivados também tem legislação própria.

a) Quanto à autorização para a prática do ato notarial

A primeira legislação autorizativa foi a Lei nº 11.441, de 4 de janeiro de 2007, que alterou a redação do Código de Processo Civil então vigente (Lei nº 5.869/1973) e, no seu art. 982, inseriu a autorização a seguir transcrita:

"Art. 982. Havendo testamento ou interessado incapaz, proceder-se-á ao inventário judicial; se todos forem capazes e concordes, poderá fazer-se o inventário e a partilha por escritura pública, a qual constituirá título hábil para o registro imobiliário.
Parágrafo único. O tabelião somente lavrará a escritura pública se todas as partes interessadas estiverem assistidas por advogado comum ou advogados de cada uma delas, cuja qualificação e assinatura constarão do ato notarial."

Com a publicação do novo Código de Processo Civil, Lei nº 13.105, de 16 de março de 2015, o art. 982 foi alterado e atualmente é o art. 610 e seus parágrafos autorizam a lavratura da escritura de arrolamento e partilha com a seguinte redação:

"Art. 610. Havendo testamento ou interessado incapaz, proceder-se-á ao inventário judicial.
§ 1º **Se todos forem capazes e concordes, o inventário e a partilha poderão ser feitos por escritura pública**, a qual constituirá documento hábil para qualquer ato de

registro, bem como para levantamento de importância depositada em instituições financeiras.

§ 2º **O tabelião somente lavrará a escritura pública se todas as partes interessadas estiverem assistidas por advogado** ou por defensor público, cuja qualificação e assinatura constarão do ato notarial." (grifos nossos)

Conforme a redação do Código de Processo Civil, a escritura de arrolamento só pode ser lavrada quando o autor da herança não deixar testamento, ou o tiver revogado expressamente, ou, ainda, o testamento for considerado caduco.

Alguns estados da Federação, incluindo o estado de São Paulo, autorizam, por meio de suas normas de serviço, que essas escrituras sejam lavradas, desde que observados e cumpridos alguns requisitos, os quais comentaremos mais adiante.

b) Procedimento da Lei nº 11.441/2007 para óbitos anteriores e posteriores à sua edição

A possibilidade de se lavrar arrolamento por meio de escritura pública independe da data do falecimento.

Por se tratar de lei processual, não há restrição temporal para sua aplicação e pode ser aplicada a partir de sua publicação, sendo indiferente se o autor da herança faleceu antes ou depois do dia 4 de janeiro de 2007.

"Resolução CNJ nº 35/2007 – Art. 30. Aplica-se a Lei nº 11.441/2007 aos casos de óbitos ocorridos antes de sua vigência."

A cautela do tabelião em relação à data de falecimento ser remota é questionar às partes se houve arrolamento de parte do patrimônio e/ou se há inventário judicial em trâmite.

Como já comentamos, esses fatos não impedem que o arrolamento seja realizado por escritura. Porém, se houve inventário judicial, o novo ato a ser praticado será a "sobrepartilha" do patrimônio, com os cuidados em relação à renúncia de direitos hereditários e ao complemento do imposto de transmissão.

Se há inventário judicial em curso, não é possível realizar o arrolamento extrajudicial em conjunto, concomitantemente. O advogado deverá apresentar ao tabelião a petição pleiteando a suspensão do feito ao juízo competente devidamente protocolada.

Em ambas as hipóteses, deverá constar na escritura declaração do viúvo ou companheiro, herdeiros e advogado quanto a esses fatos, quais sejam: *a)* não houve inventário anterior; ou *b)* há inventário judicial suspenso; ou *c)* inventário já realizado e sobrepartilha feita.

Cap. I – DO ARROLAMENTO EXTRAJUDICIAL | 5

c) Quanto à determinação dos herdeiros legítimos, à herança arrolada e à forma para ser partilhada

Antes de comentarmos sobre os herdeiros, traremos dois casos práticos e sugerimos ao leitor que, antes de continuar a leitura, responda às perguntas a seguir:

1º caso prático:

João, casado com Maria sob o regime da comunhão parcial de bens, falece, deixando uma casa adquirida por herança e duas filhas.

Pergunta: *Como essa casa será partilhada/dividida?*

Alternativas:

a) Entre as filhas e Maria: 1/3 para cada uma.

b) Entre as filhas e Maria: 1/4, 1/4 e 1/2, respectivamente.

c) Entre as filhas: 1/2 para cada uma.

d) Não sei.

2º caso prático:

Pedro, casado com Ana sob o regime da comunhão parcial de bens, falece, deixando o apartamento adquirido por compra durante o casamento, sem filhos e tendo ambos os pais vivos.

Pergunta: *Como esse apartamento será partilhado/dividido?*

Alternativas:

a) Entre a mãe, o pai e Ana: 1/3 para cada um.

b) Entre o pai, a mãe e Ana: 1/4, 1/4 e 1/2, respectivamente.

c) Entre o pai, a mãe e Ana: 1/6, 1/6 e 2/3, respectivamente.

d) Não sei.

Resposta correta para as duas perguntas: letra D – Não sei.

Para respondermos às perguntas, em ambos os casos, não temos uma preciosa informação: *quando o "morto morreu"*.

A **data do óbito** é importante, pois temos "dois Códigos Civis" regulamentando o direito à sucessão, de maneiras diferentes, em cada período de suas vigências. Assim, a data do óbito é imprescindível para definir qual previsão sobre a ordem de vocação hereditária será aplicada: a prevista no Código Civil de 1916 ou de 2002.

> "CC/2002 – Art. 2.041. As disposições deste Código relativas à ordem da vocação hereditária (arts. 1.829 a 1.844) não se aplicam à sucessão aberta antes de sua vigência, prevalecendo o disposto na lei anterior (Lei nº 3.071, de 1º de janeiro de 1916)."

O art. 1.787 do Código Civil de 2002 tem a seguinte redação: "Regula a sucessão e a legitimação para suceder a lei vigente ao tempo da abertura daquela".

Há grande diferença em relação à sucessão do cônjuge prevista nos dois Códigos, portanto é imprescindível que seja aplicada a lei material correta.

E a partir de qual data aplicaremos as regras de sucessão do Código Civil de 2002?

O art. 2.044 do Código Civil de 2002 tem a seguinte redação: "Este Código entrará em vigor 1 (um) ano após sua publicação". Publicado em 10 de janeiro de 2002, conforme a interpretação do conceito de dias úteis e contagem de prazos, o entendimento predominante é que o Código Civil de 2002 entrou em vigor no dia 12 de janeiro de 2003 (domingo).

Portanto, para os falecimentos ocorridos até o dia 11 de janeiro de 2003, será aplicada a ordem de vocação hereditária prevista no Código Civil de 1916 e, a partir do dia 12 de janeiro de 2003, aplica-se o de 2002.[1]

Acesse mais sobre o conteúdo:
Quadro comparativo dos Códigos Civis de 1976 e de 2002.
> http://uqr.to/1u16j

Quanto ao primeiro caso prático:

Antes de dividir a herança, é necessário determinar se a "casa" é bem comum ou particular de João. No caso, foi adquirida por sucessão no regime da comunhão parcial. Portanto: BEM PARTICULAR = 100% herança. Maria não terá direito à meação.

Assim, se João faleceu até o dia 11 de janeiro de 2003, será aplicado o art. 1.603 do CC/1916:

"CC/1916 – Art. 1.603. A sucessão legítima defere-se na ordem seguinte:
I – aos descendentes;
II – aos ascendentes;
III – ao cônjuge sobrevivente;
IV – aos colaterais;
V – aos Municípios, ao Distrito Federal ou à União."

Nesse caso, a casa será dividida apenas para as duas filhas. Portanto, o quinhão de cada uma das filhas de João será composto por 50% dessa casa. Maria não recebe qualquer porcentagem, seja a título de meação ou de herança.

Entretanto, se faleceu durante a vigência do Código Civil de 2002, a partir do dia 12 de janeiro de 2003, será aplicado o art. 1.829, I, do CC/2002.

"CC/2002 – Art. 1.829. A sucessão legítima defere-se na ordem seguinte:
I – aos descendentes, em concorrência com o cônjuge sobrevivente, salvo se casado este com o falecido no regime da comunhão universal, ou no da separação

---

[1] Interessante artigo sobre a data exata do início da vigência do Código Civil de 2002, escrito por Vitor F. Kumpel, pode ser lido no link: https://www.sedep.com.br/artigos/a-entrada-em-vigor-do-novo-codigo-civil/.

obrigatória de bens (art. 1.640, parágrafo único); ou se, no regime da comunhão parcial, o autor da herança não houver deixado bens particulares;

II – aos ascendentes, em concorrência com o cônjuge;

III – ao cônjuge sobrevivente;

IV – aos colaterais."

Nessa situação, a casa será dividida entre as duas filhas e a cônjuge sobrevivente. Assim, o quinhão de cada uma das filhas e da mulher de João será composto por 33,333%, ou seja, 1/3 dessa casa. Maria receberá uma porcentagem a título de herança e não terá meação.

Quanto ao segundo caso prático:

Antes de dividir a herança, é necessário determinar se o apartamento é bem comum ou particular de Pedro. Foi adquirido por compra, durante o casamento, no regime de comunhão parcial, então: BEM COMUM = 50% meação e 50% herança. Maria terá direito à meação e à herança?

Se Pedro faleceu até o dia 11 de janeiro de 2003, serão aplicados os arts. 1.606 e 1.607 do CC/1916:

> "CC/1916 – Art. 1.606. Não havendo herdeiros da classe dos descendentes, são chamados à sucessão os ascendentes.
>
> Art. 1.607. Na classe dos ascendentes, o grau mais próximo exclui o mais remoto, sem distinção de linhas."

A "herança" do apartamento será dividida apenas entre o pai e a mãe de Pedro. Assim, o quinhão do pai e o quinhão da mãe será composto por 25% desse apartamento, e Ana receberá 50% a título de meação.

Entretanto, se faleceu durante a vigência do Código Civil de 2002, a partir do dia 12 de janeiro de 2003, serão aplicados os arts. 1.836 e 1.837 desse Código:

> "CC/2002 – Art. 1.836. Na falta de descendentes, são chamados à sucessão os ascendentes, em concorrência com o cônjuge sobrevivente.
>
> Art. 1.837. Concorrendo com ascendente em primeiro grau, ao cônjuge tocará um terço da herança; caber-lhe-á a metade desta se houver um só ascendente, ou se maior for aquele grau."

A herança do apartamento será dividida entre o pai, a mãe e a cônjuge sobrevivente de Pedro, ou seja, 16,666% ou 1/6 para cada um, e Ana receberá 50% (1/2) a título de meação. Ana receberá 2/3 do imóvel, e o pai e a mãe 1/6 cada.

Como veremos no capítulo sobre redação das escrituras, nossa sugestão é utilizar fração para definir a quantidade do bem dos quinhões, pois porcentagem, às vezes, não somam 100%, como no exemplo anterior, que totaliza 99,996% apenas.

Assim, a data do falecimento determina qual será a ordem de vocação hereditária que devemos observar: aquela prevista no Código Civil de 1916 ou no de 2002, conforme o disposto no art. 1.787 do atual Código Civil:

"Art. 1.787. Regula a sucessão e a legitimação para suceder a lei vigente ao tempo da abertura daquela."

Na sucessão de companheiros, devemos observar a decisão do Supremo Tribunal Federal, no Recurso Extraordinário (RE) nº 878.694, de Minas Gerais, quanto à equiparação de companheiros a cônjuge para fins de direito sucessório.

Acesse mais sobre o conteúdo: inteiro teor da decisão do STF no RE 878.694.
> http://uqr.to/1u16k

Essa decisão determina que seus efeitos serão aplicados a partir de sua publicação, portanto independentemente da data do óbito. Os arrolamentos e partilhas realizados após essa decisão, devem equiparar cônjuge a companheiro para fins de sucessão e aplicar à partilha os arts. 1.829 e ss. do CC/2002 ou o art. 1.603 do CC/1916. Destarte, após analisar o regime de bens adotado na união estável e separar patrimônio comum do patrimônio particular, a herança será partilhada como determinado nos artigos citados, e não mais conforme determinado no art. 1.790 do CC/2002.

3. HERDEIROS LEGÍTIMOS E/OU TESTAMENTÁRIOS

Quanto à determinação dos herdeiros, aqueles que receberão a herança, cabe destacar que há duas espécies: os **herdeiros legítimos**, ou seja, aqueles que são elencados na ordem de vocação hereditária, e os **herdeiros testamentários**, nomeados pelo autor da herança em testamento.

O art. 1.786 do Código Civil de 2002 determina: "A sucessão dá-se por lei ou por disposição de última vontade".

3.1. Herdeiros legítimos

Quanto aos herdeiros legítimos, dependendo da data do falecimento, a ordem de vocação hereditária prevista no Código Civil, de 2002 ou de 1916, deve ser observada na lavratura das escrituras de arrolamento.

Esses artigos ditam as regras de sucessão hereditária, pois definem quem tem legitimidade e "preferência" para herdar, ou seja, quem receberá a herança e como será sua partilha, ou seja: qual a porcentagem que cada herdeiro deverá receber, conforme essa "ordem" de sucessão. Os arts. 1.784 a 2.027 do CC/2002 e os arts. 1.572 a 1.625 do CC/1916 contêm essas disposições.

A herança, destacada do patrimônio de pessoas que falecem no estado civil de casado, é definida conforme o regime de bens adotado no casamento. Assim, antes de iniciar o esboço da partilha, é imprescindível verificar o regime de bens adotado e separar os bens comuns dos bens particulares.

O Código Civil de 2002 dispõe sobre o regime de bens do casamento, nos arts. 1.639 a 1.688, que são utilizados para definir o patrimônio comum, ou seja: os bens aos quais o cônjuge ou companheiro sobrevivente terá direito à meação e os herdeiros e/ou cônjuge ou companheiro à herança; e o patrimônio particular, considerado integralmente como herança e partilhado entre os herdeiros, às vezes incluindo o cônjuge e/ou companheiro como herdeiro.

Acesse mais sobre o conteúdo:
CC/2002 e CC/1916 e tabela comparativa CC/2002 e CC/1916.
> http://uqr.to/1u16l

3.1.1 Da ordem de vocação hereditária

Entre os herdeiros legítimos, **os descendentes** (filhos, netos, bisnetos) são os primeiros na linha de sucessão e concorrem, com o cônjuge ou companheiro sobrevivente, aos bens particulares. Há direito de representação e os graus mais próximos excluem os mais remotos.

A interpretação que utilizamos é que o cônjuge ou companheiro, quando concorre com descendentes, só terá direito à meação ou à herança, assim, ou terá meação, ou terá herança sobre o patrimônio, não ambos. Há entendimentos diversos quanto a essa interpretação.

Os herdeiros descendentes: os filhos recebem "por cabeça" ou direito próprio. Se algum, ou alguns deles, for pré-falecido e tiver filhos, ou seja, netos do autor da herança, estes receberão por "estirpe" ou direito de representação: dividirão o quinhão do pai deles, filho do autor da herança.

Por pré-falecimento, se o autor da herança não houver filhos, apenas netos, estes receberão "por cabeça", independentemente de quantos descendem do mesmo genitor: filho do autor da herança pré-falecidos.

Exemplificando:

A) pai falece viúvo e deixa três filhos. Cada filho receberá 1/3 da herança, por "cabeça".

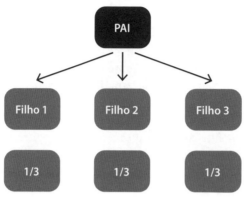

B) pai falece viúvo e deixa dois filhos vivos e um pré-falecido com três filhos (netos do autor da herança). Cada filho receberá 1/3 da herança, por cabeça e os netos: 1/9 cada por estirpe (ou seja, 1/3 dividido por 3).

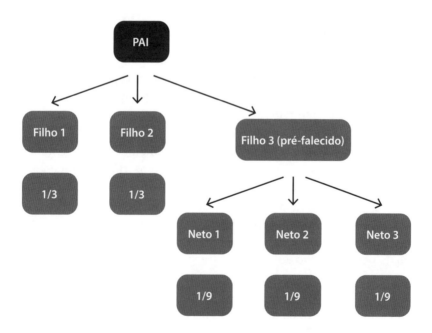

C) pai falece viúvo, com três filhos já falecidos, mas tem um neto do primeiro filho, dois do segundo e três do terceiro. Cada neto receberá 1/6 da herança, por direito próprio.

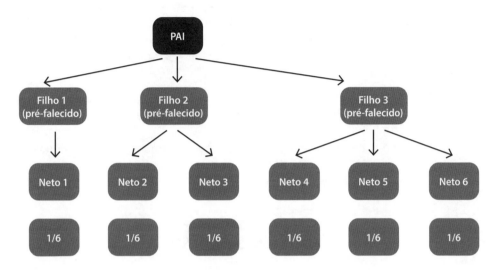

Essas disposições estão nos arts. 1.829, 1.832, 1.833, 1.834 e 1.835 do CC/2002, conforme a seguir:

"CC/2002 – Art. 1.829. A sucessão legítima defere-se na ordem seguinte: *(Vide Recurso Extraordinário nº 646.721) (Vide Recurso Extraordinário nº 878.694)*

I – aos descendentes, em concorrência com o cônjuge sobrevivente, salvo se casado este com o falecido no regime da comunhão universal, ou no da separação obrigatória de bens (art. 1.640, parágrafo único); ou se, no regime da comunhão parcial, o autor da herança não houver deixado bens particulares;

II – aos ascendentes, em concorrência com o cônjuge;

III – ao cônjuge sobrevivente;

IV – aos colaterais. [...]

Art. 1.832. Em concorrência com os descendentes (art. 1.829, inciso I) caberá ao cônjuge quinhão igual ao dos que sucederem por cabeça, não podendo a sua quota ser inferior à quarta parte da herança, se for ascendente dos herdeiros com que concorrer.

Art. 1.833. Entre os descendentes, os em grau mais próximo excluem os mais remotos, salvo o direito de representação.

Art. 1.834. Os descendentes da mesma classe têm os mesmos direitos à sucessão de seus ascendentes.

Art. 1.835. Na linha descendente, os filhos sucedem por cabeça, e os outros descendentes, por cabeça ou por estirpe, conforme se achem ou não no mesmo grau."

Se não houver descendentes, **os ascendentes** herdam e não há direito de representação. Portanto, se o autor da herança deixar a mãe e os avós paternos, apenas a mãe herdará.

Quanto ao cônjuge ou companheiro, ele sempre concorre com ascendentes, independentemente do regime de bens, e pode ter direito à meação e também à herança, recebendo ambos no mesmo bem. Se o cônjuge ou companheiro concorrer apenas com um ascendente, receberá metade da herança, mas se for com dois ascendentes: 1/3 da herança para cada um deles.

Exemplificando:

A – Filho falece casado, com comunhão parcial, e tem um bem particular e um comum. Não tem filhos.

A.1 – tem o pai e a mãe vivos. A viúva recebe: no bem comum, 1/2 a título de meação e 1/6 a título de herança; e, no bem particular, 1/3 a título de herança. Os pais recebem: 1/6 no bem comum e 1/3 no particular.

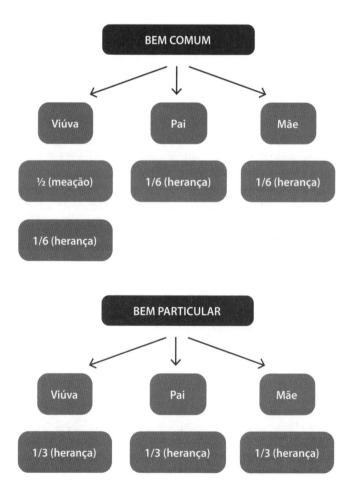

A.2 – tem o pai vivo. A viúva recebe: no bem comum, 1/2 a título de meação e 1/4 a título de herança; e, no bem particular, 1/2 a título de herança. O pai recebe 1/4 no bem comum e 1/2 no particular.

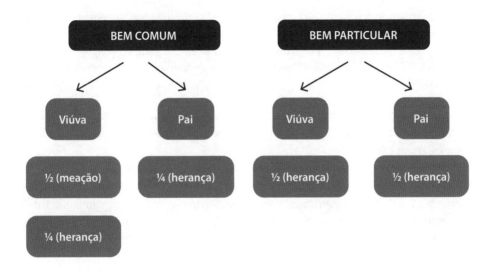

B – Filho falece solteiro e tem o pai e os avós maternos vivos. O pai herdará todo o patrimônio.

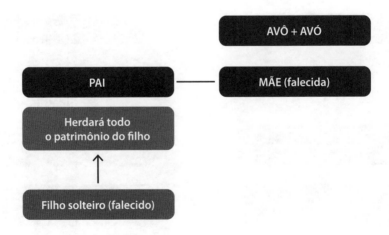

Os arts. 1.836 e 1.837 do CC/2002 trazem essas determinações:

"Art. 1.836. Na falta de descendentes, são chamados à sucessão os ascendentes, em concorrência com o cônjuge sobrevivente.
§ 1º Na classe dos ascendentes, o grau mais próximo exclui o mais remoto, sem distinção de linhas.
§ 2º Havendo igualdade em grau e diversidade em linha, os ascendentes da linha paterna herdam a metade, cabendo a outra aos da linha materna.
Art. 1.837. Concorrendo com ascendente em primeiro grau, ao cônjuge tocará um terço da herança; caber-lhe-á a metade desta se houver um só ascendente, ou se maior for aquele grau."

Se não houver descendentes nem ascendentes, **o cônjuge ou companheiro será o único herdeiro**. Dependendo do regime de bens, terá meação e herança nos bens comuns, ou só herança nos bens particulares.

Atenção para o pagamento do imposto de transmissão *causa mortis* e doação (ITCMD), que deve ser realizado apenas sobre a parte do patrimônio considerada "herança". Como todo o patrimônio será adjudicado ao cônjuge ou companheiro, é imprescindível destacar a meação e excluí-la da base de cálculo do ITCMD, pois apenas a metade dos bens comuns e a totalidade dos bens particulares são considerados "herança" e, portanto, tributados por esse imposto de transmissão *causa mortis*.

Destacamos e reiteramos que, independentemente do regime de bens, o cônjuge ou companheiro são os terceiros na linha da sucessão, excluindo os herdeiros colaterais e adjudicando todo o patrimônio. O regime de bens será utilizado para separar o patrimônio particular – 100% herança e tributado pelo imposto de transmissão – do comum – 50% tributado por ser herança.

Importante constar na escritura que o autor da herança não teve filhos e que seus pais e avós já eram falecidos. Destacamos, também, que, em regra, pensamos nos pais como ascendentes, mas, se o autor da herança falecer jovem, seus avós poderão estar vivos e serem seus herdeiros, em concorrência com o cônjuge ou companheiro.

Essas são as determinações do art. 1.838, com as observações dos arts. 1.830 e 1.831 do CC/2002:

> "Art. 1.830. Somente é reconhecido direito sucessório ao cônjuge sobrevivente se, ao tempo da morte do outro, não estavam separados judicialmente, nem separados de fato há mais de dois anos, salvo prova, neste caso, de que essa convivência se tornara impossível sem culpa do sobrevivente.
>
> Art. 1.831. Ao cônjuge sobrevivente, qualquer que seja o regime de bens, será assegurado, sem prejuízo da participação que lhe caiba na herança, o direito real de habitação relativamente ao imóvel destinado à residência da família, desde que seja o único daquela natureza a inventariar. [...]
>
> Art. 1.838. Em falta de descendentes e ascendentes, será deferida a sucessão por inteiro ao cônjuge sobrevivente."

Na falta dos herdeiros descendentes, ascendentes e cônjuge ou companheiro, os colaterais herdarão. Sendo eles: irmãos, sobrinhos, tios e primos. Os mais próximos excluindo os mais remotos, salvo o direito de representação que só existe entre filhos de irmãos.

Portanto, quanto aos herdeiros colaterais, destacamos:

– só existe direito de representação entre filhos de irmãos. Não há direito de representação entre netos de irmãos.

A – X falece, solteiro, sem união estável e sem filhos, ascendentes já falecidos.

A.1 – deixa dois irmãos bilaterais vivos e um pré-falecido com três filhos (sobrinhos de X). Cada irmão recebe 1/3 da herança, por cabeça, e os sobrinhos, 1/9 cada por estirpe (ou seja, 1/3 dividido por 3).

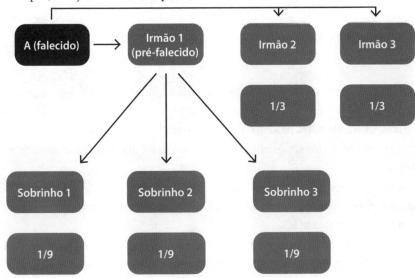

A.2 – deixa um irmão bilateral vivo, um pré-falecido com três filhos (sobrinhos de X) e outro pré-falecido que deixa um neto (sobrinho-neto de X). O irmão recebe 1/2 da herança, por cabeça, os sobrinhos, 1/6 cada por estirpe (ou seja, 1/2 dividido por 3) e o sobrinho-neto nada recebe.

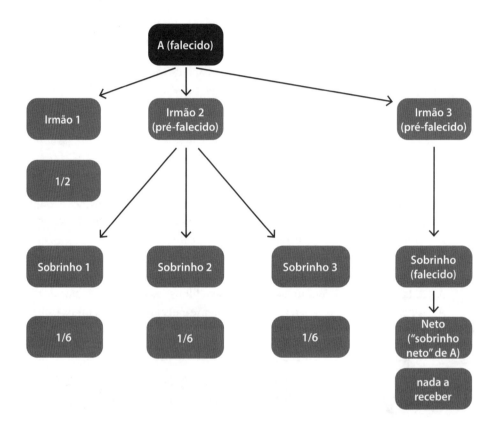

– se todos os irmãos forem pré-falecidos, seus filhos, sobrinhos do autor da herança, receberão por cabeça, independentemente de quantos filhos o irmão pré-falecido tinha. Como os netos herdam dos avós, exemplo C no item descendentes *supra*.

– os irmãos bilaterais recebem o dobro do valor da herança que recebem os irmãos unilaterais.

Portanto, na escritura, deverá constar sempre a declaração de que os irmãos são unilaterais (filhos só do pai ou só da mãe do autor da herança) ou bilaterais (filhos do mesmo pai e da mesma mãe).

Dessa forma, ao declarar no item "do autor da herança", especificar: tinha X irmãos bilaterais: Nome e Nome, e Y unilateral: Nome; em que X equivale a quantidade dos irmãos bilaterais, com a declaração de seus nomes, e Y, a quantidade dos unilaterais, também nomeados.

Como fazer a conta para essa divisão:

Se os irmãos bilaterais recebem o dobro da herança dos unilaterais, temos que entregar duas vezes a quantidade da herança para os bilaterais e apenas uma vez para os unilaterais. Usamos a seguinte fórmula, para encontrar o "divisor":

$2 X a + 1 X b = ?$

Na qual, "a" é a quantidade de irmãos bilaterais e "b", de unilaterais.

Assim, se o autor da herança tinha três irmãos bilaterais e dois unilaterais, a fórmula é:

$2 X 3 + 1 X 2 = 6 + 2 = 8$

Portanto, cada irmão bilateral receberá 2/8 da herança e os unilaterais, 1/8.

Por exemplo, se a herança for de R$ 800,00, os três irmãos bilaterais receberão R$ 200,00 cada um e os dois irmão unilaterais, R$ 100,00 cada um. O ITCMD será recolhido nessas mesmas proporções.

– se o autor da herança era filho único, solteiro, pais e avós falecidos, não tem irmãos nem sobrinhos para herdar seu patrimônio. Os herdeiros serão os "tios", ou seja, os irmãos de seu pai e sua mãe ou, ainda, os "primos". Em alguns casos, é bem difícil localizar todas essas pessoas. Há situações em que são encontrados todos os tios maternos, mas não os paternos, e, assim, não é possível lavrar a escritura. Em nossa opinião, essas pessoas deveriam fazer testamento, indicando um ou mais beneficiários.

> "Art. 1.839. Se não houver cônjuge sobrevivente, nas condições estabelecidas no art. 1.830, serão chamados a suceder os colaterais até o quarto grau.
>
> Art. 1.840. Na classe dos colaterais, os mais próximos excluem os mais remotos, salvo o direito de representação concedido aos filhos de irmãos.
>
> Art. 1.841. Concorrendo à herança do falecido irmãos bilaterais com irmãos unilaterais, cada um destes herdará metade do que cada um daqueles herdar.
>
> Art. 1.842. Não concorrendo à herança irmão bilateral, herdarão, em partes iguais, os unilaterais.
>
> Art. 1.843. Na falta de irmãos, herdarão os filhos destes e, não os havendo, os tios.
>
> § 1º Se concorrerem à herança somente filhos de irmãos falecidos, herdarão por cabeça.
>
> § 2º Se concorrem filhos de irmãos bilaterais com filhos de irmãos unilaterais, cada um destes herdará a metade do que herdar cada um daqueles.
>
> § 3º Se todos forem filhos de irmãos bilaterais, ou todos de irmãos unilaterais, herdarão por igual."

Por fim, se não houver quaisquer herdeiros anteriormente citados, a herança será jacente e o inventário será judicial.

> "Art. 1.844. Não sobrevivendo cônjuge, ou companheiro, nem parente algum sucessível, ou tendo eles renunciado a herança, esta se devolve ao Município ou ao Distrito Federal, se localizada nas respectivas circunscrições, ou à União, quando situada em território federal."

3.2 Herdeiros testamentários

Os herdeiros testamentários são aqueles escolhidos e determinados em testamento. As regras para as disposições testamentárias devem ser observadas tanto na lavratura do testamento, como no seu cumprimento por meio da escritura de arrolamento e partilha, cumprindo testamento aprovado judicialmente.

Assim, testadores que têm herdeiros necessários devem respeitar a legítima ao dispor de seus bens. Se, no momento de seu falecimento, tiverem herdeiros necessários, esse fato deve ser declarado na escritura, bem como no patrimônio arrolado deve ser destacado o valor correspondente à legítima. Ao realizar a partilha, os quinhões dos herdeiros necessários deverão ser compostos com bens suficientes até o valor de suas legítimas.

O testamento pode conter a determinação do testador sobre quais bens específicos (legados) irão ou não compor a legítima dos seus herdeiros necessários. Na escritura de arrolamento e partilha, essa determinação deve ser cumprida pelo tabelião, ou seja: esses bens deverão compor o quinhão do herdeiro necessário, pois o testador determinou essa partilha.

A redação do testamento pode determinar quais bens específicos, ou legados, irão ou não compor a legítima e, na escritura, essa determinação deve ser cumprida.

Se o testador não tiver herdeiros necessários, poderá dispor de todo o seu patrimônio. Esse fato: "não deixou herdeiros necessários" deve ser declarado na escritura. Em regra, o testador faz essa declaração no testamento e na escritura de arrolamento, ao afirmar que não há herdeiros necessários, complementando-se com a frase: "fato declarado no testamento".

Portanto, o testamento pode conter legados, ou seja, bens específicos para uma ou mais pessoas determinadas, ou ser redigido em forma de herança, contemplando todo o patrimônio ou as porcentagens para cada beneficiário. Pode conter, também, direito de acrescer ou substituição entre os beneficiários. O tabelião deve observar todas essas disposições ao elaborar a partilha.

Os testamentos em forma de legado podem ser caducos por falta do objeto ou por falta do beneficiário. Comentamos sobre esse assunto no capítulo sobre Testamentos. Aqui, cabe a observação de que, se for caduco por **falta do beneficiário**, será necessário analisar o testamento para verificar se há previsão de substituição ou não. **Se houver substituição, a sucessão será testamentária e, se não houver, será legítima**.

Assim, uma análise prévia e a interpretação da vontade do testador são imprescindíveis para elaborar o plano de partilha. Após a definição da "vontade do testador", com respeito à legítima dos herdeiros necessários, quando houver, será possível elaborar a minuta da escritura.

Destacamos os artigos do CC/2002 que fundamentam o direito de acrescer e a substituição:

"Art. 1.941. Quando vários herdeiros, pela mesma disposição testamentária, forem conjuntamente chamados à herança em quinhões não determinados, e qualquer deles não puder ou não quiser aceitá-la, a sua parte acrescerá à dos coerdeiros, salvo o direito do substituto. [...]

Art. 1.947. O testador pode substituir outra pessoa ao herdeiro ou ao legatário nomeado, para o caso de um ou outro não querer ou não poder aceitar a herança ou o legado, presumindo-se que a substituição foi determinada para as duas alternativas, ainda que o testador só a uma se refira."

Cabe destacar que podem ocorrer ambas as espécies de sucessão: a legítima, conforme a ordem de vocação hereditária, e a testamentária, observando as disposições do testamento. As duas determinações, quanto a quem será herdeiro e quanto receberá de porcentagem ou totalidade da herança, poderão coexistir: alguns herdeiros receberão porque a lei determina e outros, porque o testador determinou.

Essa "dupla" sucessão ocorre nas hipóteses nas quais o testador determina quem herdará alguns bens do seu patrimônio e não menciona outros bens, ou ainda quando o herdeiro testamentário é pré-falecido ou renuncia à herança testamentária e o testamento não prevê substituição.

Os arts. 1.786 e 1.788 do CC/2002 trazem essa determinação:

"Art. 1.786. A sucessão dá-se por lei ou por disposição de última vontade. [...]

Art. 1.788. Morrendo a pessoa sem testamento, transmite a herança aos herdeiros legítimos; o mesmo ocorrerá quanto aos bens que não forem compreendidos no testamento; e subsiste a sucessão legítima se o testamento caducar, ou for julgado nulo."

Nesses casos, é necessário pagar os legados e partilhar a herança testamentária e aqueles bens que não estão determinados no testamento, ou falta o beneficiário, sendo partilhados conforme os arts. 1.829 e ss. do Código Civil de 2002.

Ao redigir o testamento, o tabelião deve ficar atento para evitar a sucessão legítima junto com a testamentária.

Citamos um exemplo de partilha realizada em nossas escrituras:

O testador dispõe de todos os seus bens em forma de legado: conta bancária de R$ 10 mil para o sobrinho; apartamento para o enteado; e veículo para um amigo.

O sobrinho falece dez dias antes do falecimento do testador. No testamento, não há previsão de substituição para ele. O testador tem dez irmãos como seus herdeiros legítimos.

Portanto, se não há previsão de substituição, a conta bancária será partilhada conforme a sucessão legítima e não a testamentária. Se a intenção do testador era afastar os seus irmãos da herança, por serem muitos, sua vontade não será cumprida por falta de outra previsão.

Assim, na escritura, comparecerão o enteado e o amigo, para receber o apartamento e o veículo, conforme sucessão testamentária, e os dez irmãos para receber o saldo da conta bancária – pela sucessão legítima. Esses irmãos deverão apresentar todos os documentos que comprovem o parentesco, seus documentos pessoais, além dos documentos dos seus cônjuges, para receber R$ 1 mil cada um.

Se houvesse uma disposição no testamento, como: "na falta de qualquer um dos beneficiários, os filhos dele herdarão o quinhão que lhe caberia e, na falta destes, os beneficiários remanescentes", a sucessão testamentária seria seguida e os irmãos do falecido não receberiam nada. Aqui destacamos a importância da orientação do tabelião ao lavrar um testamento, pois o testador, muitas vezes, não tem essa percepção. A orientação e as possibilidades jurídicas são atributos do tabelião de notas.

a) Quanto ao procedimento para a lavratura

As regras de procedimento para o inventário judicial, previstas no Código de Processo Civil, são utilizadas na via extrajudicial. Assim, quando o tabelião lavrar a escritura e descrever os bens do patrimônio – o que constar em cada descrição, bem como a maneira de organizar e descrever o plano de partilha, ou seja, a partilha do patrimônio com seus quinhões e eventual meação, o pagamento das dívidas do espólio, dos legados, a pessoa com poderes de inventariante e os atos que praticará em nome do espólio –, deve observar as regras previstas no Código de Processo Civil.

Entre os artigos do **Código de Processo Civil** que podem ser aplicáveis à partilha, citamos os atuais **arts. 610 até 667**, com consenso entre as partes e que devem ser observados pelo tabelião.

Mais adiante discorreremos sobre como elaborar a escritura.

Importante destacar que o procedimento no âmbito extrajudicial pode ser realizado para óbitos ocorridos em qualquer data: antes ou depois da publicação da Lei nº 11.441/2007. Quanto à capacidade dos herdeiros, esta deve ser observada no ato da escritura. O herdeiro deve ser maior e capaz na data da assinatura, independentemente do fato de ser menor ou incapaz na data do óbito. Portanto, se o herdeiro era menor na data do óbito e maior ou emancipado na data da escritura, o arrolamento e a partilha podem ser realizados pelo tabelião de notas.

b) Quanto aos tributos incidentes sobre o ato

A legislação tributária, quanto ao imposto de transmissão de bens, deve ser observada, tanto em relação à obrigação principal: o pagamento do tributo; quanto às obrigações assessórias: avalição do patrimônio pela Fazenda do Estado, ou homologação prévia, ou preenchimento prévio, ou prestação posterior de informações específicas. Dedicaremos um capítulo a esse assunto considerando a legislação do estado de São Paulo.

4. PECULIARIDADES

4.1 Facultatividade da via extrajudicial

A via extrajudicial, ou seja, a lavratura de escritura de arrolamento é facultativa. As primeiras regulamentações já afirmavam a facultatividade desses atos serem realizados perante o tabelião de notas, ou seja, as partes podem escolher entre a via judicial ou a extrajudicial.

Na Resolução CNJ nº 35/2007, o art. 2º prevê: "É facultada aos interessados a opção pela via judicial ou extrajudicial; podendo ser solicitada, a qualquer momento, a suspensão, pelo prazo de 30 dias, ou a desistência da via judicial, para promoção da via extrajudicial".

Se o processo judicial de inventário foi proposto e ainda foi não encerrado, é possível que as partes desistam da via judicial e optem pela extrajudicial. O advogado deverá pedir a suspensão do processo; apresentar a petição, com esse pedido, protocolizada ao tabelião, que certificará esse fato na escritura. Após a lavratura da escritura, o advogado pedirá a extinção e o arquivamento do feito.

Recomendamos a análise prévia do processo judicial, a fim de verificar em qual fase se encontra e se é viável ou não sua desistência. Nesse caso, ao orientar o advogado e as partes quanto à via extrajudicial, o tabelião deve analisar:

a) a fase processual da ação judicial, verificar se ainda não foi apresentado o plano de partilha, quando é aconselhável o extrajudicial; ou se o plano de partilha já foi apresentado e depende apenas de homologação judicial, desaconselhável o extrajudicial;

b) se o ITCMD já foi ou não recolhido, se o juiz do processo autorizou o recolhimento desse imposto sem multa e/ou juros.

No item b, cabe esclarecer o porquê de se analisar o pagamento do imposto de transmissão, antes dessa opção pela conclusão do inventário na via extrajudicial, com a desistência da via judicial. Destacamos que, no estado de São Paulo, só o juiz, no processo judicial, pode afastar a incidência de multa, correção monetária e juros incidentes sobre o imposto de transmissão. No extrajudicial, somente serão afastados se houver decisão em ação específica.

O tabelião de notas, no estado de São Paulo, não tem essa possibilidade. A declaração do ITCMD, preenchida no site da Fazenda do Estado, para fins de arrolamento por escritura pública, só considera a data do óbito, para acrescentar ao imposto, juros, multa e correção monetária e, assim, não serão abatidos os acréscimos.

Esses fatores devem ser considerados antes de protocolar o pedido de suspensão e/ou desistência.

4.2 Livre escolha do tabelião de notas

A escolha do tabelião de notas é livre, não há necessidade de observar a regra de competência imposta para os procedimentos judiciais, como na via judicial, que é o último domicílio do autor da herança.

Para as escrituras assinadas "presencial" ou "fisicamente", prevalece o disposto no art. 8º da Lei nº 8.935/1994 sobre as regras de competência do Código de Processo Civil.

A Lei nº 9.835/1994, em seu art. 8º, determina: "É livre a escolha do tabelião de notas, qualquer que seja o domicílio das partes ou o lugar de situação dos bens objeto do ato ou negócio".

Portanto, quando o inventário for formalizado por meio de escritura pública, assinada fisicamente, as partes poderão escolher o tabelião de notas de qualquer comarca, independentemente do local do falecimento, da localização dos bens, da antiga residência do autor da herança e dos herdeiros.

Cumpre destacar que o tabelião de notas pode assinar a escritura em outro local, além do prédio do tabelionato; porém não pode se deslocar para outra comarca, pois é autorizado a formalizar escrituras dentro dos limites de sua delegação.

Após a publicação do Provimento nº 100/2020, revogado e alterado pelo Provimento nº 149/2023 do Conselho Nacional de Justiça, há uma regra específica para as escrituras assinadas eletronicamente: o tabelião da comarca de residência de uma das partes ou do local de um dos imóveis terá competência para lavrar o arrolamento.

O Provimento CNJ nº 149/2023 prevê:

"Art. 302. Ao tabelião de notas da circunscrição do imóvel ou do domicílio do adquirente compete, de forma remota e com exclusividade, lavrar as escrituras eletronicamente, por meio do e-Notariado, com a realização de videoconferência e assinaturas digitais das partes.
§ 1º Quando houver um ou mais imóveis de diferentes circunscrições no mesmo ato notarial, será competente para a prática de atos remotos o tabelião de quaisquer delas."

4.3 Patrimônio situado no Brasil

Em decorrência do Princípio da Soberania, somente o patrimônio situado no território nacional pode ser objeto de partilha em escritura de arrolamento.

Porém, qualquer tabelião de notas, nas escrituras assinadas fisicamente, pode realizar o arrolamento e a partilha de bens móveis e/ou imóveis situados em qualquer comarca do Brasil.

4.4 Adjudicação

A adjudicação do patrimônio pode ser realizada por escritura. O autor da herança pode ter um único herdeiro legítimo e/ou testamentário ou vários herdeiros que renunciam a sua herança e apenas um deles a aceita, adjudicando todo o patrimônio para si.

Portanto, quando há apenas um herdeiro do autor da herança, este, comprovando esse fato, adjudica para si todo o patrimônio deixado pela pessoa falecida. Essa era uma questão quando a Lei nº 11.441/2007 foi publicada, pois o termo é "partilha". Atualmente, esse debate foi superado pela prática.

Na Resolução CNJ nº 35/2007, o art. 26 determina: "Havendo um só herdeiro, maior e capaz, com direito à totalidade da herança, não haverá partilha, lavrando-se a escritura de inventário e adjudicação dos bens".

4.5 Documento hábil para transferir o patrimônio

O documento hábil para a transferência dos bens móveis e/ou imóveis, arrolados e partilhados, será o traslado ou a certidão da escritura de arrolamento, em contrapartida ao processo judicial, que terá o Formal de Partilha, expedido pelo Poder Judiciário, ou a Carta de Sentença, emitida pelo tabelião de notas – nos estados em que há autorização das Corregedorias, documentos que contêm as cópias das principais peças processuais.

Cabe destacar que o primeiro provimento a regulamentar a Carta de Sentença emitida pelo tabelião foi publicado pela Corregedoria-Geral de Justiça de São Paulo, sob nº 31/2013.

Além disso, ressaltamos que não há necessidade de homologação judicial das escrituras de arrolamento para a transferência do patrimônio do autor da herança. A escritura é o título hábil e basta por si só.

Assim, o traslado ou a certidão da escritura de arrolamento será apresentada ao Registro de Imóvel competente para a transferência dos imóveis, à instituição financeira, ao Departamento Estadual de Trânsito (Detran), às juntas comerciais etc., para que os bens móveis sejam transferidos aos herdeiros e meeiro, nas proporções convencionadas na escritura.

O traslado é primeira cópia fiel do teor da escritura. Trasladar significa "transportar", portanto, por meio do traslado, temos a publicidade da escritura lavrada nas folhas do livro de notas, as quais são digitalizadas, encadernadas e arquivadas permanentemente nos livros do tabelião.

A certidão é a cópia fiel da escritura, emitida posteriormente quantas vezes for solicitado. Pode ser emitida fisicamente, em papel de segurança, ou eletronicamente, no site do e-Notariado, após a regulamentação e o desenvolvimento desse sistema, com a publicação do Provimento 100/2020 do CNJ.

A certidão é "integral" quando todo o teor da escritura é nela reproduzida, solicitação mais comum. Pode ser também "parcial", na qual constam apenas alguns itens da escritura, por solicitação da parte.

Essas certidões parciais são solicitadas quando é necessário comprovar quem foi nomeado inventariante do Espólio, comprovar a partilha somente do veículo, ou a União estável entre o autor da herança e sua companheira, sem demonstrar todo o patrimônio partilhado.

Há modelos de certidão parcial no final do Capítulo XII.

Os traslados e as certidões, no Estado de São Paulo, são emitidos em papéis de segurança padronizados pela Corregedoria-Geral de Justiça.

Destacamos que o inventário extrajudicial é materializado em um ato único, ou seja: uma única escritura com a declaração de vontade que formaliza o consenso entre as partes, quanto aos bens da herança e sua partilha. Diferentemente do processo judicial, no qual há uma petição informando o óbito e outra com o plano de partilha e demais movimentações processuais. A escritura é lavrada após a obtenção de todos os documentos e do pagamento do ITCMD.

Assim, em regra, na escritura de arrolamento e partilha, todos os bens, com seus valores e sua partilha, compõem um único documento. A exceção são as sobrepartilhas do patrimônio, também formalizadas por escrituras públicas com os mesmos requisitos da primeira. Comentaremos sobre a sobrepartilha em um item específico.

4.6 Informações à CESDI

As escrituras de arrolamento e partilha são informadas, quinzenalmente, pelos tabeliães na Central Notarial de Serviços Eletrônicos Compartilhados (Censec), e no estado de São Paulo, no Sistema Informações e Gerenciamento Notarial (Signo), no módulo Central de Escrituras de Separação, Divórcio e Inventário (Cesdi). A Censec foi criada com a edição do Provimento nº 18/2012 do Conselho Nacional de Justiça, alterado e revogado pelo Provimento nº 149/2023 do CNJ.

Acesse mais sobre o conteúdo:
Provimento CNJ nº 18/2012.
> http://uqr.to/1u16o

Nas Normas de Serviço da Corregedoria de São Paulo, essa obrigação está determinada no Tomo II, Capítulo XVI, item 162:

"162. Os Tabeliães de Notas e os Registradores Civis com atribuições notariais remeterão, quinzenalmente, ao CNB-CF, por meio da CENSEC e ao CNB-SP, por meio do SIGNO, arquivando digitalmente o comprovante de remessa, informações sobre a lavratura de escrituras públicas de separação, divórcio, inventário e partilha, com os dados abaixo relacionados, ou informações negativas, se não realizados, no período, os atos acima referidos, nos seguintes termos: 549 a) até o dia 5 (cinco) do mês subsequente, quanto aos atos praticados na segunda quinzena do mês anterior; b) até o dia 20 (vinte) de cada mês, em relação aos atos praticados na primeira quinzena do mesmo mês."

Acesse mais sobre o conteúdo:
Portaria nº 58/1989.

> http://uqr.to/1u16p

A busca por essa espécie de escrituras é gratuita e pode ser realizada nessas centrais: Censec e Signo. Se a busca for positiva, serão apontados o tabelionato, o livro, a página e a data na qual a escritura de arrolamento foi lavrada. O teor da escritura será fornecido por meio de certidão física ou eletrônica.

Há divergência de opinião quanto à publicidade dessas escrituras. Há quem defenda seu teor ser conhecido por qualquer pessoa que solicitar uma certidão ao tabelião, sem precisar demonstrar interesse; em contrapartida, há os que defendem o "segredo de justiça" dos processos judiciais. O entendimento majoritário é o de que há publicidade desses atos notariais, mediante solicitação e emissão de certidão. Entretanto, após a publicação da Lei Geral de Proteção de Dados (LGPD – Lei nº 13.709/2018), essa publicidade vem sendo mitigada.

Cumpre destacar que, no estado de São Paulo, as escrituras de testamentos têm publicidade "restrita", pois a emissão de sua certidão só pode ser realizada a pedido do próprio testador ou após comprovação de seu falecimento, mediante apresentação de sua certidão de óbito ou comprovação de interposição de ação judicial de seu inventário.

"Item 153, Cap. XVI das NSCGJ/SP: As certidões de escrituras públicas de testamento, enquanto não comprovado o falecimento do testador, serão expedidas apenas a seu pedido ou de seu representante legal, ou mediante ordem judicial."

5. IMPOSTO DE TRANSMISSÃO *CAUSA MORTIS*

Para o pagamento ou a isenção do imposto de transmissão *causa mortis*, deve ser considerada a "data do falecimento do autor da herança" e, para gerar o documento de arrecadação, ou a "guia", o procedimento vigente na data da lavratura da escritura.

Assim, temos a obrigação principal e a acessória: pagamento desse tributo (principal) e prestar a declaração ou as informações à Fazenda do Estado e/ou solicitar a avalição dos bens para obter o valor de sua base de cálculo (acessória).

5.1 Obrigação principal

A data do óbito é o fato gerador desse imposto e, por isso, a legislação vigente nessa data é que será aplicada para o seu pagamento.

Portanto, o imposto de transmissão *causa mortis* tem como fato gerador o evento "morte". Os sujeitos passivos e contribuintes são os herdeiros, legítimos e/ou testamentários, e têm a obrigação principal de quitar esse imposto.

26 | INVENTÁRIO EXTRAJUDICIAL NA PRÁTICA

O sujeito ativo é o estado, que tem competência para sua regulamentação. A legislação do estado onde situados os imóveis ou realizado o arrolamento dos bens móveis, em regra, é a que deve ser observada e cumprida. A base de cálculo, alíquotas, incidência e isenção são por elas determinadas.

Destacamos que a legislação é alterada no decorrer dos anos e, por essa razão, a natureza ou o valor dos bens que eram isentos em um determinado ano, pode não ser em outro, assim como a alíquota pode mudar.

O imposto de transmissão *causa mortis* deve ser quitado conforme a legislação tributária estadual. Em regra, o imposto incidente sobre bens imóveis é devido para o estado onde situados esses bens. Já sobre os bens móveis, ao estado onde lavrado o arrolamento.

Os contribuintes são os herdeiros legítimos, que quitam o tributo na proporção da partilha determinada pela lei. Enquanto os herdeiros testamentários pagam o imposto, na mesma proporção do seu quinhão determinada no testamento.

A alíquota, a base de cálculo, as hipóteses de isenções, os descontos e as multas pelo atraso no pagamento são determinados pelas legislações estaduais.

O imposto de transmissão deve ser recolhido até a data da lavratura da escritura, e o comprovante do seu pagamento deve ser mencionado na escritura e arquivado no tabelionato.

5.2 Obrigação acessória

Há obrigações acessórias, atos que devem ser praticados para a comprovação ou o pagamento desse imposto, previstas em cada estado da Federação, citamos a seguir alguns exemplos.

a) Obrigação de os herdeiros apresentarem a minuta da escritura a ser lavrada à Fazenda do Estado, com o comprovante do recolhimento do imposto para homologação prévia e posterior lavratura da escritura.

No estado de São Paulo, a Portaria nº 5/2007 do Conselho Administrativo Tributário (CAT) determina a prévia manifestação da Fazenda quanto ao correto recolhimento do imposto. A Portaria CAT nº 19/2007 dispensava a homologação, pelo posto fiscal competente do pagamento do imposto devido pelos óbitos ocorridos antes da vigência da Lei nº 10.705/2000.

b) O tabelião exigir a declaração e o comprovante do recolhimento/quitação do imposto antes de lavrar a escritura e, após lavrá-la, enviar as suas informações e o arquivo digitalizado à Fazenda do Estado, para posterior verificação do correto pagamento do imposto.

O Decreto Estadual nº 56.693/2011 de São Paulo dispensou a homologação do recolhimento do imposto no posto fiscal e atribuiu ao tabelião a competência para verificação do valor dos bens e o correto recolhimento do imposto. A Portaria CAT/SP nº 21/2012 criou a obrigação de informar mensal e digitalmente todas as escrituras, seja de arrolamento ou doação, nas quais há isenção ou incidência de ITCMD.

c) a Fazenda de alguns estados, como da Bahia, mediante apresentação de outros documentos, emitir um laudo de avalição dos bens e a guia para recolhimento do imposto.

O tabelião, ao lavrar escrituras de arrolamento com imóveis situados em outros estados da Federação, deve observar sua legislação estadual, tanto em relação à obrigação principal quanto à acessória, a fim de evitar questionamentos ou autuações posteriores acerca do correto pagamento do imposto e do procedimento para essa finalidade.

5.3 Obrigação principal e acessória no estado de São Paulo

Para ilustrar, mencionamos a legislação e procedimentos no estado de São Paulo. A Lei nº 10.705/2000, que "Dispõe sobre a instituição do Imposto sobre Transmissão *Causa Mortis* e Doação de Quaisquer Bens ou Direitos – ITCMD", e a Lei nº 9.591/1966, que: "Dispõe a respeito do imposto sobre transmissão de bens imóveis e direitos a eles relativos, referentes a fatos geradores ocorridos anteriormente a 01.01.2001".

Na vigência da Lei nº 10.705/2000, regulamentada pelo Decreto nº 46.655/2002 e pela Portaria CAT nº 15/2003, a alíquota do imposto é de 4% sobre o valor dos bens da herança, considerando como base de cálculo o maior valor entre o atribuído pelas partes e o atribuído pelo Fisco. O prazo para pagamento é de 180 dias, porém há de ser observado o prazo para a obrigação acessória, a fim de não se ter multa e acréscimos ao valor do imposto.

No estado de São Paulo, uma das primeiras regulamentações quanto ao seu pagamento nas escritura de arrolamento, após a edição da Lei nº 11.441/2007, foi a Portaria CAT nº 05/2007, que disciplinou o cumprimento das obrigações acessórias e os procedimentos administrativos relacionados ao ITCMD e determinava a prévia homologação, pela Fazenda do Estado, do recolhimento do imposto e a posterior lavratura da escritura.

Posteriormente, o Decreto Estadual nº 56.693/2011 e a Portaria CAT/SP nº 21/2012, alterada pela Portaria CAT/SP nº 43/2013, autorizaram a lavratura das escrituras de arrolamento, sem prévia homologação tributária do recolhimento do imposto. Em contrapartida, criou a obrigação de o tabelião de notas informar à Fazenda do Estado de São Paulo, mensalmente e por meio digital, todas as escrituras que foram lavradas, com pagamento ou isenção de ITCMD, para posterior fiscalização.

Acesse mais sobre o conteúdo:
Portaria CAT nº 21/2012.

> http://uqr.to/1u16r

Portanto, a homologação prévia do recolhimento do imposto de transmissão devido à Fazenda do Estado de São Paulo foi exigida para as escrituras lavradas até o dia 27 de fevereiro de 2012. A partir do dia seguinte, ou seja, 28 de fevereiro de 2012, o tabelião pode lavrar a escritura sem a certidão da homologação e com o arquivamento do comprovante do pagamento do imposto e a declaração dos bens, realizada no site da Fazenda. Até o último dia do mês seguinte à lavratura, deve-se enviar as informações, determinadas nessa CAT, por meio eletrônico no site da Fazenda do Estado, mediante login com certificado digital.

Há prazo para que a declaração seja prestada no site da Fazenda do Estado de São Paulo, os termos "protocolização" e requerimento equivalem a "preencher" a declaração no site da Fazenda. Há também prazo para o pagamento/quitação do imposto, com desconto, sem e com multa, juros e correção.

A obrigação assessória de "declarar a transmissão por escritura pública" deve ser preenchida no site da Secretaria da Fazenda do Estado de São Paulo.

O art. 21 da Lei nº 10.705/2000 prevê:

"O descumprimento das obrigações principal e acessórias, instituídas pela legislação do Imposto sobre Transmissão *Causa Mortis* e Doação de Quaisquer Bens ou Direitos – ITCMD, fica sujeito às seguintes penalidades:
I – no inventário e arrolamento que não for requerido dentro do prazo de 60 (sessenta) dias da abertura da sucessão, o imposto será calculado com acréscimo de multa equivalente a 10% (dez por cento) do valor do imposto; se o atraso exceder a 180 (cento e oitenta) dias, a multa será de 20% (vinte por cento);"

E o art. 31 do Decreto Estadual nº 46.655/2002, § 1º, prevê:

"Na hipótese prevista no inciso I: (*causa mortis*)
1 – o prazo de recolhimento do imposto não poderá ser superior a 180 (cento e oitenta) dias da abertura da sucessão, sob pena de sujeitar-se o débito aos juros e à multa previstos no artigo seguinte, acrescido das penalidades cabíveis, ressalvado, por motivo justo, o caso de dilação desse prazo pela autoridade judicial;
2 – será concedido desconto de 5% (cinco por cento) sobre o valor do imposto devido, desde que recolhido no prazo de 90 (noventa) dias a contar da data da abertura da sucessão."

Na prática, no estado de São Paulo temos que:

– Preencher a declaração no site, em até 60 dias contados da data do óbito e quitar o imposto até o 90º dia: com **desconto de 5%** sobre o valor do imposto.

Cap. I – DO ARROLAMENTO EXTRAJUDICIAL | 29

– Preencher a declaração no site, entre o 61º e o 90º dia após o óbito e quitar o imposto até o 90º dia: multa de 10% da protocolização e desconto de 5% sobre o valor do imposto, assim terá **5% de acréscimo** (desde que pague até o 90º dia).

– Preencher a declaração no site e quitar o imposto entre 91 e 180 dias contados da data do óbito: **imposto com multa de 10% da protocolização.**

– Preencher a declaração no site e quitar o imposto até após 180 dias do óbito: **imposto com multa de 10% da protocolização e mais 20% de multa, juros e correção.**

Nas escrituras, deve ser mencionado o número da declaração do ITCMD, gerado no site da Fazenda Estadual. Por meio dele, as informações serão prestadas à Fazenda estadual, mensalmente. Essa é uma das obrigações acessórias.

Importante destacar o art. 35 da Lei nº 10.705/2000, que determina: "Esta lei entra em vigor em 1º de janeiro de 2001, ficando revogadas, nessa data, as Leis nº 9.591, de 30 de dezembro de 1966, e nº 3.199, de 23 de dezembro de 1981".

a) Para os óbitos ocorridos até o dia 31 de dezembro de 2000, a Lei nº 9.591/1966 é aplicada para o cálculo do ITCM. Importante destacar que nesse período: apenas os bens imóveis são tributados e não os bens móveis;

b) o imposto é recolhido por meio da Documento de Arrecadação de Receitas Estaduais (Dare), com multa de 20%;

c) a regra de isenção é diferente;

d) não há a obrigação acessória de preencher a declaração de bens no site da Fazenda;

e) o tabelião não presta as informações mensais à Secretaria da Fazenda do Estado, das escrituras lavradas com data de falecimento até o dia 31 de dezembro de 2000.

Portanto, quanto aos óbitos ocorridos antes do 2000, é necessário preencher uma Guia de Arrecadação de Receitas Estaduais (Gare) no próprio site da Fazenda do Estado, utilizando como base de cálculo o resultado do valor do patrimônio no ano do óbito, dividido pelo valor da Unidade Fiscal do Estado de São Paulo (Ufesp) do ano desse óbito, com esse valor multiplicado pelo valor da Ufesp atual.

Após essa operação, teremos a base de cálculo do imposto, sobre o qual será aplicada a alíquota de 4% para ter o valor do imposto e ainda acrescido de uma multa de 20% sobre o valor apurado para esse imposto. Esse valor atualizado do patrimônio é utilizado como base de cálculo para gerar a guia.

Importante se atentar para os óbitos ocorridos no final de um exercício financeiro e a declaração do ITCMD prestada no exercício seguinte, pois o sistema gerador da declaração atualiza o valor dos bens utilizando o valor da Ufesp do ano do óbito e do ano da declaração, por essa razão, nessa hipótese haverá um acréscimo no valor dessa base de cálculo. Assim, quando a pessoa falece no final de um ano e a declaração do ITCMD é preenchida no início do outro ano, o próprio sistema faz a atualização com o valor da Ufesp sobre o valor do patrimônio e há uma variação a maior no valor do imposto devido do que se essa declaração fosse preenchida no próprio ano do óbito.

É possível também parcelar o pagamento do imposto de transmissão *causa mortis*, no site da Fazenda do Estado e antes nos Postos Fiscais da Fazenda do Estado, nos municípios, por meio de um acordo lá formalizado. Há programas de parcelamentos de tributos que preveem redução do valor dos juros e multas incidentes sobre os impostos ainda não quitados.

Recomenda-se a leitura integral de todos os textos das leis estaduais e CAT mencionadas.

Acesse mais sobre o conteúdo:

- **Lei nº 9.591, de 30 de dezembro de 1966:** Dispõe a respeito do imposto sobre transmissão de bens imóveis e direitos a eles relativos.
- **Lei nº 10.705, de 28 de dezembro de 2000:** Dispõe sobre a instituição do Imposto sobre Transmissão *Causa Mortis* e Doação de Quaisquer Bens ou Direitos (ITCMD).
- **Portaria CAT nº 5, de 22 de janeiro de 2007:** Disciplina o cumprimento das obrigações acessórias e os procedimentos administrativos relacionados ao ITCMD, realizados na forma da Lei nº 11.441, de 4 de janeiro de 2007.
- **Portaria CAT nº 15, de 6 de fevereiro de 2003:** Disciplina o cumprimento das obrigações acessórias e os procedimentos administrativos relacionados com o ITCMD.
- **Decreto estadual nº 56.693, de 27 de janeiro de 2011:** Introduz alterações no regulamento do Imposto sobre Transmissão *Causa Mortis* e Doação de Quaisquer Bens ou Direitos (RITCMD), aprovado pelo Decreto nº 46.655, de 1º de abril de 2002.

> http://uqr.to/1u16s

6. PROCURAÇÃO

Nas escrituras de arrolamento e partilha, as partes podem ser representadas por mandatários, nomeados por procuração pública, que deve ter poderes expressos e específicos para a prática do ato notarial, ou seja, assinar a escritura de arrolamento (poder expresso) dos bens deixados por falecimento por NOME do autor da herança falecido em data (poder específico).

Procuração com poderes gerais, sem mencionar o nome da pessoa falecida, outorgadas antes do falecimento ou para a propositura de inventário judiciais não poderão ser aceitas, devido à falta de especificidade e à facultatividade de escolha da via extrajudicial.

Portanto, no item "poderes", deverá constar o nome do autor da herança, a data do falecimento e a certidão de óbito; se houver partilha desigual ou cessão de direitos hereditários e/ou meação ou, ainda, renúncia, a procuração deve ter poderes expressos quanto a esses negócios jurídicos.

Recomendamos que a procuração seja assinada após a definição da partilha dos bens, a fim de que nela conste todos os poderes necessários para formalizar o acordo de vontade como pactuado. Uma procuração com poderes para a partilha "da lei" não poderá ser aceita se houver uma cessão de direitos de meação, por exemplo.

Após a publicação do Provimento nº 100 do CNJ, no ápice da pandemia de covid-19, criando a possibilidade de os herdeiros e demais partes assinarem eletronicamente as escrituras de arrolamento e partilha, as procurações têm sido menos utilizadas. A maioria das pessoas prefere assinar "pessoalmente" de forma eletrônica a escritura, em vez de outorgar uma procuração.

No Capítulo XIII – Minutas de Procuração e de Renúncia, há exemplos de procurações para a patilha "da lei", partilha "desigual", com cessão de direitos hereditários e meação e, também, renúncia.

Capítulo II

REQUISITOS DA LEI Nº 11.441/2007

I) PARTES MAIORES E CAPAZES – CONSENSO

1. QUALIFICAÇÃO E CAPACIDADE

As partes na escritura de arrolamento são: viúvo, companheiro, herdeiros e respectivos cônjuges, quando necessário o comparecimento deles; todos devem ser maiores, ter plena capacidade para os atos da vida civil, estar presentes ao ato, ou representados por mandatário, e, principalmente, haver o acordo entre eles quanto ao arrolamento e à partilha.

Portanto, são, ou podem ser partes, nessas escrituras:

a) A.1) os herdeiros e/ou os sucessores legítimos e seus respectivos cônjuges e companheiros, quando necessário;
A.2) os herdeiros testamentários;
A.3) os cônjuges ou companheiros dos herdeiros, quando necessário;
b) o cônjuge ou companheiro da pessoa falecida;
c) o advogado, regularmente inscrito nos quadros da OAB.

Quanto ao requisito "maiores", observamos a idade, declaramos a data de nascimento e a idade na data da lavratura da escritura. Ressaltamos que esses requisitos: "maiores e capazes" devem ser observados na data da lavratura da escritura; portanto, se o herdeiro era menor ou incapaz na data do falecimento e por maioridade civil, emancipação ou levantamento da interdição é "capaz" na data da assinatura da escritura, esta poderá ser lavrada.

O requisito "capacidade" envolve a habilidade para os atos da vida civil, como regulamentado no Código Civil. As pessoas relativamente incapazes, entre 16 e 18 anos, podem ser emancipadas e, após o registro da escritura pública de emancipação no registro civil, a escritura de arrolamento será lavrada, mencionando esse fato e a certidão do registro civil. É comum o herdeiro ser emancipado e o inventário ser realizado extrajudicialmente. O art. 12 da Resolução nº 35/2007 do Conselho Nacional de Justiça, com alteração pela Resolução nº 179/2013, prevê expressamente essa possiblidade:

> "Art. 12. Admitem-se inventário e partilha extrajudiciais com viúvo(a) ou herdeiro(s) capazes, inclusive por emancipação, representado(s) por procuração formalizada por instrumento público com poderes especiais."

Herdeiros maiores e interditados, em regra, inviabilizam a escritura de arrolamento, pois não há o requisito da "capacidade".

Entretanto, sempre entendemos que se houver um **alvará judicial**, expedido nos autos da ação de interdição, autorizando o curador a assinar a escritura de arrolamento, seria possível. Ao solicitar o alvará, o advogado demonstrará ao juízo qual o patrimônio a ser partilhado, o valor de cada bem e o quinhão do herdeiro interditado; anexando à petição a minuta da escritura que será assinada.

O alvará determinará quais bens ou suas frações e seus respectivos valores irão compor o quinhão desse herdeiro interditado, e o curador representaria esse herdeiro maior e incapaz, na escritura de arrolamento, lavrada em cumprimento ao alvará judicial.

Ao demonstrar ao juízo da interdição qual o **patrimônio arrolado**, seus **valores**, o **quinhão que o herdeiro interditado tem direito**, e ouvido o **Ministério Público** e com sua concordância, não haveria prejuízo a esse herdeiro e a via extrajudicial poderia ser utilizada.

Exemplo:

João, interditado, é um dos quatro filhos de Pedro, falecido no estado civil de casado deixando um único imóvel em seu patrimônio. A mãe de João, viúva meeira, é a sua curadora. Seria possível assinar a escritura de arrolamento e partilha, com um alvará judicial específico, expedido nos autos da ação de interdição. O advogado pleitearia autorização nos autos da interdição; instruiria o pedido com a minuta da escritura a ser assinada, na qual constará o quinhão a ser atribuído ao interdito e seu valor; a matrícula do imóvel e o documento que comprova o valor desse bem. O alvará mencionaria que a representação se dará no arrolamento extrajudicial e o autorizaria expressamente a receber o quinhão nele mencionado.

Não há previsão expressa na legislação para essa possibilidade. Entretanto, ações judiciais pleiteando o alvará judicial para que o meeiro ou o herdeiro interditado recebam sua meação e/ou quinhão em escrituras de arrolamento e partilha têm sido julgadas procedente com a expedição dos alvarás nos termos requeridos.

2. CONSENSO

É imprescindível que todos estejam de acordo quanto aos termos da escritura: os bens arrolados, os valores a eles atribuídos, o valor que cabe a cada herdeiro e os bens ou suas frações que irão compor a meação e os quinhões devem resultar de um consenso entre todos. Se alguém não concordar, a escritura não poderá ser lavrada e todos deverão recorrer à via judicial.

Por essa razão, se um dos herdeiros for ausente, ou seja: estiver em local incerto ou não sabido, a escritura não poderá ser lavrada, pois *todos* os herdeiros devem assinar o ato.

3. AUTOR DA HERANÇA

Quanto ao autor da herança, é indiferente se era maior ou menor, capaz ou incapaz, pois ele não é *parte* na escritura. Autor da herança que era interditado, ou menor, não impede a lavratura.

Reiteramos que a escritura também poderá ser lavrada, independentemente da data do falecimento, se antes ou após a publicação da Lei nº 11.441/2007, pois se trata de matéria processual.

O autor da herança será qualificado com seu nome, nacionalidade, estado civil, profissão, documento de identidade e cadastro de pessoa física (CPF) e endereço; data do óbito e certidão de óbito. Se era casado, deverá constar a data do casamento, o regime de bens, o pacto antenupcial e seu registro, quando houver.

O documento de identidade e número de CPF do autor da herança, bem como a certidão de óbito e de nascimento ou casamento serão apresentados no original pelos herdeiros e sua cópia autenticada, arquivada no tabelião. A consulta a inexistências de débitos perante a Receita Federal será realizada com o número de seu CPF, pois a escritura será lavrada mediante a extração da certidão negativa, ou positiva com efeito de negativa.

No estado de São Paulo, foi publicado o Provimento nº 13/2021 da Corregedoria-Geral de Justiça (CGJ), autorizando a lavratura da escritura, mesmo quando houver débitos de tributos federais, documento que, desde a publicação da Lei nº 11.441/2007, era exigido.

Quanto ao autor da herança, também é necessário observar seu estado civil na data do óbito e na data da aquisição do patrimônio arrolado.

3.1 Autor da herança casado ou convivente em união estável x regime de bens

Quando a pessoa falecida é "casada" ou convivente em união estável (UE), é imprescindível verificar o regime de bens de seu casamento ou da união, a fim de separar o patrimônio arrolado como "bens comuns", nos quais o cônjuge sobrevivente terá direito à meação e "bens particulares" considerados em sua totalidade "herança".

Em razão do regime de bens, o patrimônio será separado em bens comuns e/ou bens particulares, a depender desse regime e considerando as datas: aquisição do bem e a data do início da UE ou do casamento.

Exemplo:
Bem adquirido a título oneroso, antes do casamento. Se o regime for de comunhão parcial, esse bem será "particular"; se for de comunhão universal, será comum.

Importante destacar que o companheiro foi equiparado ao cônjuge para fins de sucessão, após as decisões do Supremo Tribunal Federal (STF) nos julgamentos dos REs nº 646.721 e nº 878.694. Por essa razão, ao partilhar a herança, deve ser observado o disposto no art. 1.829 do Código Civil, e não mais o art. 1.790.

A decisão no RE nº 878.694 entrou em vigor na data de sua publicação e, desde então, está sendo aplicada nos inventários ainda não finalizados, ou seja, nas escrituras lavradas a partir dessa publicação *independentemente da data do óbito do companheiro*, conforme determinação nela contida.

Acesse mais sobre o conteúdo: inteiro teor do acórdão do RE nº 646.721 e do do acórdão do RE nº 878.694.
> http://uqr.to/1u16t

Quanto à união estável do autor da herança, importante ressaltar que esse fato pode ser reconhecido na própria escritura de arrolamento e partilha, na qual comparecerão, além do companheiro, os herdeiros legítimos do autor da herança, que declararão a data do início da UE e o regime de bens legal, ou outro constante de documento, previamente formalizado pelos companheiros.

Se o autor da herança não deixou descendentes nem ascendentes e seu companheiro será o herdeiro de todo o patrimônio (recebendo meação e herança, nos bens comuns, e a totalidade da herança, nos bens particulares), os herdeiros legítimos, ou seja: todos os colaterais que receberiam a herança se não houvesse companheiro, deverão comparecer reconhecendo a união estável e que esta perdurou até a data do óbito do falecido.

Destacamos que o companheiro sobrevivente só herdará o patrimônio se na data do óbito vivia em união estável com o falecido. Se na data do óbito a UE estava dissolvida, receberá apenas a meação nos bens comuns, se houver, mas não terá direito à herança. Reiteramos que, como a união estável é um fato, devem ser declarados e reconhecidos o início e o fim pelos herdeiros colaterais.

Assim, não há necessidade de reconhecimento judicial da união estável. Na própria escritura de arrolamento, a UE será reconhecida e o patrimônio arrolado e partilhado, atribuindo-se meação nos bens comuns e herança nos bens particulares, conforme o regime de bens da união estável legal e as regras de sucessão hereditária vigente na data do óbito.

Somente haverá necessidade de ação judicial para reconhecimento da UE, quando o autor da herança não deixou herdeiros colaterais ou quando estes não concordarem em reconhecer a união.

> "Resolução CNJ nº 35/2007 – Art. 18. O(A) companheiro(a) que tenha direito à sucessão é parte, observada a necessidade de ação judicial se o autor da herança não deixar outro sucessor ou não houver consenso de todos os herdeiros, inclusive quanto ao reconhecimento da união estável.
>
> Art. 19. A meação de companheiro(a) pode ser reconhecida na escritura pública, desde que todos os herdeiros e interessados na herança, absolutamente capazes, estejam de acordo."

"Por amor ao debate", cabe comentar que há divergências quanto à possibilidade de lavratura de escritura de arrolamento com o comparecimento apenas do companheiro, sem que os demais herdeiros legítimos compareçam ao ato notarial. Nesse caso, há hipóteses a serem consideradas:

A) Quando não há outros herdeiros legítimos para comparecer e reconhecer essa união. Hipótese em que é imprescindível o reconhecimento judicial da união estável e a posterior adjudicação, por meio de escritura pública, do patrimônio do companheiro falecido ao sobrevivente.

B) Há uma escritura de declaração de união estável, assinada "em vida" por ambos os companheiros, com no mínimo duas testemunhas que na escritura atestaram e ratificaram o período da união. Nessa hipótese, questiona-se: *seria possível o companheiro sobrevivente sozinho adjudicar a herança para si próprio sem a presença de outros herdeiros legítimos?*

A questão é polêmica e há fundamento em ambos os sentidos: é possível o companheiro comparecer sozinho na escritura de adjudicação, apresentando a escritura de declaração da união estável, afinal nessa escritura ambos compareceram perante o tabelião, que com fé pública formalizou a vontade livre e consciente do reconhecimento dessa união e os efeitos jurídicos dela decorrente.

Contrário a essa possibilidade, o argumento de que consta na legislação a necessidade de os outros herdeiros comparecerem e, se não houver concordância, o prévio reconhecimento judicial da união.

Há, ainda, o argumento de que não seria possível ter certeza de que na data do óbito os companheiros ainda viviam em união estável, para que o companheiro sobrevivente faça jus à herança. Se, no momento do óbito, a união estável já tinha sido dissolvida (é um fato!), o companheiro terá direito apenas à meação nos bens comuns, se houver, e não será herdeiro dos bens particulares.

C) Apenas um dos demais herdeiros legítimos, colaterais, previstos no art. 1.829, IV, do Código Civil, comparece na escritura de arrolamento reconhecendo a união estável.

INVENTÁRIO EXTRAJUDICIAL NA PRÁTICA

Nessa hipótese, há de se considerar as decisões do STF equiparando o companheiro ao cônjuge para fins sucessórios: os colaterais são afastados da sucessão do companheiro falecido e a herança é adjudicada integralmente ao companheiro sobrevivente. Questiona-se, nessa situação, se seria necessário que todos os herdeiros legítimos colaterais comparecessem na escritura ou se bastaria apenas um deles e testemunhas confirmando o período da união estável e sua permanência até a data do óbito.

Na prática, todos os colaterais, que receberiam a herança se não houvesse companheiro, comparecem na escritura, por segurança jurídica e para evitar contestações futuras.

3.1.1 Autor da herança casado ou convivente em união estável x imóvel recebido por doação

Uma observação importante quanto aos imóveis recebidos por doação e arrolados e partilhados na escritura é que é imprescindível verificar o regime de bens ou se a doação foi ao casal, estendendo também ao companheiro essa disposição.

Dependendo do regime de bens do casamento, esse imóvel doado será considerado bem particular e o cônjuge será herdeiro com os descendentes, isso ocorre no regime da comunhão parcial e na separação convencional.

Se casados na comunhão universal e não houver cláusula de incomunicabilidade, esse bem será comum e o cônjuge terá apenas meação. Se houver cláusula, há dois entendimentos e podemos consignar na escritura que as partes estão cientes e concordam com o entendimento adotado para a partilha. O cônjuge sobrevivente não terá meação nesse imóvel, porém poderá herdar junto com os descendentes, em analogia aos bens particulares na comunhão parcial, ou não receber nem meação, nem herança, na interpretação literal do art. 1.829, I, do Código Civil.

Entretanto, se o imóvel foi doado para o casal ou companheiros, aplicar-se-á o direito de acrescer, previsto no art. 551, parágrafo único, do CC/2002 e esse imóvel não será partilhado, pois pertencerá na totalidade ao cônjuge ou companheiro sobrevivente. Nas declarações das partes, é importante constar:

> "Declaram que o imóvel objeto da matrícula nº __ de __ Registro de Imóveis, não é partilhado, pois a ele aplica-se o direito de acrescer."

Apresentada a certidão de óbito ao registrador de imóvel, constará na matrícula que ocorreu o direito de acrescer e o imóvel será arrolado e partilhado na totalidade, no falecimento do segundo cônjuge ou companheiro.

3.2 Autor da herança divorciado, com união estável dissolvida ou viúvo

Quando a pessoa falecida é divorciada, viúva ou era convivente em união estável, porém dissolvida na data de seu óbito, é necessário verificar se há bens adquiridos durante o casamento ou a UE. É imprescindível verificar o regime de bens então adotado, a fim de constatar se esse patrimônio era considerado *comum* e, se sim, se foi partilhado ou não, na ocasião do divórcio, dissolução ou óbito.

Se foi partilhado, será arrolado o bem ou a fração que lhe pertence em decorrência da partilha do divórcio, da dissolução da união estável ou do inventário do ex-cônjuge, e, então, esse bem ou sua fração será partilhado entre seus herdeiros, legítimos e/ou testamentários e eventualmente com um "novo cônjuge".

Se o patrimônio comum do casamento ou da união estável não foi partilhado na ocasião do divórcio, o ex-cônjuge ou ex-companheiro deverá comparecer na escritura para receber sua meação desse patrimônio comum e, ao arrolar esse bem, será arrolado sua totalidade, para a entrega dessa meação.

Assim, se casado na data da aquisição e divorciado na data do óbito, necessário verificar se havia necessidade de partilha, se realizada ou não; se não realizada, o ex-cônjuge comparece para a partilha desse patrimônio comum, a título de meação.

O divórcio não pressupõe que cada um dos ex-cônjuges é titular de 50% do bem, somente após a partilha é que eles deixam de ser meeiros de todo o patrimônio e passam a ser condôminos com frações definidas. Enquanto não partilharem o patrimônio comum, deixará de existir a mancomunhão e serão condôminos, regulamentado no Direito das Coisas do Código Civil, e não mais no Direito Patrimonial do Casamento. Ou seja, terão 50% em todo o patrimônio e não os 50% delimitados.

Se o bem é comum e o cônjuge do autor da herança faleceu, será necessário realizar o "arrolamento conjunto" do casal. Assim, o patrimônio comum será arrolado na totalidade, a meação será entregue ao espólio do primeiro cônjuge e a herança aos herdeiros. No arrolamento do segundo cônjuge falecido, será arrolado a sua meação, a outra metade e partilhado entre os herdeiros.

Importante ficar atento quanto à incidência e ao recolhimento do ITCMD no arrolamento conjunto. Serão dois fatos geradores desse tributo: a data do óbito de cada um dos cônjuges ou companheiros falecidos e o patrimônio de cada um deles. O ITCMD não poderá ser recolhido e ter como base de cálculo o valor total do patrimônio comum, mas, sim, o valor da herança de cada um deles.

4. VIÚVO, COMPANHEIRO E HERDEIROS DO AUTOR DA HERANÇA

Na escritura, o viúvo, o companheiro, os herdeiros e cônjuges serão identificados com documentos de identidade originais e em bom estado de conservação e comprovarão a qualidade de viúvo e herdeiros com a certidão de seu estado civil. Se conviventes em união estável, em regra a escritura de declaração, com seu registro no registro civil são os documentos apresentados para comprovação.

Serão todos qualificados com nome, nacionalidade, profissão, estado civil, documento de identidade RG, número de CPF e endereço.

Quanto à pessoa casada ou convivente em união estável, deverá constar: a data do casamento, ou da declaração da UE, o regime de bens adotado e se diverso do

40 | INVENTÁRIO EXTRAJUDICIAL NA PRÁTICA

regime legal, a escritura de pacto antenupcial com seu registro no registro de imóveis. No estado de São Paulo, a idade na data da escritura também deve ser declarada.

> "NSCGJ/SP – Cap. XVI, item 115: As partes e respectivos cônjuges devem estar, na escritura, nomeados e qualificados (nacionalidade; profissão; idade; estado civil; regime de bens; data do casamento; pacto antenupcial e seu registro imobiliário, se houver; número do documento de identidade; número de inscrição no CPF/MF; domicílio e residência)."

O cônjuge do herdeiro deve sempre ser qualificado na escritura.

A necessidade de seu comparecimento depende da maneira como será realizada a partilha: se o herdeiro ceder direitos hereditários ou renunciar à herança, será imprescindível a presença de seu cônjuge, salvo se casados sob o regime da separação convencional; porém, se receber o quinhão imposto pela lei, não será necessário que esteja acompanhado por seu cônjuge.

Portanto, dependendo da partilha realizada na escritura: partilha "da lei" ou partilha com cessão de direitos hereditários ou renúncia da herança, será determinada a necessidade da presença do cônjuge do herdeiro ou companheiro. Entretanto, se receber cessão de direitos hereditários e/ou direitos de meação, não haverá necessidade de sua presença.

5. ESTADO CIVIL DO HERDEIRO NA DATA DO ÓBITO E NA ESCRITURA

O estado civil do herdeiro na data do óbito e na data da escritura deve ser observado, além de sua capacidade civil. Esse é um cuidado importante: considerar e analisar o estado civil de cada um dos herdeiros na data da lavratura da escritura e na data do óbito.

Destacamos essa atenção, pois o herdeiro pode ser divorciado ou viúvo na data da escritura e, no momento do óbito do autor da herança, era solteiro ou casado. Esse detalhe deve ser observado também para aqueles herdeiros que viviam em união estável na data do óbito e a dissolveram, ou seu companheiro é falecido na data da escritura.

Quando houver alteração de seu estado civil, é necessário ter cautela. Há casos nos quais o herdeiro era solteiro ou casado na ocasião do falecimento e casado ou divorciado e/ou viúvo na lavratura da escritura de arrolamento e esses fatos e suas consequências jurídicas devem ser consideradas.

Exemplo:

João falece em 2008, seu filho Pedro era casado e se divorcia em 2010. No ano de 2018, Pedro solicita ao tabelião a lavratura da escritura do arrolamento de João. Enfatize-se que, na data do óbito, Pedro era casado e, na data da escritura, é divorciado.

Nas situações em que o *herdeiro* era casado no óbito e divorciado ou viúvo na escritura, verifica-se o seu regime de bens do casamento, a fim de verificar se o seu ex-cônjuge tem ou não direito à meação no quinhão da herança desse herdeiro. Portanto, o regime de bens do casamento e o efeito jurídico da necessidade de partilhar ou não o quinhão recebido a título de herança deve ser observado e declarado na escritura.

Assim, o quinhão dos bens que lhe cabe por herança poderá ser considerado patrimônio comum, em razão do regime de bens então adotado. Ou, se não houver essa comunicação, a informação deverá constar na escritura. O tabelião, ao declarar esses "dois" estados civis, demonstrará que observou se houve ou não comunicação desse patrimônio entre o herdeiro e seu ex-cônjuge.

Quando o óbito é recente, o estado civil costuma ser o mesmo nessas duas datas; entretanto, quando o óbito ocorreu há bastante tempo, é comum os herdeiros alterarem o estado civil.

Os efeitos dessa alteração de estado civil do herdeiro, dependendo do regime de bens, serão os seguintes:

a) Se adotou o regime da comunhão parcial de bens, da separação convencional, ou, ainda, da separação obrigatória, os bens que recebe por herança são considerados "bens particulares" e não há comunicação com o seu cônjuge.

Nesses regimes, basta declarar que na data do óbito era casado e o regime e, em razão da regulamentação e dos efeitos jurídicos de cada um deles, já será compreendido que não há necessidade de partilhar o quinhão com o ex-cônjuge.

b) Se adotou o regime da comunhão universal, os bens que recebe por herança, salvo se houver cláusula de incomunicabilidade, serão considerados bem comum, e o ex-cônjuge ou ex-companheiro terá direito à meação sobre os bens do quinhão.

Nesse regime, será necessário partilhar esse patrimônio comum.

Os arts. 1.659, I, 1.668, I, e 1.687 do Código Civil e a Súmula 377 do STF fundamentam a classificação desses bens como particulares e a não necessidade de partilhá-los na ocasião do divórcio.

Na técnica redacional, declaramos o estado civil atual do herdeiro no item "outorgantes", ao qualificá-lo por comparecer e assinar a escritura e o seu estado civil, da data do óbito – quando diferente do atual, é declarado no item "Do autor da herança". Quando o herdeiro era casado na data do óbito também declaramos a data do seu casamento e o regime de bens adotado.

Exemplos:

a) casado no óbito e divorciado na escritura:

item "Autor da Herança" teve X filhos: NOME, que na data do óbito era casado em _/_/_ sob o regime da comunhão parcial, com NOME, conforme certidão de casamento matrícula nº _, de quem se divorciou em __/__/__, conforme averbação da decisão do processo nº ____ ou da Escritura de divórcio, lavrada no livro, páginas data do Tabelião X, conforme certidão de casamento matrícula nº _.

b) casado no óbito e viúvo na escritura:

item "Autor da Herança" teve X filhos: NOME, que na data do óbito era casado em _/_/_ sob o regime da comunhão parcial, com NOME, conforme certidão de casamento matrícula nº _, falecido em __/__/__, conforme certidão de óbito matrícula nº ____.

42 | INVENTÁRIO EXTRAJUDICIAL NA PRÁTICA

Essas informações são suficientes para que se entenda que, em razão do regime dos bens, não há necessidade de partilhar esse patrimônio com o ex-cônjuge e que o quinhão atribuído a esse herdeiro lhe pertence na totalidade.

Entretanto, se o herdeiro era casado sob o regime da comunhão universal de bens, o ex-cônjuge tem direito à meação no quinhão hereditário, salvo se houver cláusula de incomunicabilidade determinada em testamento. O ex-cônjuge não é herdeiro, mas, sim, meeiro no quinhão hereditário.

Portanto, se casado sob o regime da comunhão universal de bens na data do óbito e divorciado na escritura de arrolamento, três são as hipóteses para a lavratura dessa escritura:

a) Com o comparecimento do ex-cônjuge na própria escritura de arrolamento, realiza-se mais um ato: a partilha do divórcio. Faz-se o pagamento do quinhão ao herdeiro e, na sequência, em outro item, realiza-se a partilha do divórcio: o herdeiro e seu ex-cônjuge recebem metade do quinhão hereditário, o herdeiro a título de herança e o ex-cônjuge a título de meação no quinhão hereditário. Não há imposto de transmissão entre os ex-cônjuges, pois a partilha do patrimônio comum foi "igual". Há imposto de transmissão *causa mortis* quitado totalmente pelo herdeiro.

b) O ex-cônjuge comparece na escritura e cede sua meação no quinhão hereditário ao herdeiro. Nessa hipótese, a cessão poderá ser realizada a título gratuito e haverá incidência ou isenção de imposto de transmissão – doação –; ou onerosa, com imposto de transmissão entre vivos (ITBI) sobre os bens imóveis. Em um item, formaliza-se a cessão de direitos de meação no quinhão e o herdeiro recebe a totalidade do seu quinhão hereditário. Atenção ao fato de que haverá o pagamento do ITCMD *causa mortis* em nome do herdeiro e o eventual ITCMD doação ou ITBI em nome do ex-cônjuge que ceder seu quinhão.

c) O ex-cônjuge não comparece na escritura de arrolamento e o herdeiro recebe a totalidade do quinhão que lhe cabe por herança, com a ressalva da mancomunhão. É imprescindível constar na escritura que o herdeiro recebe o quinhão "então casado sob o regime da comunhão universal" e, nas declarações finais, constar que todos têm ciência que o quinhão recebido deve ser partilhado com o ex-cônjuge antes de nova transmissão do patrimônio.

5.1 Herdeiro ou companheiro casado no óbito e viúvo ou com união estável dissolvida na escritura de arrolamento

Na hipótese de o herdeiro, casado ou convivente em união estável, sob o regime da comunhão universal na data do óbito, ser viúvo ou com a união estável dissolvida, na data da escritura de arrolamento – porque seu cônjuge ou companheiro faleceu após o autor da herança da escritura de arrolamento a ser lavrada –, será necessário realizar o arrolamento conjunto: do autor da herança e também do cônjuge ou companheiro falecido do herdeiro que faleceu antes. Trataremos desse tema mais adiante no item "arrolamento conjunto".

II) TESTAMENTO

O testamento é o negócio jurídico solene pelo qual alguém, nos termos da lei, dispõe de seus bens, no todo ou em parte, para depois de sua morte. Previsto nos arts. 1.857 e ss. do Código Civil, o testamento público, o particular e o cerrado são algumas de suas espécies.

Quando o autor da herança deixa testamento válido, a partilha de seu patrimônio será realizada como ele próprio determinou: o quê e para quem. Em regra, a sucessão testamentária afasta a sucessão legítima.

A regra geral determinada pela Lei nº 11.441/2007, e sua alteração posterior, é que a inexistência de testamento é um dos requisitos para a lavratura da escritura de arrolamento, pois, quando o autor da herança não deixou testamento, sua sucessão hereditária será realizada conforme a lei, preenchendo, assim, o requisito legal.

Na ordem de vocação hereditária legítima, a partilha do patrimônio é realizada entre os herdeiros previstos e determinados no Código Civil vigente na data do óbito do autor da herança.

Um dos objetivos da Lei nº 11.441/2007 é que a sucessão legítima seja formalizada por escritura pública e que, quando há testamento válido, a via judicial seja obrigatória.

Os testamentos revogados, caducos e invalidados por decisão judicial também são considerados para atender ao requisito da "inexistência de testamento" como comentaremos a seguir.

A prova da existência, inexistência ou revogação de testamentos, públicos e/ou cerrados é obtida mediante informação da Censec.

Cumpre destacar que todos os tabeliães do Brasil informam ao Registro Central de Testamentos *on-line* (RCTo), módulo da Censec, todos os testamentos que lavraram ou revogaram em cada quinzena, informando o número do livro, folha, data, nome do testador e de seus pais, RG, CPF e data de nascimento, ou prestam informação negativa de lavratura desses atos.

O Provimento nº 18/2012 do Conselho Nacional de Justiça regulamentou o Censec e a obrigatoriedade de todos os tabeliães de notas do Brasil prestarem essas informações quinzenalmente.

O Provimento nº 56/2016 do CNJ dispôs sobre a obrigatoriedade de consulta ao RCTo para realizar inventário e partilha tanto na via extrajudicial como na judicial. Um dos maiores objetivos é que não sejam realizadas partilhas sem observar as últimas disposições testamentárias.

Esses provimentos foram inseridos no Código de Normas Nacional do CNJ, Provimento nº 149/2023 e permanecem aqui citados em razão de serem a primeira regulamentação sobre o tema.

Acesse mais sobre o conteúdo:
Censec, instituído e regulamentado pelos Provimentos nº 18/2012; nº 56/2016; nº 149/2023.
> http://uqr.to/1u16w

Com o requerimento *on-line* de qualquer interessado, mediante apresentação dos documentos de identificação e certidão de óbito do autor da herança e o pagamento de uma taxa, obtém-se a informação de se há ou não testamento feito ou revogado pelo autor da herança, com tabelião, livro, folha e data do ato notarial. Com essa informação, é possível solicitar perante o tabelião a certidão do testamento.

1. INEXISTÊNCIA DE TESTAMENTO

Quando o autor da herança nunca fez testamento, a informação do Censec-RC-To será negativa e, não havendo testamento, com a sucessão legítima, atendido estará um dos requisitos da Lei nº 11.441/2007 e a escritura poderá ser lavrada.

A declaração de inexistência de testamento deve constar na escritura e ser arquivada digitalmente no tabelionato que lavra a escritura de arrolamento.

Exemplo de declaração na escritura:

O autor da herança não deixou testamento, sendo apresentada, neste ato, a certidão de informação negativa de existência de testamento expedida pela Censec, emitida em __/__/__, que fica aqui arquivada.

2. EXISTÊNCIA DE TESTAMENTOS REVOGADOS, CADUCOS OU INVALIDADOS

Logo após a edição da Lei nº 11.441/2007, havia divergências quanto à possibilidade de se lavrar a escritura de arrolamento quando o autor da herança houvesse feito um testamento e posteriormente o revogado, expressamente, por escritura pública.

Favoráveis à lavratura da escritura argumentavam que, se o autor da herança fez um ou mais testamentos e posteriormente os revogou expressamente, mencionando o tabelião, livro e folha do testamento revogado, ou com a expressão "revoga total e expressamente quaisquer testamentos lavrados", a sucessão não será mais a testamentária e, sim, a legítima, autorizada pela Lei nº 11.441/2007. Contrários argumentavam que a expressão da lei é a de "inexistência" no sentido de nunca ter sido feito testamento.

No estado de São Paulo, com a edição do Provimento nº 40/2012 da CGJ (item 129 Cap. XIV – atual item 130, Cap. XVI), foi autorizada expressamente a lavratura quando há revogação, caducidade ou invalidação do testamento por decisão judicial.

"NSCGJ/SP – Cap. XVI, item 130. Diante da expressa autorização do juízo sucessório competente, nos autos do procedimento de abertura e cumprimento de testamento, sendo todos os interessados capazes e concordes, poderão ser feitos o inventário e a partilha por escritura pública, que constituirá título hábil para o registro imobiliário.

130.1. Poderão ser feitos o inventário e a partilha por escritura pública, também, nos casos de testamento revogado ou caduco, ou quando houver decisão judicial, com trânsito em julgado, declarando a invalidade do testamento, observadas a capacidade e a concordância dos herdeiros.

130.2. Nas hipóteses do subitem 130.1, o Tabelião de Notas solicitará, previamente, a certidão do testamento e, constatada a existência de disposição reconhecendo filho ou qualquer outra declaração irrevogável, a lavratura de escritura pública de inventário e partilha ficará vedada, e o inventário far-se-á judicialmente."

Portanto, comprovada a revogação, a caducidade ou a invalidação do testamento por decisão judicial, o tabelião pode lavrar a escritura de arrolamento, sem prévia manifestação ou posterior homologação judicial. A escritura será válida e eficaz e poderá ser apresentada diretamente aos órgãos competentes para a transferência do patrimônio.

2.1 Testamento revogado

Quando o autor da herança faz um ou mais testamentos e os revoga expressamente, essas informações irão constar e ser emitidas pela Censec-RCTo e, portanto, inexistindo testamento válido, a sucessão será legítima e um dos requisitos da Lei nº 11.441/2007 estará atendido para a lavratura da escritura de arrolamento.

Importante solicitar a certidão dos testamentos e da revogação mencionadas na informação da Censec a fim de constatar se a revogação do testamento foi total e não parcial e, ainda, se não houve reconhecimento de filhos, fato que torna o testamento irrevogável.

A declaração do livro, folha, tabelião e data do testamento e de sua revogação deverão constar na escritura e ser arquivada digitalmente no tabelião que lavra a escritura de arrolamento.

Exemplo de declaração na escritura:

O autor da herança deixou testamento lavrado no tabelião, livro e folha, em __/__/__, que foi revogado total e expressamente por escritura lavrada no tabelião, livro e folha, em __/__/__, conforme certidão de informação de testamento emitida pela Censec, em __/__/__ e certidão do testamento e sua revogação, que ficam aqui arquivadas.

2.2 Testamento caduco

O testamento pode ser considerado caduco por perda do objeto ou pré-falecimento, comoriência ou renúncia do beneficiário, desde que o testamento não preveja substituição de beneficiário, nem direito de acrescer entre eles, nem outras disposições válidas.

46 | INVENTÁRIO EXTRAJUDICIAL NA PRÁTICA

Ao testar, o testador pode instituir legados, ou seja, bens determinados atribuídos para determinadas pessoas. Se, no momento do falecimento do testador, o bem não existir, seja porque foi previamente alienado ou doado; ou a pessoa beneficiada já houver falecido, ou falecer em comoriência com o testador, ou for declarada indigna, ou, ainda, renunciar, o legado perderá a eficácia, salvo se houver previsão de substituição do legatário.

Por tais razões, o testamento será considerado caduco, ou por perda do objeto – razão de ordem objetiva –, ou por falta da pessoa – razão de ordem subjetiva.

O art. 1.939 do Código Civil prevê as hipóteses de caducidade do legado: modificação da coisa legada, alienação da coisa legada, perecimento ou evicção da coisa legada e pré-falecimento ou indignidade da pessoa beneficiada. Portanto, ineficaz a disposição à sucessão não será testamentária e, sim, legítima.

> "CC – Art. 1.939. Caducará o legado:
>
> I – se, depois do testamento, o testador modificar a coisa legada, ao ponto de já não ter a forma nem lhe caber a denominação que possuía;
>
> II – se o testador, por qualquer título, alienar no todo ou em parte a coisa legada; nesse caso, caducará até onde ela deixou de pertencer ao testador;
>
> III – se a coisa perecer ou for evicta, vivo ou morto o testador, sem culpa do herdeiro ou legatário incumbido do seu cumprimento;
>
> IV – se o legatário for excluído da sucessão, nos termos do art. 1.815;
>
> V – se o legatário falecer antes do testador.
>
> Art. 1.940. Se o legado for de duas ou mais coisas alternativamente, e algumas delas perecerem, subsistirá quanto às restantes; perecendo parte de uma, valerá, quanto ao seu remanescente, o legado."

2.2.1 Subjetivamente caduco

2.2.1.1 Subjetivamente caduco por pré-falecimento

Quando o testamento é subjetivamente caduco, por pré-falecimento do beneficiário, será necessário comprovar a sua morte e a data desse falecimento, na escritura de inventário, mediante apresentação e menção da certidão de óbito desse beneficiário.

Cumpre destacar, para registro histórico, que antes das alterações das NSCGJ/SP em 2012, havia uma decisão da 2ª Vara de Registros Públicos de São Paulo, proferida em novembro de 2007, cujo entendimento era de que o inventário com testamento beneficiando pessoa já falecida deveria ser realizado pela via judicial. Porém, segundo essa decisão, seria possível propor uma ação judicial perante a Vara de Família e Sucessões pedindo que se declarasse que o testamento é caduco e, por essa razão, a sucessão seguiria a ordem de vocação hereditária prevista na lei. Com a sentença declaratória de caducidade do testamento transitada em julgado e mediante o arquivamento de sua cópia junto com a informação do Censec, seria possível a lavratura da escritura. Uma alternativa para a via extrajudicial, com prévia manifestação do juízo competente.

No estado de São Paulo, o item 129, do Cap. XIV – atual item 130, Cap XVI, das NSCGJ/SP, inserido pelo Provimento nº 40/2012, permite expressamente que sejam lavradas escritura de arrolamento com beneficiário pré-falecido.

Nos casos de pré-falecimento do beneficiário, é imprescindível solicitar a certidão do testamento e os documentos pessoais e a certidão de óbito da pessoa beneficiada, a fim de comprovar que se trata da mesma pessoa (pré-falecida e beneficiária) e houve prévio ou concomitante falecimento e arquivar esses documentos no tabelião que lavrar o arrolamento do testador.

Exemplo de declaração na escritura:

O autor da herança deixou testamento lavrado no tabelião, livro e folha, em __/__/__, caduco por falecimento do beneficiário NOME, ocorrido em __/__/__, conforme certidão de óbito matrícula nº _____, conforme certidão de informação de testamento emitida pela Censec, emitida em __/__/__, certidão do testamento e documentos pessoais e certidão de óbito do beneficiário, que ficam aqui arquivadas.

2.2.1.2 Subjetivamente caduco por renúncia

Ainda quanto à caducidade "subjetiva", importante destacar que é possível que se caracterize não só por pré-falecimento ou comoriência, mas também por renúncia do legado. O beneficiário pode renunciar ao direito de receber a herança testamentária, após o falecimento do testador.

A renúncia é sempre realizada em relação a todo o patrimônio que o herdeiro teria direito, é irrevogável e irretratável. Se casado o herdeiro renunciante, seu cônjuge deve comparecer ao ato anuindo, salvo se o regime for o da separação convencional.

Porém, o art. 1.808, § 1º, do Código Civil permite que o herdeiro aceite a herança legítima e renuncie à testamentária, ou vice-versa. Portanto, o herdeiro legítimo, que tem direito à herança, conforme a ordem de vocação hereditária, e também é contemplado em um testamento pode: aceitar ambas as heranças, renunciar a ambas ou, ainda, aceitar uma e renunciar a outra. Nessa hipótese, ao redigir o texto da renúncia, é muito importante deixar claro qual das duas heranças aceita e/ou a qual renúncia.

"Art. 1.808. Não se pode aceitar ou renunciar a herança em parte, sob condição ou a termo.

§ 1º O herdeiro, a quem se testarem legados, pode aceitá-los, renunciando a herança; ou, aceitando-a, repudiá-los.

§ 2º O herdeiro, chamado, na mesma sucessão, a mais de um quinhão hereditário, sob títulos sucessórios diversos, pode livremente deliberar quanto aos quinhões que aceita e aos que renuncia."

O beneficiário do testamento, ou os beneficiários, poderá comparecer no tabelião e, por meio de uma escritura autônoma ou na própria escritura de arrolamento, formalizar a renúncia do legado, ou seja, renunciar aos direitos hereditários adquiridos

48 | INVENTÁRIO EXTRAJUDICIAL NA PRÁTICA

pelo testamento. O testamento será caduco e a escritura de inventário poderá ser lavrada, pois não haverá testamento a ser cumprido e a sucessão será a legítima.

Se o herdeiro renunciar, na própria escritura de arrolamento, ele e seu cônjuge serão qualificados no item "outorgante" e haverá um item para a formalização de sua renúncia, antes do item "partilha".

Se a renúncia foi formalizada em uma escritura autônoma, o herdeiro não será qualificado no item outorgante, somente no item "autor da herança", e sua renúncia será mencionada no item "renúncia", antes do item "partilha", mencionando-se tabelião, livro, folhas e data da escritura de renúncia. A certidão será arquivada no tabelião que lavrar o arrolamento, se a renúncia foi formalizada em outro tabelião.

No Capítulo XII – Minutas de arrolamento, há exemplo de arrolamento com renúncia formalizada na mesma escritura.

Exemplo da hipótese de renúncia:

João fez um testamento determinando que a parte disponível de seu patrimônio deveria ser atribuída para sua mulher, Maria, com quem era casado sob o regime da comunhão parcial. Por escritura de renúncia de herança e legado, autônoma ou na própria escritura de inventário, Maria renuncia à herança "legal" e ao legado recebido por testamento. No inventário extrajudicial de João, Maria receberá apenas a meação, se tiver direito.

2.2.2 Objetivamente caduco

O testamento é **objetivamente caduco** quando se legava determinado bem a determinada pessoa e no momento do falecimento esse bem não pertence mais ao testador, seja por sua perda, deterioração, alteração ou, ainda, por transferência, alienação a título gratuito, doação ou oneroso, venda e compra, permuta etc.

Exemplo de testamento caduco por perda do objeto:

João determina no testamento que o imóvel da Rua das Flores será atribuído para Maria. Dois meses antes de falecer vende esse móvel para Pedro.

Sendo o testamento caduco, é permitida a lavratura da escritura de arrolamento, independentemente de prévia ou posterior autorização ou manifestação do juízo competente. Imprescindível comprovar esse fato: caducidade por perda do objeto, mediante apresentação de documento hábil. Como exemplo, citamos a apresentação, a menção e o arquivamento da certidão da matrícula atualizada do imóvel legado no testamento e transferido antes da data do óbito. Na escritura, constará declaração da data e forma de transmissão, a fim de comprovar a transferência e, em consequência, a caducidade.

Exemplo de declaração na escritura:

O autor da herança deixou testamento lavrado no tabelião, livro e folha, em __/__/__, conforme certidão de informação de testamento emitida pela Censec, emitida em __/__/__, no qual legava o imóvel a seguir mencionado. O testamento é caduco por alienação do imóvel situado na Rua __, objeto da matrícula nº _ de _ RI, realizada em __/__/__. A certidão do testamento e a certidão da matrícula desse imóvel ficam aqui arquivadas.

2.3 Testamento inválido

O testamento pode ser **inválido** e sua invalidade reconhecida judicialmente em ação autônoma perante o juízo competente. Nesse caso, a escritura poderá ser lavrada, conforme autorização do item 129, Cap. XIV – atual item 130, Cap. XVI, das NSCGJ/SP, independentemente de prévia autorização judicial.

O testamento pode ser invalidado por não ter sido observada as formalidades legais em sua elaboração, como as cinco testemunhas presentes durante a lavratura do testamento público, na vigência do Código Civil de 1916.

Exemplo de testamento inválido:

Testamento lavrado com duas testemunhas presentes no ano de 2002.

Na escritura de arrolamento, será mencionado o testamento, com livro, folha, data e tabelião que o lavrou e a decisão judicial que o invalidou, arquivando-se esses documentos.

Exemplo de declaração na escritura:

O autor da herança deixou testamento lavrado no tabelião, livro e folha, em __/__/__, conforme certidão de informação de testamento emitida pela Censec, emitida em __/__/__. Referido testamento foi declarado inválido por decisão judicial proferida em __/__/__, nos autos da ação de _, processo nº _____ de _ Vara. A certidão do testamento e cópia da decisão judicial ficam arquivadas nestas Notas.

2.4 Alternativas para a lavratura de escritura de arrolamento com testamento – nos estados em que não há autorização nas normas

Nos estados da Federação nos quais são vedadas as lavraturas de escrituras de arrolamento com testamento válidos, revogado, caduco ou inválido, vislumbramos duas hipóteses, com manifestação judicial: prévia ou posterior, que possibilitam a via extrajudicial.

2.4.1 Prévia manifestação judicial

O advogado pode pleitear uma autorização expressa para que o arrolamento e a partilha sejam realizados extrajudicialmente.

Proporá a ação de abertura e registro do testamento e nela pleiteará a declaração de que o testamento é válido, ou está revogado, ou é caduco objetiva ou subjetivamente, mediante comprovação com os documentos necessários; cumulativamente a esse pedido, solicitará autorização expressa para a lavratura do arrolamento extrajudicial.

Previamente autorizado pelo juízo, ao lavrar a escritura, o tabelião mencionará a existência do testamento e a autorização judicial para sua lavratura, com os dados do testamento e o número da ação judicial.

Essa escritura, previamente autorizada pelo juízo competente, será título hábil para a transferência do patrimônio, não sendo necessário reapresentá-la para homologação.

2.4.2 Posterior homologação judicial

Outra hipótese é a prevista no art. 659 do Código de Processo Civil: a partilha que depende de homologação judicial. Nesse caso, a escritura é lavrada, porém não será título hábil para transferência do patrimônio, enquanto não houver a posterior homologação do juízo competente em ação própria.

> "CPC/2015 – Art. 659. A partilha amigável, celebrada entre partes capazes, nos termos da lei, será homologada de plano pelo juiz, com observância dos arts. 660 a 663.
> § 1º O disposto neste artigo aplica-se, também, ao pedido de adjudicação, quando houver herdeiro único.
> § 2º Transitada em julgado a sentença de homologação de partilha ou de adjudicação, será lavrado o formal de partilha ou elaborada a carta de adjudicação e, em seguida, serão expedidos os alvarás referentes aos bens e às rendas por ele abrangidos, intimando-se o fisco para lançamento administrativo do imposto de transmissão e de outros tributos porventura incidentes, conforme dispuser a legislação tributária, nos termos do § 2º do art. 662."

Imprescindível constar na escritura de partilha a declaração, das partes e do advogado, de que têm ciência que a escritura depende de homologação judicial para a transferência do patrimônio como partilhado.

A escritura será apresentada pelo advogado, ao Juízo da Vara de Famílias e Sucessões para homologação judicial. Após a homologação e com a certidão do trânsito em julgado, será emitido o Formal de Partilha, com as principais peças do processo, inclusive a escritura de partilha homologada.

O Formal de Partilha, expedido pelo Poder Judiciário, ou a Carta de Sentença emitida pelo próprio tabelião, com a escritura de partilha é que será o título hábil para a transferência do patrimônio.

Portanto, há duas alternativas para que o arrolamento e a partilha dos bens do autor da herança, que deixou testamento válido, revogado, caduco ou inválido, sejam realizadas por escritura pública: subordinadas à manifestação, prévia ou posterior, do juízo competente.

No Capítulo XII – Minutas de arrolamento, há um exemplo dessa escritura de partilha para homologação judicial.

3. TESTAMENTO VÁLIDO COM AUTORIZAÇÃO EXPRESSA DO JUÍZO COMPETENTE

No estado de São Paulo, o Provimento nº 37/2016 autorizou que o tabelião de notas formalize o arrolamento e a partilha dos bens, cumprindo testamento válido.

Importante destacar que, quando há testamento válido, o tabelião deverá solicitar a decisão judicial autorizando expressamente a lavratura do inventário, no extrajudicial, com seu trânsito em julgado ou desistência do recurso na ação de registro de abertura e cumprimento de testamento proposta no Juízo da Vara de Família e Sucessão competente.

No capítulo seguinte, comentaremos sobre as "escrituras de arrolamento e partilha cumprindo testamento".

III) ADVOGADO

Requisito essencial para a lavratura de escritura da Lei nº 11.441/2007 é que as partes – viúvo, companheiro e herdeiros – estejam acompanhadas por advogado regularmente inscrito na Ordem dos Advogados do Brasil (OAB). Deve constar na escritura, além da qualificação do advogado, o número da sua inscrição na Ordem.

Um único advogado pode acompanhar todas as partes, o que é comum; ou cada uma das partes pode constituir seu próprio advogado. O advogado herdeiro pode agir em causa própria e também assessorar os demais herdeiros e viúvo.

Não há necessidade de outorga de procuração *ad judicia* em ato separado para o advogado, pois ele será constituído, nomeado e assinará a escritura.

O advogado pode cumular a função de mandatário do viúvo, companheiro e herdeiros, acompanhando-os na escritura na qualidade de advogado, regularmente inscrito nos quadros da OAB e também como procurador, nomeado por escritura pública de mandato. O art. 12 da Resolução nº 35 foi alterado nesse sentido:

> "Resolução CNJ nº 35/2007 – Art. 12. Admitem-se inventário e partilha extrajudiciais com viúvo(a) ou herdeiro(s) capazes, inclusive por emancipação, representado(s) por procuração formalizada por instrumento público com poderes especiais. ~~vedada a acumulação de funções de mandatário e de assistente das partes~~. *(excluído pela Resolução nº 179, de 03.10.2013)*"

Capítulo III

ESCRITURA DE ARROLAMENTO CUMPRINDO TESTAMENTO VÁLIDO

A Lei nº 11.441/2007 determina que as escrituras de inventário só podem ser lavradas quando não há testamento, portanto, somente na sucessão legítima é possível eleger a via extrajudicial para a partilha do patrimônio. Sem testamento, o traslado da escritura de arrolamento é título hábil para a transferência do patrimônio.

Desde sua edição, houve muitos questionamentos do porquê o tabelião de notas não poderia lavrar a escritura de arrolamento e partilha cumprindo testamento, se ele, tabelião de notas, é o único que tem atribuição para a lavratura de testamentos públicos.

No estado de São Paulo, de 4 de janeiro de 2007 até a publicação do Provimento nº 37, em 17 de junho de 2016, pelo Corregedor-Geral de Justiça de São Paulo, Dr. Manoel de Queiroz Pereira Calças, as escrituras "autônomas" de arrolamento cumprindo testamentos eram vedadas. Havia apenas a possibilidade de lavrá-las, com prévia manifestação ou posterior homologação judicial, como comentamos.

Com a edição do Provimento CGJ/SP nº 37/2016, as escrituras de arrolamento, cumprindo testamento foram autorizadas. Assim, quando há testamento válido e autorização expressa do juízo competente, é possível formalizar o arrolamento e a partilha extrajudicial, sem depender de posterior homologação judicial. O traslado ou a certidão será o documento hábil para a transferência do patrimônio.

Nessas hipóteses, é necessário que o advogado apresente o testamento ao juiz de Família e Sucessão, observando a regra de competência do Código de Processo Civil, e peça "registro, abertura e cumprimento" desse testamento e, ainda, autorização expressa para o inventário extrajudicial.

O tabelião lavrará a escritura, mencionando o número desse processo de registro e abertura de testamento, a decisão que autorizou a escritura e a data do seu trânsito em julgado. Essa decisão/sentença será arquivada no tabelião ou em pasta física própria ou vinculada, em meio digital, ao protocolo/processo da escritura.

Cabe destacar que há Enunciados prevendo a possibilidade da via extrajudicial, para os arrolamentos nos quais há testamento válido a ser cumprido na partilha do patrimônio, reproduzimos dois deles:

> "O Enunciado nº 600, da VII Jornada de Direito Civil, ocorrida em Brasília, entre os dias 28 e 29 de setembro de 2015, sob a coordenação geral do Ministro Ruy Rosado de Aguiar diz: 'Após registrado judicialmente o testamento e sendo todos os interessados capazes e concordes com os seus termos, não havendo conflito de interesses, é possível que se faça o inventário extrajudicial'. Consigne-se que o grupo que debateu o tema de família e sucessões foi coordenado pelo Professor Doutor da Faculdade de Direito da Universidade de São Paulo, Otavio Luiz Rodrigues Junior." (Texto citado no Parecer nº 133/2016 da CGJ/SP)

O Enunciado nº 16, do XI Congresso Brasileiro de Direito de Família, do IBD-FAM (Instituto Brasileiro de Direito de Família), ocorrido em Belo Horizonte/MG, entre os dias 25 e 27 de outubro de 2017 diz: *"Mesmo quando houver testamento, sendo todos os interessados capazes e concordes com os seus termos, não havendo conflito de interesses, é possível que se faça o inventário extrajudicial".*

Assim, sob diversos fundamentos jurídicos, seja porque o tabelião de notas é o único que tem atribuição para lavrar testamento público e, portanto, apto para interpretá-lo, ou porque as partes são maiores e capazes e concordam com a interpretação e partilha conforme determinado no testamento, ou, ainda, por não haver litígio a ser solucionado pelo Judiciário e também em razão da desjudicialização, vem sendo admitida a possibilidade de se lavrar escritura de arrolamento cumprindo testamento válido.

Importante destacar que a sucessão a ser observada será a testamentária, isolada ou em conjunto, com a sucessão legítima, dependendo da cláusulas e das disposições do testamento, conforme previsto nos arts. do 1.786 e 1.788 do Código Civil:

> "CC/2002 – Art. 1.786. A sucessão dá-se por lei ou por disposição de última vontade. [...] Art. 1.788. Morrendo a pessoa sem testamento, transmite a herança aos herdeiros legítimos; o mesmo ocorrerá quanto aos bens que não forem compreendidos no testamento; e subsiste a sucessão legítima se o testamento caducar, ou for julgado nulo."

1. DO TESTAMENTO – DISPOSIÇÕES

O testamento é o instrumento jurídico para disposição do patrimônio após o falecimento do testador. A espécie mais utilizada é o testamento público, lavrado pelo tabelião de notas e informado à Censec no RCTo.

Testamento, suas espécies, seus requisitos, disposições, interpretação, substituição, direito de acrescer entre herdeiros e legatários, revogação e outros estão previstos nos arts. 1.857 a 1.990 do Código Civil de 2002.

Destacamos que o testamento pode ser utilizado para atribuir a parte disponível do patrimônio a um herdeiro necessário, contemplando-o com mais patrimônio que aos outros herdeiros necessários. Pode, também, determinar quais bens vão compor a legítima de um ou alguns herdeiros necessários, como autorizado pelo art. 2.014 do CC.

Há, ainda, disposições testamentárias que determinam como será dividido todo o patrimônio: em frações ou bens específicos para determinadas pessoas, além daquelas que preveem substituições.

Testadores que têm muitos herdeiros colaterais, como vários irmãos e sobrinhos, utilizam esse instrumento para eleger apenas um ou alguns deles, ou até uma pessoa não parente, para receber seu patrimônio. Há quem não tem herdeiros necessários nem irmãos e desconhece seus tios e primos, ou não os tem, ou estes já faleceram e, assim, testam o patrimônio para um terceiro, não parente, ou uma instituição; evitando, dessa forma, uma declaração de herança jacente.

Casais que não têm descendentes costumam lavrar testamentos deixando a parte disponível ou todo o patrimônio um para o outro e preveem a substituição para depois do falecimento de ambos: quem receberá o patrimônio na falta do outro cônjuge, determinam a substituição do cônjuge: uma terceira pessoa para receber os bens.

Legar o direito de usufruto a uma pessoa de idade avançada e a nua-propriedade a alguém mais jovem, ou a pais e filhos, ou, ainda, quando o desejo é que uma pessoa usufrua do patrimônio e a outra tenha sua propriedade também são hipóteses bastante comuns.

Deserdar herdeiros necessários, reconhecer filhos, nomear tutor e curador, impor cláusulas restritivas também são disposições inseridas em testamentos.

Portanto, inúmeras são as hipóteses de disposições de conteúdo patrimonial e não patrimonial feitas pelo testador.

O tabelião de notas, ao lavrar o testamento, tem a obrigação legal de ouvir o testador, orientá-lo e redigir a minuta que atenda a seus interesses.

Após o falecimento, o patrimônio deixado pelo testador, então autor da herança, será arrolado e partilhado, conforme a própria orientação contida em seu testamento: a sucessão testamentária, seja por intermédio de inventário judicial ou arrolamento extrajudicial.

2. CAUTELAS DO TABELIÃO AO CUMPRIR TESTAMENTO EM ESCRITURAS DE ARROLAMENTO

O tabelião deve interpretar o testamento antes de realizar a partilha do patrimônio, conforme as regras de sucessão testamentárias vigentes na data do falecimento do testador, então autor da herança.

56 | INVENTÁRIO EXTRAJUDICIAL NA PRÁTICA

Destaca-se que a legislação a ser observada para a validade do testamento é aquela vigente no momento de sua lavratura e, para o seu cumprimento, a legislação vigente na data do óbito.

O patrimônio a ser arrolado e partilhado é aquele existente na data do óbito e os herdeiros, sejam legítimos ou testamentários, são aqueles "vivos" na data do falecimento, conforme o disposto nos arts. 1.787, 1.860 e 1.861 do Código Civil, que determinam esses destaques.

> "Art. 1.787. Regula a sucessão e a legitimação para suceder a lei vigente ao tempo da abertura daquela. [...]
>
> Art. 1.860. Além dos incapazes, não podem testar os que, no ato de fazê-lo, não tiverem pleno discernimento.
>
> Parágrafo único. Podem testar os maiores de dezesseis anos.
>
> Art. 1.861. A incapacidade superveniente do testador não invalida o testamento, nem o testamento do incapaz se valida com a superveniência da capacidade."

O tabelião deve observar e declarar na escritura se há ou não herdeiros necessários com direito à legítima. Se houver, na data do falecimento do testador, deve declarar na escritura de arrolamento quem são esses herdeiros e verificar se sua legítima foi respeitada no testamento. Na escritura de arrolamento, deve consignar o pagamento dessa legítima na partilha.

> "Art. 1.857. Toda pessoa capaz pode dispor, por testamento, da totalidade dos seus bens, ou de parte deles, para depois de sua morte.
>
> § 1º A legítima dos herdeiros necessários não poderá ser incluída no testamento."

A parte disponível do patrimônio será partilhada entre os herdeiros testamentários nas proporções estabelecidas pelo testador, com bens partilhados em condomínio entre esses beneficiários ou com bens na totalidade para cada um, se o patrimônio for suficiente para essa divisão.

Se houver legados atribuídos no testamento, ou seja, bens específicos para determinadas pessoas, o tabelião deve verificar e comprovar a existência desses bens e também dos legatários. O pagamento do legado ao legatário comporá a partilha do patrimônio. Importante observar se há legítima a ser respeitada e se a parte disponível do patrimônio comporta os legados estabelecidos.

Se o legado for composto por direito de usufruto para um beneficiário e nua-propriedade para outro, o bem será partilhado atribuindo esses direitos, sobre o mesmo bem, a cada um deles.

Porém, se o testamento for em forma de herança: todo o patrimônio ou fração do patrimônio para cada beneficiário, o tabelião deve verificar o valor total do patrimônio, qual a fração que cabe a cada beneficiário e compor os quinhões testamentários com frações ou totalidade de cada um dos bens, nas proporções determinadas pelo testador.

Cap. III – ESCRITURA DE ARROLAMENTO CUMPRINDO TESTAMENTO VÁLIDO | 57

Se o testamento não contemplar todo o patrimônio do testador, ou seja, se ele mencionar determinados bens no testamento atribuindo-os para determinados herdeiros legítimos e/ou testamentários, os bens remanescentes serão partilhados conforme a ordem de vocação hereditária legítima vigente na data do falecimento do testador. Nessa hipótese, haverá sucessão legítima e testamentária do mesmo autor da herança.

Comparecerão na escritura, além dos herdeiros testamentários e legatários, os herdeiros legítimos e seus respectivos cônjuges, quando necessário, e farão a partilha do patrimônio testado e do remanescente, na proporção determinada pela lei.

O imposto de transmissão *causa mortis* será quitado pelos herdeiros testamentários na proporção de seus quinhões, conforme a legislação estadual vigente na data do óbito.

Na escritura, constará que a autor da herança deixou testamento, mencionando-se tabelião, livro, folha e data de sua lavratura e um resumo de suas disposições. A certidão do testamento, se lavrado por outro tabelião, será apresentada e arquivada, assim como será arquivada digitalmente a informação da Censec-Rcto.

O tabelião deve mencionar, também na escritura, e arquivar a decisão judicial que determinou a abertura, registro e cumprimento do testamento e a autorização para a realização da partilha extrajudicialmente.

Exemplo da declaração:

O autor da herança deixou testamento válido lavrado no tabelião, livro e folha, em __/__/__, conforme certidão de informação de testamento emitida pela Censec, em __/__/__. Em referido testamento, determinou que [resumo das disposições]. A lavratura da presente escritura foi autorizada na ação de abertura, registro e cumprimento de testamento, por decisão proferida em __/__/__, transitada em julgado em __/__/__, nos autos do processo nº _____ de _ Vara. A certidão do testamento e cópia da decisão judicial ficam arquivadas nestas Notas.

2.1 Da ação de abertura, registro e cumprimento de testamento

Quando há testamento válido, é necessário que o advogado apresente o testamento ao juiz de família e sucessão, observando a regra de competência do Código de Processo civil e peça "registro, abertura e cumprimento" desse testamento.

Nessa ação de abertura, registro e cumprimento de testamento, é imprescindível que o juiz a defira e nela autorize expressamente a lavratura da escritura de arrolamento e partilha extrajudicial. Essa decisão deve ter seu trânsito em julgado. Em regra, os advogados solicitam que se certifique o trânsito em julgado, por não haver interesse em recorrer dessa decisão.

O tabelião deve sempre observar se a decisão autorizou expressamente a via extrajudicial e se há certidão do seu trânsito em julgado ou desistência do direito de recorrer e consignar na escritura. Deve mencionar o número desse processo de registro

58 | INVENTÁRIO EXTRAJUDICIAL NA PRÁTICA

e abertura de testamento, a data da decisão que autorizou e a data do seu trânsito em julgado. Essa decisão/sentença será arquivada no tabelião ou em pasta física própria ou vinculada, em meio digital, ao protocolo/processo da escritura.

Os demais requisitos – como partes maiores e capazes, sejam elas herdeiras testamentárias ou legítimas, o consenso entre elas e o advogado que as acompanha – devem ser observados e declarados nessas escrituras.

No Capítulo XII – Minutas de arrolamento, trazemos exemplos de disposições de testamentos e as escrituras que foram lavradas em seu cumprimento.

3. TESTAMENTEIRO E VINTENA

O testador pode ou não nomear testamenteiro para cumprir o testamento, conforme previsto no art. 1.976 do Código Civil. O art. 1.987 do mesmo Código determina que, se o testador não fixar o prêmio, também denominado vintena, para o testamenteiro que não seja beneficiário, o juiz o fixará entre 1 e 5% do valor da herança líquida.

> "Art. 1.976. O testador pode nomear um ou mais testamenteiros, conjuntos ou separados, para lhe darem cumprimento às disposições de última vontade. [...]
>
> Art. 1.987. Salvo disposição testamentária em contrário, o testamenteiro, que não seja herdeiro ou legatário, terá direito a um prêmio, que, se o testador não o houver fixado, será de um a cinco por cento, arbitrado pelo juiz, sobre a herança líquida, conforme a importância dela e maior ou menor dificuldade na execução do testamento.
>
> Parágrafo único. O prêmio arbitrado será pago à conta da parte disponível, quando houver herdeiro necessário."

No arrolamento extrajudicial cumprindo testamento, temos várias hipóteses decorrentes dessas disposições:

a) se o testador não nomeou testamenteiro: esse fato será declarado na escritura, no mesmo item do testamento;

Exemplo da declaração:

O autor da herança deixou testamento válido lavrado no tabelião, livro e folha, em __/__/__, conforme certidão de informação de testamento emitida pela Censec, em __/__/__. Em referido testamento, determinou que [resumo das cláusulas] e não nomeou testamenteiro. A lavratura da presente escritura foi autorizada na ação de abertura, registro e cumprimento de testamento, por decisão proferida em __/__/__, transitada em julgado em __/__/__, nos autos do processo nº _____ de _ Vara. A certidão do testamento e cópia da decisão judicial ficam arquivadas nestas Notas.

b) se o testador nomeou testamenteiro e não fixou a vintena:

b.1.I) se o testamenteiro nomeado for herdeiro ou legatário: não terá direito à vintena;

Cap. III – ESCRITURA DE ARROLAMENTO CUMPRINDO TESTAMENTO VÁLIDO | 59

b.1.II) se o testamenteiro não for herdeiro ou legatário: poderá comparecer na escritura e declarar que não deseja receber a vintena;

b.2) se o testamenteiro não for herdeiro ou legatário: poderá comparecer na escritura e, de comum acordo com os herdeiros, viúvo e/ou companheiro, fixar o valor da vintena e receber seu pagamento na partilha do patrimônio;

c) se o testador nomeou testamenteiro e fixou a vintena: esse fato será declarado na escritura no mesmo item do testamento, e o pagamento será realizado no item "da partilha", preferencialmente com valores monetários deixados pelo testador.

Qualquer uma dessas hipóteses deve ser declarada na escritura de arrolamento, com ciência de todas as partes.

Destacamos que o tabelião, ao lavrar escritura de testamento público, deve esclarecer ao testador sobre as hipóteses de nomeação ou não de testamenteiro, do pagamento ou não de sua vintena e seu valor determinado no testamento, a fim de evitar conflitos em relação a essas disposições.

4. CLÁUSULAS RESTRITIVAS E SUA JUSTIFICATIVA

As cláusulas restritivas de inalienabilidade, incomunicabilidade e impenhorabilidade podem ser impostas aos herdeiros, pelo testador, no testamento e nas escrituras de doação.

Essas cláusulas podem incidir sobre todo o patrimônio, sobre bens específicos, para todos os herdeiros ou apenas alguns deles, ser vitalícia ou temporária e ainda sobre os bens da legítima dos herdeiros necessários.

Como técnica redacional, aconselhamos mencionar o imóvel e a cláusula restritiva no item "do quinhão do herdeiro", quando as restrições são para bens individualizados. Quando todo o patrimônio é clausulado, um item pode ser inserido na escritura declarando que todos os bens do quinhão ficam gravados com as cláusulas restritivas.

Quando impostas sobre os bens da legítima dos herdeiros necessários, devem ser justificadas, conforme o disposto no art. 1.848 do Código Civil de 2002.

"Art. 1.845. São herdeiros necessários os descendentes, os ascendentes e o cônjuge.

Art. 1.846. Pertence aos herdeiros necessários, de pleno direito, a metade dos bens da herança, constituindo a legítima.

Art. 1.847. Calcula-se a legítima sobre o valor dos bens existentes na abertura da sucessão, abatidas as dívidas e as despesas do funeral, adicionando-se, em seguida, o valor dos bens sujeitos a colação.

Art. 1.848. Salvo se houver justa causa, declarada no testamento, não pode o testador estabelecer cláusula de inalienabilidade, impenhorabilidade, e de incomunicabilidade, sobre os bens da legítima.

§ 1º Não é permitido ao testador estabelecer a conversão dos bens da legítima em outros de espécie diversa.

§ 2º Mediante autorização judicial e havendo justa causa, podem ser alienados os bens gravados, convertendo-se o produto em outros bens, que ficarão sub-rogados nos ônus dos primeiros."

No Código Civil de 1916, não havia previsão para a justificativa da imposição de cláusulas restritivas sobre os bens da legítima e, por essa razão, os testamentos com essa restrição, lavrados na vigência desse Código, não têm a "justa causa".

O art. 2.042 do Código de 2002 impôs o prazo de um ano, a contar de sua vigência, para que os testamentos lavrados anteriormente, com imposição de cláusula restritiva sobre a legítima, fossem aditados e neles inserido a "justa causa", o motivo dessa restrição ao patrimônio garantido por lei aos herdeiros necessários.

> "Art. 2.042. Aplica-se o disposto no *caput* do art. 1.848, quando aberta a sucessão no prazo de um ano após a entrada em vigor deste Código, ainda que o testamento tenha sido feito na vigência do anterior, Lei nº 3.071, de 1º de janeiro de 1916; se, no prazo, o testador não aditar o testamento para declarar a justa causa de cláusula aposta à legítima, não subsistirá a restrição."

Em decorrência desses artigos do Código Civil de 1916 e de 2002, são apresentados ao tabelião, para a lavratura de arrolamento, testamentos com e sem justa causa para a imposição das cláusulas restritivas sobre os bens da legítima.

Quando há imposição de cláusula restritiva, sobre os bens da legítima e há a justificativa dessa imposição, o tabelião, ao partilhar o patrimônio, fará constar no quinhão dos herdeiros que os bens são gravados com as cláusulas restritivas, mencionando cada uma delas, inalienabilidade, incomunicabilidade e/ou impenhorabilidade, e se vitalícias ou temporárias, conforme determinado pelo testador.

Se não houver a justa causa das cláusulas restritivas, declaradas no próprio testamento ou em aditamento ou testamento posterior, esse fato poderá ser declarado na escritura de arrolamento e as cláusulas serão afastadas, não incidirão sobre os bens partilhados, por não ter sido atendido o requisito dos arts. 1.848 e 2.042 do Código Civil de 2002 para sua imposição.

Em algumas decisões judiciais, autorizando o cumprimento do testamento na via extrajudicial, o juiz se manifesta e determina que as cláusulas sejam afastadas por não ter a justa causa de sua imposição.

As cláusulas restritivas sobre os bens da legítima podem ser a única disposição válida no testamento. Se não constar a declaração da *justa causa* e se não houver aditamento para essa finalidade, questiona-se se é necessário propor ação para registro e abertura do testamento e pedido judicial de afastamento dessas cláusulas restritivas. Ou, por se tratar de matéria de direito, com previsão expressa no art. 2.042 do Código Civil 2002, essas cláusulas poderiam ser afastadas pelo tabelião, declarado esse fato na escritura: "o testamento tem cláusulas restritivas, não aditadas nos termos do art. 2.042 do CC e, por essa razão, deixam de ser aplicadas".

O tabelião, na comarca de São Paulo, não pode afastar essas cláusulas, com fundamento no art. 1.848 e 2.042 do Código Civil, e é necessário o procedimento de registro e abertura do testamento, com o pedido desse cancelamento e a autorização expressa, para que a escritura seja lavrada.

Há decisões da 2ª Vara de Registros Públicos de São Paulo/SP em que apenas o juiz pode afastar/cancelar essas cláusulas e autorizar o inventário extrajudicial.

Capítulo IV

INVENTARIANTE

O inventariante é uma "figura" do processo judicial. Previsto nos arts. 617 a 625 do Código de Processo Civil, sua função é a de representar o espólio do autor da herança, que não tem personalidade jurídica, em atos de administração do patrimônio e outros atos previstos nos arts. 618 e 619, durante o processo de arrolamento de seus bens até a partilha entre seus herdeiros. Após a partilha, o espólio deixa de existir, pois a cada herdeiro é atribuído seu quinhão certo e determinado.

"CPC/2015 – Art. 618. Incumbe ao inventariante:
I – representar o espólio ativa e passivamente, em juízo ou fora dele, observando-se, quanto ao dativo, o disposto no art. 75, § 1º;
II – administrar o espólio, velando-lhe os bens com a mesma diligência que teria se seus fossem;
III – prestar as primeiras e as últimas declarações pessoalmente ou por procurador com poderes especiais;
IV – exibir em cartório, a qualquer tempo, para exame das partes, os documentos relativos ao espólio;
V – juntar aos autos certidão do testamento, se houver;
VI – trazer à colação os bens recebidos pelo herdeiro ausente, renunciante ou excluído;
VII – prestar contas de sua gestão ao deixar o cargo ou sempre que o juiz lhe determinar;
VIII – requerer a declaração de insolvência.
Art. 619. Incumbe ainda ao inventariante, ouvidos os interessados e com autorização do juiz:
I – alienar bens de qualquer espécie;

II – transigir em juízo ou fora dele;

III – pagar dívidas do espólio;

IV – fazer as despesas necessárias para a conservação e o melhoramento dos bens do espólio."

No arrolamento extrajudicial, em regra, o ato é único: em uma só escritura se formaliza o arrolamento do patrimônio e sua partilha entre os herdeiros e meeiro. Entretanto, em algumas hipóteses, faz-se necessária a representação do espólio, para cumprir obrigações, administrar ou defender o patrimônio, enquanto o arrolamento extrajudicial não é formalizado, providenciar documentos que possibilitem a partilha, quitar tributos, entre outras necessidades.

Assim, em todas as escrituras de arrolamento e partilha, deve ser nomeada uma pessoa com poderes de inventariante, que, em regra, é um dos herdeiros, o viúvo ou o companheiro, escolhido pelos demais herdeiros em consenso. Raras vezes é nomeada uma terceira pessoa, que comparece na escritura e aceita o encargo.

O art. 11 da Resolução nº 35/2007 do CNJ prevê expressamente que:

"Art. 11. É obrigatória a nomeação de interessado, na escritura pública de inventário e partilha, para representar o espólio, com poderes de inventariante, no cumprimento de obrigações ativas ou passivas pendentes, sem necessidade de seguir a ordem prevista no art. 617 do Código de Processo Civil. *(Redação dada pela Resolução nº 326, de 26.06.2020)*

§ 1º O meeiro e os herdeiros poderão, em escritura pública anterior à partilha ou à adjudicação, nomear inventariante. *(Incluído pela Resolução nº 452, de 22.04.2022)*

§ 2º O inventariante nomeado nos termos do §1º poderá representar o espólio na busca de informações bancárias e fiscais necessárias à conclusão de negócios essenciais para a realização do inventário e no levantamento de quantias para pagamento do imposto devido e dos emolumentos do inventário. *(Incluído pela Resolução nº 452, de 22.04.2022)*

§ 3º A nomeação de inventariante será considerada o termo inicial do procedimento de inventário extrajudicial. *(Incluído pela Resolução nº 452, de 22.04.2022)*"

1. ESCRITURA AUTÔNOMA DE NOMEAÇÃO DE INVENTARIANTE

A pessoa com poderes de inventariante pode ser nomeada em uma escritura autônoma, que denominamos: "escritura de nomeação de inventariante", para a prática de atos específicos em nome do espólio. Essa escritura deve observar e consignar todos os requisitos da Lei nº 11.441/2007. No estado de São Paulo, o item 106 do Capítulo XVI das NSGJ/SP prevê expressamente essa possibilidade.

"106. É obrigatória a nomeação de inventariante extrajudicial, na escritura pública de inventário e partilha, para representar o espólio, com poderes de inventariante, no cumprimento de obrigações ativas ou passivas pendentes, sem necessidade de seguir a ordem prevista no art. 617 do Código de Processo Civil.

Cap. IV – INVENTARIANTE | 65

106.1. A nomeação do inventariante extrajudicial pode se dar por escritura pública autônoma assinada por todos os herdeiros para cumprimento de obrigações do espólio e levantamento de valores, poderá ainda o inventariante nomeado reunir todos os documentos e recolher os tributos, viabilizando a lavratura da escritura de inventário.

106.2. A nomeação de inventariante será considerada o termo inicial do procedimento de inventário extrajudicial

106.3. Para a lavratura da escritura de nomeação de inventariante será obrigatória a apresentação dos documentos previstos no item 115 deste Capítulo."

Costumamos utilizar essa escritura para as hipóteses nas quais era solicitado alvará judicial para o inventariante praticar atos específicos em nome do espólio. Se todos os herdeiros concordam com a representação do espólio, na prática de atos expressos e específicos, podem formalizar essa representação extrajudicialmente.

Destaca-se que a escritura de nomeação de inventariante não pode transferir o patrimônio do autor da herança, sendo apenas instrumento para a representação do espólio em atos determinados.

Como exemplo de utilização dessa escritura autônoma, citamos o caso dos herdeiros que não têm recursos financeiros para quitar o imposto de transmissão *causa mortis*, mas entre os bens do espólio há saldos em contas bancárias.

Se o imposto não for quitado, a escritura de arrolamento e partilha não pode ser lavrada; e, se a escritura não for lavrada, os recursos financeiros não podem ser sacados.

O que fazer nessa hipótese? Pleitear um alvará judicial para levantamento desses valores?

Não! Pode ser lavrada a **Escritura de Nomeação de Inventariante**.

Portanto, quando há valores, saldos em instituições financeiras, compondo o patrimônio do autor da herança, os herdeiros e viúvo, acompanhados por advogado, podem nomear um inventariante para quitar as guias desse imposto, com os valores da conta bancária. Na escritura de nomeação de inventariante, será declarada essa conta bancária e o valor de cada uma das guias de pagamento, com autorização expressa para o inventariante quitá-las. Assim, a nomeação de inventariante para essa finalidade é uma opção bastante utilizada.

Dessa forma, antes da lavratura dessa escritura, será preenchida a declaração para fins de recolhimento do imposto de transmissão, constando todo o patrimônio do espólio, e geradas as guias para o seu recolhimento, com o valor total do imposto a ser quitado, conforme determinado pela legislação estadual. Nos estados em que a Fazenda avalia o patrimônio e gera as guias, esse procedimento será realizado antes de lavrar essa escritura.

Desse modo, na escritura de nomeação de inventariante, o viúvo ou companheiro e todos os herdeiros comparecerão, acompanhados por seu advogado. Nessa escritura, constará a qualificação completa do autor da herança, a justificativa de quem são seus herdeiros legítimos, a declaração quanto à existência ou não de testamento e será declarado o valor total do patrimônio e o valor do imposto de transmissão *causa mortis* devido, além dos valores em dinheiro de titularidade do autor da herança.

Não é necessário descrever todos os bens do patrimônio, somente a conta bancária ou a aplicação financeira da qual será retirado o valor para pagamento do imposto deve ser mencionada expressamente. É imprescindível que conste o valor total da herança, a base de cálculo e o valor do imposto de transmissão a ser quitado, em quantas guias e o valor de cada uma delas. Uma pessoa será nomeada inventariante e autorizada a quitar o imposto com recursos da conta ou aplicação mencionada.

Com o traslado dessa escritura e as guias para pagamento do imposto apresentada pelo "inventariante" às instituições financeiras, será quitado esse tributo. Com o comprovante da quitação, é possível lavrar a escritura de arrolamento e partilha, na qual é arrolado o valor total dos recursos da conta ou da aplicação utilizada para esse pagamento, com o esclarecimento de que houve uma nomeação prévia de inventariante.

No Capítulo XII – Minutas de arrolamento, há uma escritura com esse teor.

Na escritura de arrolamento e partilha, será reiterada a nomeação de inventariante, feita no tabelião, mencionando o livro e a folha de sua formalização.

Outra hipótese para o pagamento do imposto de transmissão com o patrimônio do espólio seria a escritura de arrolamento e partilha tão somente do saldo das contas bancárias, com pagamento prévio do ITCMD incidente apenas sobre esses valores. Após a lavratura dessa primeira escritura e levantamento do saldo total, o ITCMD referente aos outros bens seria quitado e, então, lavrada a sobrepartilha dos outros bens da herança. Nessa situação, apenas os saldos seriam arrolados e partilhados na primeira escritura, possibilitando o saque e o pagamento do ITCMD sobre todo o valor da herança e posterior arrolamento, sobrepartilhando os outros bens.

Citamos, também, como exemplos de utilização dessa espécie de escrituras:

a) a representação do espólio do autor da herança em outro inventário judicial ou extrajudicial, no qual o autor da herança é herdeiro, a fim de receber seu quinhão e posteriormente partilhá-lo, quando não é possível realizar arrolamento conjunto – comentaremos sobre essa hipótese mais adiante;

b) a representação do espólio perante instituições financeiras para buscar e obter o extrato de contas e aplicações do autor da herança, quando os herdeiros não sabem se há ou não contas e aplicações para serem arroladas e partilhadas;

c) para retirar o veículo do autor da herança, que era dirigido por um dos herdeiros e foi apreendido e recolhido por policiais rodoviários no pátio do Detran;

d) para representar o espólio em ação judicial, no qual é autor ou réu. Importante destacar que, se houver recebimento de valores, esses deverão ser apresentados à partilha, com pagamento do imposto de transmissão *causa mortis*, se incidente;

Cap. IV – INVENTARIANTE | 67

e) para regularizar imóvel perante o registro de imóvel. O inventariante poderá representar o espólio no requerimento de abertura de matrículas, unificação ou desmembramento, ante as prefeituras municipais, tanto em relação ao seu cadastro como contribuinte, valores ou para obter certidão negativa de débitos de tributos; diante da Secretaria de Patrimônio da União, quanto a laudêmios e certidão de autorização de transferência (CAT) etc. e, após a regularização desses bens, arrolá-los e partilhá-los;

f) para cumprir "obrigação de fazer", ou seja: outorgar escrituras definitivas cumprindo compromisso de venda firmado pelo autor da herança – também será comentado mais adiante.

Portanto, a nomeação de inventariante é semelhante a uma procuração, outorgada pelo viúvo ou companheiro e por todos os herdeiros, para que um representante do espólio, por eles nomeados, pratique em seu nome atos expressos e específicos até a realização do arrolamento e da partilha, a fim da regularização de documentos necessários.

Essas espécies de escritura, nomeações autônomas de inventariante, são informadas, quinzenalmente, pelos tabeliães no Censec, no módulo Cesdi, com a espécie: nomeação de inventariante.

Capítulo V

NOMEAÇÃO DE INVENTARIANTE PARA CUMPRIR OBRIGAÇÃO DE FAZER

1. COMPROMISSÁRIO VENDEDOR FALECIDO

O *espólio* do autor da herança algumas vezes tem obrigações a cumprir. Juridicamente, o espólio não tem personalidade jurídica, quem o representa é o inventariante, em atos específicos, como comentamos.

Uma "obrigação de fazer" bastante comum ocorre quando o autor da herança assinou um compromisso de venda e compra de determinado imóvel, na qualidade de compromissário vendedor, recebeu o preço total pactuado e faleceu antes de outorgar a escritura definitiva de venda e compra ao comprador. Nesse caso, há uma "obrigação de fazer" em nome do seu espólio: outorgar a escritura definitiva.

Se o compromisso de venda e compra foi totalmente quitado enquanto o autor da herança era vivo, esse imóvel não lhe pertence e não será arrolado e partilhado entre seus herdeiros. Não há incidência de ITCMD, pois esse imóvel não é patrimônio do espólio e já foi transferido ao comprador, restando apenas a obrigação de formalizar essa transferência por meio de uma escritura pública de venda e compra, cumprindo o compromisso anterior.

Judicialmente, caberia o pedido de alvará para autorizar o inventariante do espólio do autor da herança a outorgar a escritura definitiva para o comprador. Extrajudicialmente, sem alvará judicial, seria possível transferir o imóvel ao terceiro comprador?

A Lei nº 11.441/2007 não prevê expressamente essa possibilidade. Porém, se os herdeiros são maiores, capazes e concordam com o reconhecimento dessa "obrigação de fazer", outorgar a escritura definitiva ao comprador, é possível a nomeação de uma pessoa, com poderes de inventariante, que represente o espólio nessa escritura de venda e compra. Essa é a alternativa extrajudicial.

O patrimônio do autor da herança pode ser composto por outros bens, além da obrigação de entregar o imóvel compromissado à venda, ou, ainda, o autor da herança pode não ter deixado patrimônio, apenas a "obrigação de fazer: outorgar escritura definitiva".

A pessoa com poderes de inventariante poderá ser nomeada na própria escritura de arrolamento e partilha do patrimônio ou em uma escritura autônoma de nomeação de inventariante autônoma com essa finalidade, que é mais aconselhável

Se houver duas escrituras: de partilha e de nomeação de inventariante, na segunda, deverá constar que os herdeiros reiteram a nomeação já realizada nas notas do tabelião, mencionando livro, página e data.

Os requisitos para o reconhecimento dessa obrigação de fazer, comprovados e declarados na escritura de nomeação de inventariante, são:

- o compromisso de venda e compra ter sido firmado pelo autor da herança;
- o preço ter sido quitado, na totalidade, enquanto o autor da herança era vivo;
- os herdeiros reconhecerem que o compromisso existiu e foi totalmente quitado.

Na escritura de nomeação de inventariante, além de observados todos os requisitos da Lei nº 11.441/2007, deve ser mencionado e arquivado o compromisso de venda e compra e constar, também, a data da sua assinatura, o nome e a qualificação do compromissário comprador, assim como os dados do imóvel e a certidão de sua matrícula.

Os herdeiros e o viúvo meeiro ou companheiro, se houver, reconhecerão que o compromisso existiu e o preço foi totalmente quitado; nomearão um inventariante com o encargo de outorgar a escritura definitiva do imóvel X ao compromissário comprador Y e autorizarão a assinatura da escritura de venda e compra.

Importante solicitar o original do compromisso, verificar sua autenticidade e formalidades e mencioná-lo na escritura. Esse compromisso pode ou não estar registrado na matrícula do imóvel, se estiver, será mencionado e, se não estiver, poderá ser dispensado seu registro. O original ou a cópia autenticada do compromisso de venda e compra deve ser arquivado pelo tabelião.

Destacamos que a escritura de venda e compra do imóvel X poderá ser lavrada após a escritura de inventário com nomeação de inventariante. Na escritura de venda e compra, o vendedor será o espólio, representado pelo inventariante, nomeado por escritura pública. O ITBI será recolhido, conforme legislação municipal vigente.

No Capítulo XII – Minutas de arrolamento, há o modelo dessa nomeação de inventariante, muito utilizada.

Cap. V – NOMEAÇÃO DE INVENTARIANTE PARA CUMPRIR OBRIGAÇÃO DE FAZER | 71

O tabelião deve ser muito cauteloso ao analisar o compromisso de venda e compra a fim de evitar fraudes e sonegação de imposto na transmissão de bens para terceiros. Quem vendeu o imóvel e recebeu o valor total do preço foi o autor da herança, e não os seus herdeiros após o falecimento.

Assim, se os herdeiros desejam vender o imóvel que pertence ao espólio, há duas possibilidades:

a) lavrar a escritura de arrolamento e partilha desse imóvel e ato contínuo realizar a venda desse bem, em uma escritura de venda e compra, na qual cada herdeiro venderá e receberá o preço referente ao seu quinhão;

b) lavrar a escritura de arrolamento e partilha e nessa escritura formalizar a cessão onerosa de direitos hereditários sobre o imóvel para terceiro com o pagamento dos dois impostos de transmissão: *causa mortis* e *inter vivos* (ITBI).

Não há como os herdeiros alienarem o imóvel do espólio sem a prévia realização do inventário e o pagamento dos tributos devidos.

2. COMPROMISSÁRIO COMPRADOR FALECIDO

Na hipótese de o compromissário comprador ter falecido, sem receber a escritura definitiva de um imóvel e com o compromisso totalmente quitado, o arrolamento e a partilha de seus bens poderão ser realizados extrajudicialmente e, entre os bens, será arrolado "o direito de compromissário comprador do imóvel X, adquirido por meio do instrumento particular, assinado em __/__/__, firmado com Nome e totalmente quitado".

Portanto, na escritura de arrolamento, no item "monte mor", deve ser mencionado o compromisso de venda e compra, a data, o pagamento do preço, o imóvel, sua matrícula e registro e, se houver, o valor fiscal e atribuído para fins de partilha para esse imóvel e o nome e a qualificação do compromissário vendedor.

Os direitos devem ser partilhados entre os herdeiros e o viúvo meeiro ou companheiro, se houver; considerando herança e meação.

Há incidência de ITCMD sobre a herança do valor desse imóvel (o maior: atribuído para fins de imposto de renda ou valor venal, se urbano), pois os direitos, com valor patrimonial, são transferidos aos herdeiros – fato gerador desse imposto.

A escritura de venda e compra do imóvel poderá ser lavrada após a escritura de inventário com partilha dos direitos de compromissário comprador. Na venda e compra, o vendedor fará a transferência do imóvel aos herdeiros e viúvo meeiro ou companheiro, na proporção estabelecida na escritura de inventário. Será mencionado que a venda e compra é realizada em cumprimento ao compromisso de venda e compra e a partilha realizada na escritura de arrolamento.

O ITBI será recolhido, conforme legislação municipal vigente. Portanto, dois impostos deverão ser pagos: o ITCMD, pela transmissão dos direitos de compromissário comprador, do autor da herança para seus herdeiros, e o ITBI, da transmissão do vendedor para os herdeiros e meeiro compradores.

No Capítulo XII – Minutas de arrolamento, há esse modelo.

3. COMPROMISSÁRIO VENDEDOR E COMPRADOR FALECIDOS

Já na hipótese de o compromissário vendedor e também o compromissário comprador falecerem, sem outorgar a escritura definitiva de venda e compra, é possível realizar, por escrituras públicas, a transferência do imóvel.

Serão lavradas três escrituras:

I) Uma de **nomeação de inventariante** para o espólio do compromissário vendedor. Essa escritura será assinada pelos herdeiros e viúvo meeiro ou companheiro, se houver, acompanhados por advogado, reconhecendo a obrigação de fazer de cumprir o compromisso e outorgar a escritura definitiva. Nela, declaram que o preço foi totalmente quitado antes do falecimento e nomeiam um inventariante para essa finalidade. Não haverá incidência de imposto de transmissão nesse ato.

II) Outra **escritura de arrolamento dos bens** do compromissário comprador. Essa escritura será assinada pelos herdeiros e viúvo meeiro ou companheiro do compromissário comprador, acompanhados por advogado, arrolando os direitos do compromisso de venda e compra do imóvel. Farão a partilha desses direitos, respeitando meação, se houver, e a herança partilhada, como lhes convier. Haverá incidência de ITCMD sobre o valor do imóvel.

III) Por fim, a **escritura de venda e compra do imóvel**. Essa escritura será realizada entre o espólio do vendedor, representado pelo inventariante, nomeado na escritura anterior como compradores os herdeiros e viúvo ou companheiro do comprador, na proporção da partilha. Nessa escritura, será mencionado que a venda e compra cumpre o compromisso e o arrolamento, para justificar a transferência desse imóvel. Haverá a incidência do imposto de transmissão *inter vivos* (ITBI), conforme legislação municipal do local do imóvel.

4. PAGAMENTO PARCIAL DO PREÇO

Há, ainda, a hipótese de o valor do compromisso ter sido parcialmente quitado enquanto o compromissário comprador era vivo. Ou seja: há um saldo devedor a ser pago, antes de a escritura definitiva ser outorgada.

Se o falecido, nessa hipótese, for o compromissário vendedor, entendemos que será necessário arrolar, em seu patrimônio, e partilhar entre o viúvo, companheiro e herdeiros: o "crédito decorrente do compromisso de venda e compra, no valor de R$ ___". Haverá incidência de imposto de transmissão *causa mortis* sobre esse valor a ser recebido.

Cap. V – NOMEAÇÃO DE INVENTARIANTE PARA CUMPRIR OBRIGAÇÃO DE FAZER | 73

Nessa mesma escritura, será nomeada uma pessoa, com poderes de inventariante, para receber e dar quitação às parcelas do preço pendente de pagamento e entregar os valores recebidos aos herdeiros e viúvo na proporção da partilha. Será determinado também que o inventariante, após a quitação total do preço, deverá outorgar a escritura definitiva de venda e compra ao comprador.

Se o falecido for o compromissário comprador, entendemos que será possível arrolar os direitos de aquisição do imóvel e partilhar esses direitos entre o viúvo e os herdeiros. Será conveniente declarar também a parcela do preço de pagamento restante que será quitada por cada um deles. Haverá incidência de imposto de transmissão *causa mortis* sobre o valor já quitado.

Após o pagamento integral do preço pelos herdeiros do comprador, a escritura de venda e compra será outorgada, cumprindo o compromisso e a partilha, mediante o pagamento do ITBI.

Se os herdeiros do comprador ou do vendedor não desejarem cumprir o compromisso de venda e compra e optarem pelo distrato, será possível lavrar uma escritura de nomeação de inventariante para assiná-lo.

Nesse caso, os herdeiros do comprador deverão partilhar entre si o valor já pago e devolvido pelo vendedor. E os herdeiros do vendedor deverão partilhar o imóvel entre si. Em ambos os casos, haverá incidência de imposto de transmissão *causa mortis* sobre esses valores.

Capítulo VI

PARTILHA PARCIAL, SOBREPARTILHA, RET/RAT E INVENTÁRIO NEGATIVO

1. PARTILHA PARCIAL E SOBREPARTILHA

Às vezes o viúvo, o companheiro e os herdeiros deixam de partilhar alguns bens do patrimônio do autor da herança. Seja por não saberem de sua existência, porque o bem será atribuído em inventário judicial ainda não findo, porque é necessário regularizar o imóvel ou providenciar certidões de tributos ou, ainda, por não terem recursos financeiros para quitar o imposto de transmissão incidente sobre todo o patrimônio.

Nesses casos, é possível realizar a "partilha parcial" de alguns bens do patrimônio e, posteriormente, a "sobrepartilha" dos demais bens.

O entendimento que prevalece é o de que pode ser realizado sobrepartilha de inventários judiciais e de arrolamentos extrajudiciais. Se o tabelião pode lavrar o inventário de todo o patrimônio, pode também realizar a sobrepartilha de apenas alguns bens desse patrimônio.

Porém, é preciso que o tabelião tome algumas cautelas. Ao realizar a escritura de **partilha parcial**, é imprescindível declarar e descrever quais os bens que não são partilhados no ato; atribuir ao inventariante poderes para gerir, administrar e regularizar esses bens e/ou sua documentação e esclarecer se na base de cálculo do imposto de transmissão foi ou não incluído o valor desses bens que serão sobrepartilhados.

Na escritura de **sobrepartilha**, é necessário declarar que o inventário judicial ou extrajudicial de outros bens já foi realizado, onde e quando, mencionando o número do processo judicial ou livro, folha, data e tabelião da escritura.

Importante na sobrepartilha verificar se no inventário anterior algum herdeiro renunciou ou não aos seus direitos hereditários. Se renunciou, na sobrepartilha, não poderá receber quinhão sobre o bem sobrepartilhado; se recebeu quinhão nos bens anteriores, na sobrepartilha, não poderá renunciar.

INVENTÁRIO EXTRAJUDICIAL NA PRÁTICA

A renúncia é irrevogável e irretratável e não há renúncia parcial. Quem renuncia, renuncia a todo o patrimônio, ciente ou não desses bens. Se deseja receber parte da herança, deve ceder parte dos direitos hereditários.

Portanto, sendo a renúncia total e irrevogável, deve constar na escritura de sobrepartilha declaração sobre esse fato: "os herdeiros declaram que não renunciaram aos direitos hereditários".

Deve ser esclarecido, também, se o imposto de transmissão já foi quitado ou se no ato é apresentado o comprovante de pagamento do imposto sobre o valor do bem então sobrepartilhado.

Casos práticos:

– Quando os herdeiros não têm recurso para quitar o imposto de transmissão, além da nomeação de inventariante supramencionada, é possível que realizem a partilha parcial de valores monetários de uma conta bancária ou de apenas um dos imóveis, quitando o imposto de transmissão somente sobre esse bem. Após o levantamento do valor ou a venda do imóvel, utilizam os recursos para quitar o imposto de transmissão incidente sobre todo o patrimônio e realizam sua sobrepartilha.

– Quando o autor da herança é herdeiro de outro falecido e o inventário deste ainda não foi encerrado, é possível realizar o arrolamento conjunto ou nomear inventariante para representá-lo no inventário do primeiro e, depois, sobrepartilhar o bem então atribuído. Comentaremos sobre esse tema mais adiante.

---

2. RETIFICAÇÃO DA PARTILHA

Em algumas situações, há necessidade de retificar o arrolamento e partilha do patrimônio; seja para corrigir erros materiais, na descrição dos bens ou em suas porcentagens e frações arroladas e/ou partilhadas incorretamente.

"NSCG/SP – Cap. XVI, 54. Os erros, as inexatidões materiais e as irregularidades, constatáveis documentalmente e desde que não modificada a declaração de vontade das partes nem a substância do negócio jurídico realizado, podem ser corrigidos de ofício ou a requerimento das partes, ou de seus procuradores, mediante ata retificativa lavrada no livro de notas e subscrita apenas pelo tabelião ou por seu substituto legal, a respeito da qual se fará remissão no ato retificado."

Quando o erro for material, o tabelião de notas pode retificar "de ofício", ou seja, sem a presença das partes, lavrará o aditivo retificador ou a ata retificativa. Nesse ato, menciona o documento arquivado que justifica a correção. Por exemplo, um erro na metragem na descrição do imóvel objeto de transcrição.

Cap. VI – PARTILHA PARCIAL, SOBREPARTILHA, RET/RAT E INVENTÁRIO NEGATIVO | 77

Quando há necessidade de manifestação da vontade das partes para a retificação, nova escritura será lavrada, com a presença de todos: denominada Escritura de Retificação e Ratificação (RET/RAT).

O viúvo, companheiro e herdeiros, acompanhados por advogado, retornam ao tabelião e nova escritura é lavrada mencionando a anterior, seu livro e folha. Nessa escritura de RET/RAT, declaram o que constou errado na escritura primitiva e são apresentados os documentos para correção e retificação.

Nesse novo ato, as partes prestam as declarações corretas. Por exemplo, arrolaram e partilharam o apartamento e não constou a vaga. Na escritura de RET/RAT, corrigem o valor atribuído ao apartamento, correspondente a uma porcentagem do valor total e realizam a sobrepartilha da vaga, atribuindo o valor dessa diferença à vaga. Assim, se na escritura primitiva atribuíram ao apartamento o valor de R$ 80 mil, nessa RET/RAT atribuirão o valor de R$ 60 mil e na sobrepartilha atribuirão à vaga o valor de R$ 20 mil, desde que ambos os imóveis tenham o mesmo contribuinte cadastrado na Prefeitura.

> "NSCG/SP – Cap. XVI. 108. A escritura pública pode ser retificada desde que haja o consentimento de todos os interessados ou por procurador constituído no ato, bem como por procuração pública autônoma."

Em ambos os casos: aditivo ou RET/RAT, deve ser anotada na escritura de arrolamento a nova escritura na qual houve correção. Se a escritura retificada foi lavrada em outro tabelião, é necessário arquivar o traslado ou certidão e enviar um comunicado para a anotação.

Quanto à possibilidade de retificação de inventário judicial, há divergência de entendimentos, sob o fundamento de que a decisão judicial teve seu trânsito em julgado e, por isso, somente por nova decisão é que poderia ser modificada. Alguns entendem que somente erros materiais podem ser corrigidos na via extrajudicial e que a partilha de fração maior ou menor do que o autor da herança era titular, não poderia.

No estado de São Paulo, no Capítulo Decisões Judiciais, há decisão autorizando a retificação de inventário judicial por escritura pública.

Destacamos que, tanto na retificação do arrolamento extrajudicial como no judicial, a meação e os quinhões atribuídos aos herdeiros não podem ser alterados. A retificação deve manter os mesmos valores proporcionais e bens atribuídos ao meeiro e a cada herdeiro.

Exemplos:

A) Na escritura, arrolaram 1/4 do imóvel, com valor de R$ 60 mil e atribuíram 1/8 a cada um dos dois herdeiros, com valor de R$ 30 mil. Constatou-se posteriormente que o autor da herança era titular de 1/2 imóvel, portanto, na retificação, deverá ser atribuído 1/4 para cada um dos herdeiros, com valor de R$ 60 mil para cada um. Corrige-se a fração do imóvel, porém sem alterar ou modificar a composição dos quinhões, apenas a sua fração. Neste caso, observar a regularidade do recolhimento do ITCMD e complementar se necessário.

78 | INVENTÁRIO EXTRAJUDICIAL NA PRÁTICA

B) Na escritura, o quinhão de João foi composto com o apartamento e o de Maria, com a casa; na escritura de retificação, não poderia ser atribuída a casa para João e o apartamento para Maria, pois, neste caso, seria necessário realizar um novo negócio jurídico: permuta ou doação entre eles.

Reiteramos que o tabelião, ao lavrar a escritura de retificação e ratificação da escritura de arrolamento, fará remissão na escritura corrigida, ou seja: anotará que houve RET/RAT no ato original, a fim de que, ao emitir certidão dessa escritura de arrolamento, conste a informação de que essa escritura primitiva foi corrigida.

Se lavrar RET/RAT de escritura de outro tabelião, deverá solicitar a certidão da escritura de arrolamento e depois comunicar ao outro tabelião, a fim de que este anote na escritura corrigida sua RET/RAT. Costumamos enviar um ofício e uma cópia do traslado para essa anotação.

Na retificação de inventário judicial, o Formal de Partilha ou a Carta de Sentença Extrajudicial deve ser solicitada e as principais peças, as que justificam o erro e a correção, arquivadas no tabelião.

3. INVENTÁRIO NEGATIVO

O inventário negativo tem a finalidade de declarar e reconhecer que o autor da herança não deixou patrimônio ativo, ou seja, não há bens a serem partilhados.

Pode ser utilizado para comprovar esse fato perante os credores do autor da herança: não há patrimônio para responder pelas dívidas por ele contraídas. Ressaltamos que os herdeiros apenas respondem pelas dívidas do espólio "na força da herança", herdeiros não são responsáveis por débitos se não houver créditos.

Outra necessidade de se provar que não havia patrimônio em nome do autor da herança ocorre quando o cônjuge sobrevivente deseja se casar novamente. O art. 1.641, I, cumulado com o art. 1.523 do Código Civil determinam que o regime da separação obrigatória de bens será imposto ao viúvo que não realizou a partilha do patrimônio do casamento anterior. Portanto, se houver prova de que não há patrimônio a ser partilhado, o cônjuge sobrevivente poderá escolher o regime de bens que lhe aprouver ou adotar o regime da comunhão parcial.

A prova de que não há patrimônio pode ser realizada por meio de uma escritura pública de inventário negativo. O viúvo ou cônjuge sobrevivente, os herdeiros e o advogado comparecem diante do tabelião, demonstram que preenchem os requisitos da Lei nº 11.441/2007 e lavram uma escritura declaratória de que não há patrimônio a ser partilhado.

"NSCG/SP – Cap. XVI. 126. É admissível inventário negativo por escritura pública."

Nessa escritura, consta que todos estão cientes do disposto no art. 299 do Código Penal e das consequências do delito de falsidade ideológica. Não há como exigir prova da inexistência de bens ante a dificuldade de se comprovar o "não". Inviável solicitar certidão negativa de todos os registros de imóveis, para comprovar a inexistência de imóveis, ou de todas as instituições financeiras. Essa exigência inviabilizaria a lavratura da escritura.

Capítulo VII

ARROLAMENTO CONJUNTO X DIREITO DE REPRESENTAÇÃO

Quando há mais de uma pessoa falecida, sendo uma herdeira da outra, é imprescindível verificar "quem é o herdeiro de quem", ou seja: "é importante saber quando o morto morreu, e quem está vivo quando o morto morre".

A resposta a essa premissa brincalhona definirá como será realizado o arrolamento. Em conjunto: dos dois ou mais falecidos, ou aplicando o direito de representação dos herdeiros do pós-morto. O art. 1.798 do Código Civil de 2002 determina:

> "Art. 1.798. Legitimam-se a suceder as pessoas nascidas ou já concebidas no momento da abertura da sucessão."

1. ARROLAMENTO CONJUNTO

O arrolamento conjunto ocorre quando o herdeiro do primeiro falecido falece posteriormente, e o inventário do primeiro falecido ainda não foi realizado. Então, o arrolamento dos dois falecidos é realizado no mesmo ato. O segundo falecido herda do primeiro e, em seguida, transmite o patrimônio recebido a seus herdeiros (do segundo).

O art. 672 do Código de Processo Civil elenca as hipóteses de arrolamento conjunto:

> "Art. 672. É lícita a cumulação de inventários para a partilha de heranças de pessoas diversas quando houver:
> I – identidade de pessoas entre as quais devam ser repartidos os bens;
> II – heranças deixadas pelos dois cônjuges ou companheiros;
> III – dependência de uma das partilhas em relação à outra.

82 | INVENTÁRIO EXTRAJUDICIAL NA PRÁTICA

Parágrafo único. No caso previsto no inciso III, se a dependência for parcial, por haver outros bens, o juiz pode ordenar a tramitação separada, se melhor convier ao interesse das partes ou à celeridade processual."

Na escritura, comparecerão os herdeiros dos dois, ou mais, autores da herança, o patrimônio do primeiro será arrolado e partilhado, entregando-se o quinhão para o espólio do segundo falecido. Ato contínuo, será arrolado o patrimônio do segundo falecido, incluindo o quinhão então recebido do primeiro, e seu patrimônio será partilhado entre seus herdeiros. Se houver mais falecidos, seu patrimônio também será arrolado, muitas vezes incluindo o patrimônio recebido por herança dos dois primeiros falecidos.

O arrolamento conjunto somente pode ser realizado quando todos os herdeiros de todos os autores das heranças comparecem na escritura, concordam com a partilha e os valores atribuídos aos bens.

Há tantos fatos geradores de imposto de transmissão *causa mortis* quantos forem os autores de herança. As guias e declarações de ITCMD serão geradas para cada falecido, e os herdeiros de cada um deles quitarão esse imposto na proporção do quinhão legal que recebem.

Exemplo:

Casados sob o regime da comunhão universal, o pai falece no ano 2000, a mãe, em 2002 e o filho, em 2004. Esse filho é casado, sob a comunhão parcial, sem filhos. Os pais têm um único imóvel no valor de R$ 60 mil.

Na escritura de arrolamento e partilha do pai, será arrolado o imóvel na totalidade e atribuído o valor de R$ 60 mil. A meação do espólio da mãe e o quinhão do espólio do filho serão compostos por metade desse imóvel, com valor de R$ 30 mil para cada um.

Na mesma escritura será realizada a partilha do patrimônio da mãe e arrolado a metade desse imóvel com valor de R$ 30 mil, sendo essa fração adjudicada ao espólio do filho.

Ainda na mesma escritura, será realizada a partilha do patrimônio do filho – o imóvel inteiro, com valor de R$ 60 mil –, sendo adjudicado à sua mulher na totalidade, por se tratar de bem particular.

Quanto ao imposto de transmissão causa mortis, *há três fatos geradores, pois três óbitos, assim, serão: um ITCMD sobre a base de cálculo de R$ 30 mil pela herança do pai, um ITCMD sobre R$ 30 mil pela herança da mãe e mais um sobre R$ 60 mil pela herança do filho, salvo se houver isenção.*

Afirmamos que, na escritura pública, todos devem comparecer ao ato, pessoalmente ou representados por mandatário, portanto, se um dos herdeiros é falecido, além do arrolamento conjunto, há outra possibilidade de fazer o arrolamento do primeiro e, em ato apartado, o do segundo falecido.

Essa hipótese pode ocorrer quando os autores das heranças têm filhos comuns e não comuns e bens particulares; quando um dos herdeiros do segundo falecido é menor e/ou incapaz, ou quando o segundo falecido tem outros herdeiros que não são herdeiros do primeiro e/ou tem muitos outros bens a serem partilhados, além daqueles que receberá do primeiro.

Nessa hipótese, o segundo falecido deve ser representado por seu inventariante na escritura de arrolamento dos bens do primeiro falecido. Não há como atribuir patrimônio a um espólio sem que haja uma representação expressa. Assim, não basta apenas a nomeação de inventariante, este precisa de poderes expressos e específicos para a representação do espólio.

Essa representação pode ser fundamentada em alvará judicial, expedido nos autos da ação de inventário do segundo falecido, com autorização expressa ou extrajudicialmente, após a lavratura de uma escritura pública de nomeação de inventariante para essa finalidade.

Nessa escritura de nomeação de inventariante para o segundo falecido, todos os seus herdeiros comparecerão, acompanhados por advogado, e nomearão uma pessoa com poderes de inventariante, com a finalidade de representar o espólio, na escritura de arrolamento do primeiro falecido e receber seu quinhão. É importante declarar quais bens irão compor esse quinhão e o valor atribuído a cada um deles. Como se outorgassem poderes em uma procuração, não para representar a si próprios, mas o espólio de quem herdarão os bens.

Após lavrada a escritura do primeiro falecido, será feito o arrolamento do segundo, incluindo em seu patrimônio os bens então recebidos. Será declarado que ratificam a nomeação do inventariante antes realizada.

Em cada uma das escrituras, será quitado o imposto de transmissão devido pelos herdeiros de cada um dos falecidos, proporcionalmente ao patrimônio partilhado.

2. DIREITO DE REPRESENTAÇÃO

O direito de representação ocorre quando um dos herdeiros é pré-falecido e os herdeiros deste (pré-falecido) recebem a herança que lhe caberia diretamente do segundo falecido. Está previsto nos arts. 1.851 a 1.856 do Código Civil:

> "CC/2002 – Art. 1.851. Dá-se o direito de representação, quando a lei chama certos parentes do falecido a suceder em todos os direitos, em que ele sucederia, se vivo fosse.
>
> Art. 1.852. O direito de representação dá-se na linha reta descendente, mas nunca na ascendente.
>
> Art. 1.853. Na linha transversal, somente se dá o direito de representação em favor dos filhos de irmãos do falecido, quando com irmãos deste concorrerem.
>
> Art. 1.854. Os representantes só podem herdar, como tais, o que herdaria o representado, se vivo fosse.
>
> Art. 1.855. O quinhão do representado partir-se-á por igual entre os representantes.

INVENTÁRIO EXTRAJUDICIAL NA PRÁTICA

Art. 1.856. O renunciante à herança de uma pessoa poderá representá-la na sucessão de outra."

Destacamos que o direito de representação só se aplica entre descendentes (1ª classe) e colaterais (4ª classe), tão somente em relação a filhos de irmãos, como determinam os arts. 1.835 e 1.840 do Código Civil.

"CC/2002 – Art. 1.835. Na linha descendente, os filhos sucedem por cabeça, e os outros descendentes, por cabeça ou por estirpe, conforme se achem ou não no mesmo grau. [...]

Art. 1.840. Na classe dos colaterais, os mais próximos excluem os mais remotos, salvo o direito de representação concedido aos filhos de irmãos."

Os herdeiros vivos receberam a herança por cabeça ou por direito próprio, e os outros, por estirpe ou por direito de representação: o quinhão que caberia àquele herdeiro pré-falecido será dividido entre seus descendentes.

Destacamos que não há direito de representação na linha ascendente (2ª classe) nem entre netos de irmãos. A intenção de partilhar a herança entre netos de irmãos é comum nos esboços de partilha apresentados ao tabelião, porém não é correta.

Exemplo:

Pedro falece em 2014, solteiro e não convivente em união estável, não tinha filhos, seus pais, avós e bisavós já eram falecidos, mas tinha três irmãos: 1) Moisés (vivo); 2) Gustavo (falecido em 2000, sem deixar descendentes); 3) João (falecido em 2012, e deixou os filhos Davi (vivo), Ygor (vivo) e Ana (falecida em 2010); sendo que Ana teve uma filha, Maria, também falecida em 2011, que, por sua vez, teve uma filha, Sara, que está viva).

Pedro tinha um único imóvel no valor R$ 60 mil. Como partilhar esse bem?

O art. 1.840 do CC prevê que só há direito de representação entre filhos de irmãos, portanto, Sara não será herdeira de Pedro, e Gustavo faleceu sem deixar descendentes. Desse modo, o imóvel será dividido na proporção de metade ao irmão Moisés, no valor de R$ 30 mil, por direito próprio, e a outra metade entre Davi e Ygor, sendo 1/4 o quinhão de cada um deles, no valor de R$ 15 mil cada, por direito de representação. Quanto ao ITCMD, há apenas um fato gerador e três guias, uma tendo como base de cálculo o valor de R$ 30 mil e duas, de R$ 15 mil.

Como e por que definir se é necessário realizar o arrolamento conjunto ou aplicar o direito de representação?

A resposta a essa questão é essencial para realizar corretamente a partilha, observando a ordem de vocação hereditária e quitar todos os impostos de transmissão devidos. Não pode ser realizada a sucessão "por salto", ou seja, entregar o patrimônio do primeiro falecido diretamente aos herdeiros do segundo, pois o princípio da continuidade não será respeitado e o imposto de transmissão não será quitado.

Cap. VII – ARROLAMENTO CONJUNTO *X* DIREITO DE REPRESENTAÇÃO | 85

Há decisão da Corregedoria-Geral de Justiça de São Paulo abordando esse tema no Capítulo Decisões Administrativas e Judiciais.

Portanto, entre as cautelas que devem ser observadas pelo tabelião, quando há mais de um falecido no mesmo ato, destacamos a necessidade de se verificar a data do óbito de cada um dos falecidos e quem são seus herdeiros legítimos para herdar sua herança.

Exemplo:

João teve três filhos: 1) Karina; 2) Pedro, falecido em 2002, deixando as filhas Maria e Ana; e 3) Beatriz, falecida em 2015, deixando os filhos Jorge, Sara e José. João falece viúvo em 2005.

Como partilhar o imóvel de R$ 90 mil de João? Quem herda de quem?

O imóvel será dividido na proporção de 1/3, pois são três filhos, no valor R$ 30 mil para Karina, por direito próprio; de 1/6, no valor R$ 15 mil, para Maria e Ana, por representação de Pedro; e de 1/3 no valor R$ 30 mil ao espólio de Beatriz, no arrolamento e partilha dos bens de João. Na mesma escritura, será feito o arrolamento de Beatriz, partilhando para cada um de seus filhos: Jorge, Sara e José 1/9, no valor R$ 10 mil do imóvel.

Quanto ao imposto de transmissão há dois fatos geradores: a morte de João e a morte de Beatriz. Assim, duas bases de cálculo para o imposto: a de João, no valor de R$ 90 mil, e a de Beatriz, de R$ 30 mil.

Em relação a Pedro, pré-falecido a João, não será atribuído quinhão da herança de João ao seu espólio nem devido imposto de transmissão, pois, como já havia falecido, não será herdeiro de João. Os filhos de Pedro receberão a herança diretamente de João, aplicando-se o direito de representação, e serão responsáveis pelo pagamento do imposto de transmissão da herança de João.

Em relação a Beatriz, seu espólio receberá o quinhão por direito próprio e, em seguida, transmitirá a seus herdeiros, em um arrolamento conjunto.

Destacamos, também, que, se todos os herdeiros de uma classe forem pré-falecidos ou renunciarem à herança, não haverá direito de representação e, sim, direito próprio dos herdeiros da classe seguinte.

Exemplo:

João teve três filhos: 1) Karina, falecida em 2001, sem deixar descendentes; 2) Pedro, falecido em 2002, deixando as filhas Maria e Ana; e 3) Beatriz, falecida em 2003, deixando os filhos Jorge, Sara e José. João falece viúvo em 2005.

Como partilhar o imóvel de R$ 90 mil de João? Quem herda de quem?

O imóvel será dividido na proporção de 1/5, no valor de R$ 18 mil para cada um dos netos, por direito próprio: Maria, Ana, Jorge, Sara e José.

Quanto ao imposto de transmissão, há um fato gerador: a morte de João e a base de cálculo para o imposto será o valor de R$ 90 mil, quitado em cinco guias em nome de cada um dos cinco netos.

> **Capítulo VIII**

RENÚNCIA X CESSÃO DE DIREITOS HEREDITÁRIOS E DE MEAÇÃO

1. RENÚNCIA DA HERANÇA

Ao realizar a partilha desigual do patrimônio, um ou mais herdeiros podem não receber a herança ou não receber alguns bens da herança. Para que o tabelião oriente corretamente o ato a ser praticado, é importante distinguir os institutos da renúncia e da cessão de direitos hereditários e/ou de meação.

O herdeiro, legítimo ou testamentário, pode **aceitar a herança ou renunciar a ela**.

Aceitação e renúncia se referem a todo o patrimônio a que o herdeiro tem direito. Ao aceitar, recebe o direito a um quinhão sobre todos os bens do espólio; e, ao renunciar, expressa seu desejo de não receber o patrimônio deixado pelo autor da herança.

Em caso de renúncia, quem abriu mão da herança será considerado como se não existisse e seu quinhão acrescerá ao dos herdeiros da mesma classe ou de classes posteriores. Não há direito de representação para os herdeiros do renunciante, pois "será como se ele não existisse". Os arts. 1.810 e 1.811 do Código Civil de 2002 preveem essas disposições.

Na renúncia, não há incidência de imposto de transmissão. O imposto será recolhido, considerando como base de cálculo o valor total da herança, em nome dos contribuintes herdeiros que aceitem a herança.

Os arts. 1.804 a 1.813 do CC/2002 preveem a aceitação e a renúncia da herança, o modo de praticá-las e suas consequências jurídicas.

O art. 1.808, § 1º, faculta ao herdeiro legítimo e testamentário aceitar a herança legítima e renunciar à testamentária, e vice-versa. Não há renúncia parcial nessa hipótese, mas, sim, escolha de uma das heranças apenas: a decorrente da lei ou da

88 | INVENTÁRIO EXTRAJUDICIAL NA PRÁTICA

determinação no testamento. Comentamos sobre esse artigo no capítulo sobre arrolamento cumprindo testamento.

A aceitação ou a renúncia da herança é total, ou seja, o herdeiro não pode escolher o que aceita e ao que renuncia, é irrevogável e irretratável; e a aceitação ainda pode ser tácita.

Portanto, ao lavrar procuração para ser utilizada em escritura de arrolamento, é imprescindível que conste expressa e tão somente o ato da renúncia, para que não se caracterize uma aceitação tácita.

A renúncia de herança pode ser lavrada em escritura autônoma ou ser formalizada na própria escritura de arrolamento, e os cônjuges dos herdeiros renunciantes devem comparecer e assinar a escritura dando sua anuência.

Quando lavrada em escritura autônoma, é aconselhável que o tabelião questione se o renunciante tem ciência do patrimônio total a que está renunciando e se deseja beneficiar determinado herdeiro com essa renúncia. Se não souber qual é o patrimônio total, é importante descobrir, antes de renunciar, para saber exatamente a que está renunciando. Se quiser beneficiar herdeiro específico, o negócio jurídico correto é a cessão de direitos hereditários, e não a renúncia que "devolverá" ao monte o patrimônio.

A seguir, dois exemplos de renúncias que não cumprem o desejo dos herdeiros.

Exemplos:

A) Todos os filhos renunciaram à herança do pai, em escrituras autônomas, a fim de que à mãe, viúva meeira, fosse atribuído todo o patrimônio. Entretanto, cada um desses filhos tinha um ou mais filhos menores, de relacionamentos distintos. Com a renúncia de todos os filhos, a herança do pai será partilhada aos netos – por direito próprio, em inventário judicial.

Questiona-se se seria possível lavrar uma escritura de retificação dessas renúncias e alterá-las para uma cessão de direitos hereditários para a mãe. Entendemos que por ser a renúncia um ato irrevogável e irretratável uma RET/RAT não é possível.

B) Um irmão falece e deixa como herdeiros três irmãos. Dois deles renunciam à herança composta por um único lote de terreno. Esse lote é atribuído apenas ao irmão que aceitou a herança. Um ano depois, descobrem que o irmão falecido tinha um crédito de uma ação de desapropriação para receber e o juiz já havia determinado o pagamento do valor ao herdeiro. Os dois irmãos renunciantes desejam receber esse crédito.

Como a renúncia é irrevogável e irretratável, não há como partilhar a herança entre os três, sem que um novo negócio jurídico seja realizado: cessão de parte dos direitos hereditários: 1/3 para cada um dos dois irmãos, realizada pelo irmão que aceitou a herança, na escritura de sobrepartilha, com o complemento do imposto de transmissão causa mortis, considerando como base de cálculo o valor total do crédito e mais um imposto de transmissão – doação, considerando 2/3 do valor do crédito.

Quando a renúncia é formalizada em escritura apartada, o herdeiro renunciante não precisa comparecer na escritura de arrolamento para ratificá-la, basta apresentar o traslado ou a certidão da escritura da renúncia e mencioná-la e arquivá-la no tabelião. Esse herdeiro não será qualificado no item outorgante; ao qualificar o autor da herança e declarar quem são seus herdeiros, o renunciante será qualificado. A declaração de que houve renúncia por escritura autônoma constará em item antes da partilha do patrimônio.

O art. 1.813 do Código Civil prevê a possibilidade de os credores do herdeiro renunciante aceitarem a herança em seu nome e quitarem seu crédito com o quinhão que a ele seria atribuído. A previsão é de que se habilitem nos autos do inventário. Como a escritura de arrolamento é um ato único, o tabelião deve questionar ao renunciante se não fraudará credores com esse ato.

Portanto, a renúncia não pode ser utilizada para fraudar credores e, por essa razão, é importante constar na escritura a declaração de que a renúncia não prejudica direitos de terceiros.

Interessante possibilidade é a prevista no art. 1.809 e seu parágrafo único, a seguir reproduzidos:

> "CC/2002 – Art. 1.809. Falecendo o herdeiro antes de declarar se aceita a herança, o poder de aceitar passa-lhe aos herdeiros, a menos que se trate de vocação adstrita a uma condição suspensiva, ainda não verificada.
>
> Parágrafo único. Os chamados à sucessão do herdeiro falecido antes da aceitação, desde que concordem em receber a segunda herança, poderão aceitar ou renunciar a primeira."

Na hipótese de arrolamento conjunto, o segundo falecido, enquanto ainda vivo, pode aceitar a herança do primeiro ou renunciá-la. Entretanto, se não "houve tempo" de manifestar seu desejo, os herdeiros desse segundo falecido, desde que aceitem sua herança, poderão aceitar a herança do primeiro em seu nome ou renunciá-la.

Aceitando o quinhão da herança do segundo falecido, será atribuído no arrolamento do primeiro e, no mesmo ato, ou em ato posterior, esse quinhão será partilhado entre os herdeiros do segundo falecido. Renunciando o segundo falecido, não receberá quinhão e sua quota será partilhada entre os demais herdeiros do primeiro falecido, e seus herdeiros (do segundo) nada receberão desses bens. No Capítulo XII – Minutas de arrolamento, trazemos uma escritura lavrada nesses termos, com caso prático e o porquê de lavrarmos utilizando esse art. 1.809.

Portanto, a renúncia é formalizada quando o herdeiro não deseja receber nenhum patrimônio do espólio, sem se importar com qual herdeiro receberá esses bens.

2. CESSÃO DE DIREITOS HEREDITÁRIOS E DE MEAÇÃO

O espólio é uma universalidade de bens deixados pelo autor da herança e será dividido entre os herdeiros, na proporção determinada pela ordem de vocação hereditária. Enquanto não houver a partilha, ou seja, a divisão do patrimônio, cada herdeiro tem direito hereditário a sua fração, com determinado valor sobre todo o patrimônio. Após a partilha, os bens, ou suas frações, são individualizados e passam a pertencer a cada herdeiro e meeiro.

90 | INVENTÁRIO EXTRAJUDICIAL NA PRÁTICA

Portanto, antes de realizada a partilha, há direitos hereditários e de meação sobre o patrimônio do espólio. Esses direitos, hereditário ou de meação, podem ser cedidos a título gratuito ou oneroso, conforme previsto no art. 1.793 do Código Civil.

> "CC/2002 – Art. 1.793. O direito à sucessão aberta, bem como o quinhão de que disponha o coerdeiro, pode ser objeto de cessão por escritura pública.
>
> § 1º Os direitos, conferidos ao herdeiro em consequência de substituição ou de direito de acrescer, presumem-se não abrangidos pela cessão feita anteriormente.
>
> § 2º É ineficaz a cessão, pelo coerdeiro, de seu direito hereditário sobre qualquer bem da herança considerado singularmente.
>
> § 3º Ineficaz é a disposição, sem prévia autorização do juiz da sucessão, por qualquer herdeiro, de bem componente do acervo hereditário, pendente a indivisibilidade."

O herdeiro pode receber em seu quinhão bens que somam todo o valor que a lei determina que lhe cabe, apenas alguns bens, com valor inferior ao quinhão legal a que teria direito, ou bens com valor maior a que faz jus. Para receber mais ou menos, terá que receber ou realizar uma cessão de direito de parte de direitos hereditários.

Quando discorremos sobre renúncia, afirmamos que esse instituto é utilizado quando o herdeiro não deseja receber nenhum bem do patrimônio do autor da herança. Se desejar receber bens específicos ou alguns bens e o valor deles não "couber" em seu quinhão legal, será necessária a cessão de direitos antes da partilha.

Exemplo:

João falece viúvo, deixa dois filhos: Ana e Ygor, um apartamento de R$ 60 mil e uma casa de R$ 80 mil. O patrimônio é de R$ 140 mil e cada um dos filhos tem direito à herança com o quinhão legal no valor de R$ 70 mil.

A partilha será "desigual" e o quinhão de Ana será composto pelo apartamento no valor de R$ 60 mil e o de Ygor, pela casa de R$ 80 mil.

Qual ato será necessário formalizar na escritura de arrolamento, antes da partilha?

O quinhão de cada herdeiro, conforme a legislação, é de R$ 70 mil. Para que sejam compostos por valores diferentes, a cessão de parte dos direitos hereditários será realizada por Ana em favor de Ygor, no valor de R$ 10 mil. Assim, Ygor receberá R$ 70 mil a título de herança e R$ 10 mil a título de cessão de direitos hereditários, totalizando seu quinhão no valor de R$ 80 mil. Em razão da cessão, Ana receberá R$ 10 mil "a menos" do que teria direito, dessa maneira, seu quinhão terá valor de R$ 60 mil.

A cessão de direitos hereditários pode ser realizada a título gratuito e equivalerá a uma doação, com incidência ou isenção de ITCMD doação; ou onerosa, com imposto de transmissão *inter vivos* sobre os bens imóveis.

Haverá a incidência do imposto de transmissão *causa mortis* sobre o valor da herança e o imposto *inter vivos* (ITCMD doação ou ITBI) sobre o valor da cessão. Nessas hipóteses, a legislação tributária quanto à base de cálculo deverá ser observada, pois, em relação a bens imóveis, por exemplo, deve ser considerado o maior valor entre

Cap. **VIII** – RENÚNCIA *X* CESSÃO DE DIREITOS HEREDITÁRIOS E DE MEAÇÃO | 91

aquele atribuído pelas partes, para fins de declaração de imposto de renda e aquele atribuído pelo "fisco" (valor venal dos imóveis).

O viúvo ou companheiro que tem direito de meação no patrimônio comum também podem ceder parte ou a totalidade de seu direito de meação. O meeiro não pode renunciar à sua meação, pois ela já lhe pertence em razão do regime de bens por eles adotado.

Com a cessão de parte de sua meação, pode receber, compondo-a, bens com valor inferior ou superior àquele que teria direito na partilha do patrimônio comum com o autor da herança.

Destacamos que o meeiro não pode ceder a título gratuito todos os direitos de meação sem ter outros bens, por afrontar o art. 548 do Código Civil. Só poderá ceder toda a meação se tiver bens particulares, não arrolados e partilhados, ou ceder parte desse direito e receber o direito de usufruto compondo sua meação.

"CC/2002 – Art. 548. É nula a doação de todos os bens sem reserva de parte, ou renda suficiente para a subsistência do doador."

Apesar de o art. 1.793, § 3º, do CC/2002 determinar que é necessário alvará judicial para a cessão de bem específico do espólio, as escrituras de cessão de bens específicos autônomas têm sido admitidas sob a condição de que todos, meeiro, herdeiros e respectivos cônjuges, compareçam, concordem com essa cessão e transfiram seus direitos sobre esse bem específico ao cessionário.

Assim, bens específicos e determinados podem ser cedidos integralmente para terceiros, desde que todos os herdeiros e o meeiro compareçam, anuam e cedam seus quinhões nesse bem. O bem cedido será adjudicado ao cessionário. A cessão de direitos e o arrolamento e adjudicação podem ser realizados na mesma escritura, o que é mais comum, ou em escrituras separadas.

Há imposto de transmissão a título oneroso (ITBI) ou gratuito (ITCMD doação) a ser pago pelo cessionário, que deve declarar na escritura que tem ciência que recebe direitos e deve se habilitar no processo judicial ou na escritura de arrolamento para receber o bem, quando formalizada a cessão em ato autônomo.

Quando a cessão é formalizada na própria escritura de arrolamento e partilha com a atribuição do bem cedido ao cessionário, há dois impostos recolhidos: um referente ao imposto de transmissão causa mortis e outro pela cessão onerosa ou gratuita, ITBI ou ITCMD.

Após a partilha, com a atribuição de bens específicos aos herdeiros e meeiro, eles serão os "proprietários" de seus bens e, para transferi-los, utilizarão da venda e compra, doação, permuta etc.. A cessão de direitos hereditários e de meação é utilizada antes da realização da partilha, enquanto não atribuídos os bens a cada um.

Portanto, a cessão de direitos hereditários e/ou de meação será formalizada quando há partilha desigual e diferença entre o valor dos quinhões e/ou meação atribuídos, considerando o "valor legal" e o "valor atribuído", e o herdeiro ou viúvo, que

92 | INVENTÁRIO EXTRAJUDICIAL NA PRÁTICA

recebe valores inferiores àquele que a lei determina, deseja contemplar quem receberá esse valor a mais.

3. COMORIÊNCIA

A comoriência ocorre quando duas ou mais pessoas falecem na mesma ocasião, sem que seja possível averiguar qual deles faleceu primeiro, conforme previsto no art. 8º do Código Civil.

A legislação prevê que se as pessoas falecem "ao mesmo tempo", uma não será herdeira da outra, devido à dificuldade de se averiguar quem herdará de quem, logo, há a previsão de comoriência. A consequência jurídica é que o patrimônio deixado por cada uma delas será partilhado entre os demais herdeiros, conforme a ordem de vocação hereditária, e uma pessoa comoriente não herdará da outra comoriente, pois serão excluídas mutuamente.

4. BENS À COLAÇÃO

O doador, ao realizar a doação ou por meio de testamento, pode determinar que o patrimônio doado ao donatário, herdeiro necessário, seja ou não apresentado à colação na ocasião do falecimento dele doador/testador.

A doação de ascendente para descendente pressupõe adiantamento de legítima e deve ser apresentada à colação, salvo se o doador declarar expressamente que deve ser computada na parte disponível de seu patrimônio.

Os arts. 544, 2.002 e 2.005 do Código Civil trazem essas previsões.

Ao lavrar escrituras de arrolamento, é importante questionar os herdeiros se receberam por doação bens a serem apresentados à colação. Se não receberam, farão uma declaração expressa na escritura de arrolamento.

Se receberam, deverão apresentar o bem e atribuir-lhe um valor para definir o valor da legítima e da parte disponível do patrimônio do autor da herança. Definidos esses valores, será possível realizar a partilha do patrimônio, considerando a doação e o adiantamento de legítima já realizados.

O herdeiro que já recebeu bens a título de legítima receberá um patrimônio menor em seu quinhão hereditário do que aqueles que não receberam.

Há diversas jurisprudências quanto ao valor que deve ser considerado para esse bem anteriormente doado: valor da época de doação, valor da época da doação corrigido monetariamente e valor de mercado atual do bem.

Como as escrituras de arrolamento são lavradas quando há consenso entre os herdeiros, estes poderão definir qual valor utilizar, desde que aceito por todos e que não haja sonegação de imposto.

No Capítulo XII – Minutas de arrolamento, trazemos uma escritura com um imóvel apresentado à colação.

5. DOCUMENTOS APRESENTADOS E ARQUIVADOS

Ao lavrar as escrituras de arrolamento, é imprescindível que sejam apresentados documentos que comprovem a identidade e a condição de herdeiro, legítimo ou testamentário, cônjuge ou companheiro e meeiro; a identificação do autor da herança e a titularidade do seu patrimônio com o valor atribuído; a inexistência de débitos decorrentes de tributos; o recolhimento do imposto de transmissão; entre outros documentos.

Como exemplo de documentação apresentada, citamos:

a) para comprovar a identidade – documento de identidade e cadastro de pessoas físicas (CPF) –, do autor da herança, viúvo, companheiro, herdeiros e respectivos cônjuges;

b) para comprovar a condição de viúvo e herdeiro: certidão do estado civil, casamento ou nascimento;

c) quanto ao autor da herança, além do documento de identidade e CPF: certidão de óbito, certidão negativa de débitos perante a União e informação do Censec quanto à existência ou inexistência de testamento;

d) quanto ao patrimônio imóvel: certidão de matrícula ou transcrição de imóvel, escritura de aquisição, certidão negativa ou positiva com efeito de negativa de débitos tributários municipais; certidão de valor venal ou de referência; cadastro no Instituto Nacional de Colonização e Reforma Agrária (Incra), comprovante de pagamento de imposto territorial rural (ITR) e de valor fiscal, como o atribuído pelo Instituto de Estudos Agrônomos (IEA) quando imóvel rural; laudêmio e CAT (certidão de autorização de transferência) quando o imóvel é foreiro, entre outros documentos;

e) quanto ao patrimônio móvel: extrato de contas bancárias, aplicações e ações com seu valor na data do óbito; certificado de propriedade de veículos e o comprovante de seu valor; armas de fogo com o comprovante de seu valor; alvará de táxi; telefone; contrato social e balanço patrimonial, quando há cotas de empresas etc.;

f) declaração e comprovante de pagamento ou isenção do imposto de transmissão *causa mortis;*

g) consulta à Central de Indisponibilidade realizada em nome do autor da herança, dos renunciantes e dos cedentes de direitos hereditários e de meação;

h) consulta da certidão negativa de débitos trabalhistas, realizada em nome do autor da herança, dos renunciantes e dos cedentes de direitos hereditários e de meação;

i) certidão de óbito de herdeiros pré-falecidos, para justificar o direito de representação ou para excluir as classes anteriores da ordem de vocação hereditária, quando necessário;

j) certidão de procuração no prazo de validade, quando há partes representadas por mandatário.

Os documentos devem ser apresentados em suas versões originais ou cópia autenticada, conforme determinam as Normas de Serviço de cada estado, e devem ser arquivados no tabelião, física ou digitalmente, mencionando-se na escritura o arquivamento.

Se os documentos são emitidos "digitais", são vinculados ao processo da escritura, conforme o programa de informática utilizado no tabelião. Se emitidos em meio "físico", são arquivados em pastas ou classificadores separados pela espécie de documentos, com remissão recíproca: ou seja, anotação do livro e folha em que utilizados e, no processo da escritura, a pasta e folha nas quais arquivados os documentos físicos.

"Resolução CNJ nº 35/2007 – Art. 22. Na lavratura da escritura deverão ser apresentados os seguintes documentos:
a) certidão de óbito do autor da herança;
b) documento de identidade oficial e CPF das partes e do autor da herança;
c) certidão comprobatória do vínculo de parentesco dos herdeiros;
d) certidão de casamento do cônjuge sobrevivente e dos herdeiros casados e pacto antenupcial, se houver;
e) certidão de propriedade de bens imóveis e direitos a eles relativos;
f) documentos necessários à comprovação da titularidade dos bens móveis e direitos, se houver;
g) certidão negativa de tributos; e
h) Certificado de Cadastro de Imóvel Rural – CCIR, se houver imóvel rural a ser partilhado.
Art. 23. Os documentos apresentados no ato da lavratura da escritura devem ser originais ou em cópias autenticadas, salvo os de identidade das partes, que sempre serão originais.
Art. 24. A escritura pública deverá fazer menção aos documentos apresentados."

6. DECLARAÇÃO DE OPERAÇÃO IMOBILIÁRIA E RESSALVA

Da escritura de arrolamento, que partilha bens imóveis, é necessário emitir a Declaração de Operação Imobiliária (DOI), conforme determina o art. 8º da Lei nº 10.426 2002, observando o procedimento determinado na Instrução Normativa da Receita Federal do Brasil (IN RFB) nº 2.186, de 12 de abril de 2024.

Acesse o conteúdo:
Lei nº 10.426/2022 e IN nº 2.186/2024 da Receita Federal.
> uqr.to/1u2b3

As declarações sobre operação imobiliária são prestadas mensalmente pelos tabeliães, com a informação sobre os imóveis transmitidos, o valor da transmissão e do imposto recolhido, o número do CPF dos transmitentes e dos adquirentes, entre outras informações.

Acesse o conteúdo:
instruções da Receita Federal para a DOI.
> uqr.to/1u2b4

Na escritura, deve constar a declaração expressa de que a DOI foi emitida, conforme a legislação vigente.

Quando há escritura de retificação da partilha, com alteração na fração ou no valor dos bens imóveis, é necessário emitir a DOI retificadora e constar na escritura essa informação.

Além da obrigação assessória de emitir a DOI, no estado de São Paulo, o tabelião tem que informar, mensalmente, à Secretaria da Fazenda do Estado de São Paulo, todas as escrituras de arrolamento e de doação que tenham por objeto bens móveis e/ou imóveis, com o pagamento ou a isenção do imposto de transmissão e é aconselhável que a informação desse envio também conste na escritura.

A Portaria CAT/SP nº 21/2012 "Disciplina o envio de informações de escrituras lavradas por tabelião, referentes à transmissão *causa mortis* ou doação de bens ou direitos realizados no âmbito administrativo".

Acesse o conteúdo:
Portaria CAT nº 21/2012
> uqr.to/1u2b5

De acordo com NSCGJ/SP, Cap. XVI, item 123, em todas as escrituras de arrolamento, "No corpo da escritura deve haver menção de que 'ficam ressalvados eventuais erros, omissões ou direitos de terceiros.'"

7. DISPENSA DE INVENTÁRIO PARA VERBAS DA LEI Nº 6.858/1980

A Lei nº 6.858/1980 dispõe sobre o pagamento, aos dependentes ou sucessores de pessoa falecida, dos valores que não foram por ela recebidos, tais como: saldo de salários pagos por empresas privadas ou órgãos públicos, saldos do Fundo de Garantia do Tempo de Serviço (FGTS), Programa de Integração Social (PIS) e o Programa de Formação do Patrimônio do Servidor Público (PASEP), restituições do imposto de renda, saldos de contas bancárias de até 500 ORTN (Obrigação Reajustável do Tesouro Nacional), desde que não haja outros bens.

Portanto, quando a pessoa falecida deixa beneficiário reconhecido pela Previdência Social, Instituto Nacional do Seguro Social (INSS), é emitida uma declaração de dependente e não há necessidade de arrolar e partilhar os valores supramencionados. Basta que o dependente apresente a declaração à fonte pagadora para receber o valor.

Entretanto, se não houver dependente previdenciário, ou se a declaração não for aceita, é necessário solicitar um alvará judicial autônomo ou arrolar e partilhar esses valores em uma escritura de arrolamento, observando a ordem de sucessão hereditária.

> "NSCGJ/SP Cap. XVI, item 109: É admissível a escritura pública de inventário e partilha para o levantamento de verbas bancárias e das previstas na Lei nº 6.858/1980."

Destacamos que o seguro de vida é um capital que não pertence ao espólio. É uma estipulação em favor de terceiro e não pode ser arrolada e partilhada na escritura. O tabelião deve orientar as partes a receberem o valor diretamente na fonte pagadora.

8. EMOLUMENTOS

São devidos emolumentos pela lavratura de escrituras de arrolamento, conforme previsto em legislação estadual, ou seja, conforme a tabela de emolumentos do estado onde lavrada a escritura.

Os arts. 4º e 5º da Resolução nº 35/2007 do Conselho Nacional de Justiça determinam a cobrança.

> "Resolução CNJ nº 35/2007 – Art. 4º O valor dos emolumentos deverá corresponder ao efetivo custo e à adequada e suficiente remuneração dos serviços prestados, conforme estabelecido no parágrafo único do art. 1º da Lei nº 10.169/2000, observando-se, quanto a sua fixação, as regras previstas no art. 2º da citada lei. e
> Art. 5º É vedada a fixação de emolumentos em percentual incidente sobre o valor do negócio jurídico objeto dos serviços notariais e de registro (Lei nº 10.169, de 2000, art. 3º, inciso II)."

A base de cálculo, em regra, é composta pela soma do valor total do patrimônio, considerando o maior valor entre aquele atribuído pelas partes (para fins de imposto de renda) e o "fiscal" (para fins de ITCMD). Se houver outros atos, ou outros negócios jurídicos formalizados na escritura, haverá outras bases de cálculo e cobranças.

O valor dos emolumentos deve ser cotado na escritura de arrolamento e as partes devem receber um recibo discriminando-o (total e repasses).

Capítulo IX

COMO REALIZAR A PARTILHA

1. ANÁLISE DE DOCUMENTOS

Antes de elaborar a minuta da escritura de arrolamento, o tabelião deve solicitar os documentos necessários e analisá-los, conforme veremos a seguir.

1.1 Estado civil do autor da herança x patrimônio comum e particular

O estado civil do autor da herança é o primeiro requisito a ser observado:

I) Se falece no estado civil de casado, é necessário observar a data do casamento, o regime de bens e a data e a forma de aquisição (gratuita ou onerosa) do patrimônio. Com essas observações, será possível separar os bens que compõem o acervo de bens comuns, no qual o cônjuge sobrevivente tem direito de meação, daqueles que compõem o acervo de bens particulares, a ser partilhado entre os herdeiros.

II) Se falece no estado civil de solteiro, divorciado ou viúvo, não convivendo em união estável, todo o patrimônio será considerado herança e partilhado entre os herdeiros, legítimos e/ou testamentários. Ressaltamos a observação quanto à necessidade de prévia partilha do patrimônio comum, quando divorciado ou viúvo e que não fez a partilha do casamento ou da união estável anterior.

    II.a) Se faleceu no estado civil de divorciado ou com união estável dissolvida, sem ter realizado a partilha do patrimônio comum, o ex--cônjuge do autor da herança deve comparecer na escritura. O

98 INVENTÁRIO EXTRAJUDICIAL NA PRÁTICA

patrimônio comum será arrolado na totalidade e na partilha, metade será atribuída ao ex-cônjuge, na qualidade de meeiro, e a outra metade, partilhada aos herdeiros legítimos. Não deve ser arrolada apenas a metade do patrimônio, já descontada a meação, pois esta será definida no arrolamento e pode ser composta por direito de usufruto ou bens na totalidade.

II.b) Se falece no estado civil de viúvo ou convivente em união estável, sem ter realizado o arrolamento e a partilha do patrimônio comum, é necessário realizar o arrolamento conjunto do casal. O patrimônio comum será arrolado na totalidade, será realizada a partilha do primeiro falecido, atribuindo a meação ao espólio do segundo falecido e a outra metade, aos herdeiros. Na mesma escritura, será realizada a partilha do segundo falecido, atribuindo sua meação, então herança a seus herdeiros.

Dividido o patrimônio do espólio em bem comum, com meação e particular, correspondente à herança, é necessário verificar quem são os herdeiros.

1.2 Herdeiro e quinhão *x* meeiro e meação

Os herdeiros, legítimos e/ou testamentários, devem ser definidos e o valor da herança que será atribuído a cada um deles determinado.

Os arts. 1.829 e ss. do Código Civil de 2002 e os arts. 1.603 e ss. no de 1916 definem quem são os herdeiros legítimos e o testamento, os herdeiros testamentários.

O valor atribuído a cada bem do patrimônio deverá ser somado para se obter o valor total do patrimônio do espólio. Os bens comuns dever ser somados em conjunto e os particulares, em outra soma.

Quanto aos bens comuns, metade do valor pertencerá ao meeiro e a outra metade será considerada herança. Quanto aos particulares, o total da soma será a herança.

O valor total da herança será dividido entre os herdeiros, conforme a regra de vocação hereditária ou testamentária; observando-as será possível determinar o valor a ser atribuído a cada herdeiro para compor o seu quinhão.

O quinhão de cada herdeiro pode ser composto por bens na totalidade ou bens em condomínio entre os herdeiros e viúvo. Se um receber bens com valor a maior ou menor do que lhe caberia conforme a partilha "da lei", será necessário receber ou ceder parte dos direitos hereditários.

Na sucessão testamentária em forma de legado, o bem específico será atribuído aos herdeiros testamentários, como determinado pelo testador. O raciocínio exposto somente se aplica à sucessão testamentária em forma de herança, na qual o testador determina as porcentagens do patrimônio ou que todo ele seja dividido entre dois ou mais beneficiários, que poderão receber os bens em condomínio ou na totalidade para cada um deles.

1.3 Atribuição de valor ao patrimônio

Para cada bem que compõe o patrimônio, deve ser atribuído um valor.

O **valor atribuído para fins de partilha**, em regra, é aquele que consta na declaração de imposto de renda (IR) do autor da herança e será informado tanto na declaração de IR de encerramento do espólio como na declaração de IR de cada um dos herdeiros e viúvo ou companheiro. Esse valor também será informado na DOI prestada pelo tabelião.

O **valor para fins de cálculo do imposto de transmissão** é determinado pela legislação de cada estado da Federação, que indica o valor mínimo a ser utilizado. Como exemplo, citamos o valor venal de referência atribuído aos imóveis pela Prefeitura de São Paulo e o valor venal do Imposto sobre a Propriedade Predial e Territorial Urbana (IPTU), ou o valor de mercado em outros municípios. Em regra, utilizamos o valor venal do ano do óbito.

O **valor para fins de emolumentos** é o valor venal atual – ano da escritura. Quando o falecimento ocorre em anos anteriores, é necessário declarar também o valor venal do exercício atual, para fins de cobrança dos emolumentos.

Na escritura de arrolamento, mencionamos todos esses valores ao descrever os bens no item "patrimônio" ou "monte mor", por isso, nesse item são declarados até três valores.

Exemplo:

*Imóvel situado nesta Capital, na Rua __, nº __, descrito e caracterizado na matrícula nº __, do __ Registro de Imóveis, com **valor atribuído para fins de partilha de R$ 60 mil**, valor venal de referência (outubro/2016 – mês do óbito) de R$ 65 mil e valor de referência atual de R$ 68 mil.*

Quando há muitos bens arrolados e partilhados, aconselha-se a fazer uma planilha com todos esses valores. Na primeira linha, os bens e, nas colunas, os valores para IR, ITCMD e emolumentos. Quando houver partilha desigual, essa tabela poderá ser utilizada para o cálculo do valor da cessão.

Na escritura, na declaração do valor total do patrimônio, constará a soma dos valores atribuídos para fins de partilha (IR) para cada um dos bens. Nos itens cessão de direitos, meação e quinhão, os valores atribuídos para fins de partilha também serão aqueles declarados.

O imposto de transmissão *causa mortis* e doação, nas cessões gratuitas, terá como base de cálculo o maior dos dois valores: atribuído para fins de partilha (IR) ou mínimo fixado pela legislação para fins de imposto de transmissão. Para o imposto *causa mortis*, deve ser considerado o maior valor do ano do óbito e, para a cessão gratuita, equivalente à doação, o maior valor no ano da escritura, valor atual.

Na base de cálculo para a cobrança dos emolumentos, será considerado o valor da soma dos valores venais atuais ou os valores atribuídos pelas partes, se maiores.

1.4 Composição da meação e dos quinhões

A herança é considerada a universalidade de bens e o espólio, a massa indivisa do patrimônio do autor da herança.

Ao realizar a partilha do patrimônio do espólio, os bens são divididos entre o meeiro e os herdeiros, que antes detinham a propriedade indivisa e, com a partilha, são proprietários de bens ou frações determinadas.

Essa divisão pode ser realizada de diversas maneiras e o ideal é que seja da maneira mais cômoda para as partes. Quando há vários bens, que sejam atribuídos na totalidade a cada um, evitando o condomínio e posteriores litígios e/ou doações ou permutas, com incidência de impostos, para extingui-lo.

Assim, entre as hipóteses de divisão, citamos:

1) **"Partilha da lei"**: ao partilhar o patrimônio, cada bem é dividido em tantas frações quanto são os herdeiros, criando um condomínio entre eles. Ou seja: frações entre o viúvo e herdeiros, com a divisão de cada bem conforme determina as regras de sucessão.

2) **"Partilha desigual"**: ao partilhar o patrimônio, bens na totalidade são atribuídos ao meeiro e aos herdeiros, evitando o condomínio entre eles. A legislação determina quanto cada um deve receber; definido o valor monetário de cada quinhão, é atribuído a cada herdeiro bem na totalidade dentro do valor que lhe cabe (ou com cessão de parte do direito hereditário).

3) **"Usufruto na meação e a nua-propriedade no quinhão"**: nessa hipótese, o direito de usufruto do imóvel é atribuído ao meeiro e a nua-propriedade compõe o quinhão dos herdeiros, na proporção determinada pela lei. Atribuindo ao usufruto o valor equivalente a 1/3 do imóvel, há uma cessão de parte dos direitos de meação aos herdeiros. Essa hipótese é utilizada a fim de evitar o inventário do cônjuge sobrevivente e, dependendo do valor da cessão, se gratuita e isenta de ITCMD, a economia com imposto e outras despesas. Comentaremos sobre essa hipótese no item a seguir.

Fundamentando a "partilha desigual", destacamos que no Código de Processo Civil de 2015 foram inseridos artigos visando a uma divisão de patrimônio que evite condomínio entre os herdeiros e futuros litígios para sua extinção. O art. 648 determina as regras que devem ser observadas na partilha:

"CPC/2015 – Art. 648. I – a máxima igualdade possível quanto ao valor, à natureza e à qualidade dos bens;

II – a prevenção de litígios futuros;

III – a máxima comodidade dos coerdeiros, do cônjuge ou do companheiro, se for o caso".

Já o art. 649 regulamenta as situações em que não é possível dividir o bem:

"CPC/2015 – Art. 649. Os bens insuscetíveis de divisão cômoda que não couberem na parte do cônjuge ou companheiro supérstite ou no quinhão de um só herdeiro serão licitados entre os interessados ou vendidos judicialmente, partilhando-se o valor apurado, salvo se houver acordo para que sejam adjudicados a todos".

Em que pese esses dois artigos serem destinados ao inventário judicial, podem ser aplicados nos arrolamentos extrajudiciais, utilizando a cessão de direitos hereditários e/ou meação, a fim de compor meação e quinhões com valores diversos daqueles determinados pela ordem de vocação hereditária.

Essa solução busca evitar litígios que o condomínio geralmente acarreta, fazendo com que a partilha preveja a divisão completa e equânime de todo o acervo.

2. EXEMPLOS DE PARTILHAS

2.1 Partilha da lei

João falece no estado civil de casado, sob o regime da comunhão universal, e tem um imóvel A, no valor de R$ 60 mil, e outro imóvel B, no valor de R$ 80 mil. Deixa dois filhos. Como partilhar?

A meação da viúva, no valor total de R$ 70 mil, é composta pela metade ideal do imóvel A, no valor de R$ 30 mil, e a metade ideal do imóvel B, no valor de R$ 40 mil. O quinhão do filho NOME e do filho NOME, no valor total de R$ 35 mil cada um, são compostos por um quarto do imóvel A, no valor de R$ 15 mil, e um quarto do imóvel B, no valor de R$ 20 mil.

2.2 Partilha desigual

Exemplo A – Dois herdeiros e dois lotes no valor de R$ 20 mil cada. Na partilha desigual, um lote é atribuído a um dos herdeiros e o outro, ao outro herdeiro. Na partilha "da lei", a cada um dos herdeiros é atribuído 1/2 de cada um dos lotes.

Exemplo B, com cessão de direitos hereditários – Pedro falece solteiro e deixa dois filhos: Marcos e Paulo, um terreno A, no valor de R$ 30 mil, e outro terreno B, no valor de 50 mil. Como partilhar, considerando que Marcos deseja o terreno A e Paulo o B?

Realizar uma cessão de parte dos direitos hereditários de Marcos para Paulo no valor de R$ 10 mil e compor o quinhão de Marcos com o terreno A e o de Paulo com o B. Além do imposto de transmissão causa mortis, incide o imposto *inter vivos*: ITBI se oneroso ou ITCMD, se gratuito, se não houver isenção.

2.3 Usufruto na meação

O direito de usufruto é um direito real sobre coisa alheia, pessoal e intransferível, que se extingue com o falecimento do titular, previsto nos arts. 1.390 e ss. do Código Civil.

Ao realizar a partilha do patrimônio, este pode ser divido em frações, bens na totalidade ou em direito de usufruto.

O usufruto, segundo a legislação tributária do estado de São Paulo, equivale a 1/3 do valor do bem. Porém, as partes podem atribuir ao direito de usufruto o valor que desejarem para fins de partilha, mas devem observar o valor atribuído pela legislação tributária para fins de imposto de transmissão entre vivos.

Ao realizar a partilha atribuindo ao viúvo ou companheiro sobrevivente o direito de usufruto, consideramos que a meação deve ser composta por metade do patrimônio e o usufruto equivale a 1/3. A diferença de valor entre ambos (1/2 e 1/3 do patrimônio) é cedida para os outros herdeiros.

Há decisões judiciais quanto à impossibilidade de o cônjuge sobrevivente ter direito de usufruto vitalício sobre todo o patrimônio comum a título de meação, sob o argumento de que os demais herdeiros necessários receberiam os bens de sua legítima com esse ônus. Entretanto, nas escrituras de arrolamento, há consenso entre os herdeiros e o meeiro, todos concordam que a meação seja composta pelo direito de usufruto sobre um ou todos os bens do espólio e, por essa razão, essas partilhas podem ser realizadas.

Assim, após descrever os bens do patrimônio, há a cessão de parte dos direitos de meação e partilha: meação composta por direito de usufruto e quinhão composto por nua-propriedade.

Destacamos três vantagens desse negócio:

a) não ser necessário realizar o inventário do cônjuge sobrevivente;
b) no estado de São Paulo, há isenção do ITCMD doação quando o valor equivalente a 2.500 Ufesp é doado por um doador para um donatário, em muitos casos é isento de imposto-doação a parcela de 1/6 do patrimônio;
c) economia de recursos com despesas de imposto de transmissão e emolumentos com escritura e registro.

Quando a "partilha da lei" é realizada, o cônjuge sobrevivente recebe metade de cada bem imóvel e, posteriormente, deseja ter o direito de usufruto sobre todo o patrimônio, é necessário lavrar as seguintes escrituras e pagar os impostos de transmissão:

a) escritura de arrolamento e partilha atribuindo metade de cada bem ao viúvo a título de meação e a outra metade, como herança, aos demais herdeiros. Pagamento de ITCMD *causa mortis* sobre a metade do patrimônio, herança;
b) escritura de doação da metade ideal do imóvel realizada pelo viúvo para os herdeiros, com reserva do direito de usufruto. Pagamento de ITCMD doação sobre a metade do patrimônio doado;
c) escritura de instituição do direito de usufruto realizada pelos herdeiros ao viúvo. Pagamento de ITCMD doação sobre 1/6 do valor do bem.

3. ELABORAR A MINUTA, APROVAR E ASSINAR

A minuta de arrolamento deve ser elaborada pelo tabelião ou pelos escreventes nomeados por Portaria, após a apresentação dos documentos necessários e o "esboço da partilha", com os valores dos bens (valor para IR e ITCMD), feito pelo advogado que acompanha as partes.

Costumamos utilizar uma minuta-padrão; entretanto, reiteramos que cada arrolamento tem suas peculiaridades e características que devem ser analisadas cuidadosamente pelo tabelião: como estado civil, natureza dos bens, qualidade de herdeiros e imposto a ser quitado, para a correta adequação da minuta-padrão ao caso concreto.

A escritura de arrolamento deve evitar maiores despesas no futuro, como, por exemplo, permutas ou doações para extinguir condomínios criados na partilha do patrimônio e evitar litígios.

O tabelião deve aconselhar e orientar as partes quanto a melhor partilha: tanto em relação à divisão do patrimônio, quanto aos impostos de transmissão.

Aprovada a minuta, agenda-se a data da assinatura. A escritura é lida a todos os presentes, assinada por todas as partes, inclusive advogado e escrevente que a lavrou. O tabelião encerra o ato, emite seu traslado, arquiva os documentos apresentados e presta as informações ao Fisco, quando necessário. Digitaliza as folhas do livro, encaderna-o ao final e emite certidão desse ato notarial.

Capítulo X

EXEMPLOS DE ARROLAMENTOS E PARTILHAS

Os casos a seguir são fictícios e demonstram como separar o patrimônio comum do particular em cada regime de bens, realizar a partilha e o pagamento do imposto de transmissão.

Jonas e Marta são casados e têm os seguintes bens:

- casa A, adquirida por Jonas quando solteiro;
- apartamento X, adquirido a título oneroso, pelo casal, antes do casamento;
- apartamento Y, adquirido a título oneroso, pelo casal, após o casamento;
- casa B, adquirida por doação, para o casal, após o casamento;
- conta bancária em nome de ambos;
- veículo em nome de Marta, adquirido a título oneroso após o casamento;
- cem quotas da empresa Z em nome de João e 40 em nome de Maria (a empresa Z foi constituída após o casamento).

	Comunhão universal	Comunhão parcial	Separação convencional	Separação obrigatória
Casa A – Jonas solteiro	comum	particular de Jonas	particular de Jonas	particular de Jonas
Apartamento X – casal – antes do casamento	comum	particular, 50% de cada	particular, 50% de cada	particular, 50% de cada
Apartamento Y – casal – oneroso	comum	comum	particular, 50% de cada	comum

	Comunhão universal	Comunhão parcial	Separação convencional	Separação obrigatória
Casa B – casal – doação	comum	particular, 50% de cada	particular, 50% de cada	particular, 50% de cada
Conta bancária conjunta	comum	comum	particular, 50% de cada	comum
Veículo – Maria – oneroso	comum	comum	particular de Marta	comum S 377
Quotas Z – 100 de Jonas – 40 de Marta	comum	comum	particular, 100 de Jonas e 40 de Marta	comum S 377

Considerando as novas informações dadas a seguir, separe os bens comuns e particulares.

* Jonas e Marta têm três filhos: Ana, Pedro e João;
* Ana é casada sob o regime da comunhão parcial e tem um filho: Lucas;
* Pedro é solteiro e não tem filhos;
* João é casado sob o regime de comunhão universal e tem três filhas: Mara, Sofia e Paula.

Qual a partilha e o imposto de transmissão, nas seguintes hipóteses?

1. INVENTÁRIO

– Jonas faleceu em 2004, faça o arrolamento e a partilha, atribuindo meação, o quinhão "legal" e o pagamento do ITCMD.

a) Considerando que eram casados sob o regime da comunhão parcial.
Resposta: Arrolar 100% da casa A, 50% do apartamento X como bem particular. 100% do apartamento Y, 100% da conta bancária e 100% do veículo, como bem comum. Quanto à casa B, aplicar direito de acrescer.

Partilhar: bens comuns: 50% meação e 16,666% para os três herdeiros; e os bens particulares, 25% para os três filhos e Marta, a título de herança.

Base de cálculo do ITCMD: 50% dos bens comuns em três guias m nome dos filhos e 100% do bem particular em quatro guias em nome dos filhos e de Marta.

b) Considerando que eram casados sob o regime da comunhão universal.
Resposta: Todos os bens são arrolados na totalidade, sendo 50% a meação de Marta, em cada bem e 16,666% o quinhão de cada herdeiro filho. Quanto à casa B, aplicar direito de acrescer.

Base de cálculo do ITCMD: 50% do patrimônio.

Cap. X – EXEMPLOS DE ARROLAMENTOS E PARTILHAS | 107

c)   Considerando que eram casados sob o regime da separação convencional.

Resposta: Arrolar 100% da casa A, 50% do apartamento X, 50% do apartamento Y e 50% da conta bancária como bem particular. Quanto à casa B, aplicar direito de acrescer.

Partilhar: 25% para os três filhos e Marta a título de herança.

Base de cálculo do ITCMD: 100% do patrimônio arrolado, em quatro guias em nome dos filhos e de Marta.

d)   Considerando que eram casados sob o regime da separação obrigatória.

Resposta: Arrolar 100% da casa A, 50% do apartamento X e 50% da conta bancária, como bem particular. Como bem comum, 100% do apartamento Y (nesse caso, não há necessidade de aplicar a Súmula nº 377, pois eles já adquiriram em condomínio, apenas esclarecer). Quanto ao veículo, considerar bem comum em razão da Súmula nº 377. Quanto à casa B, aplicar o direito de acrescer.

Partilhar: bens do patrimônio particular 33,333% para cada filho e os bens do patrimônio comum: 50% meação Marta e 16,6666% para cada filho.

Base de cálculo do ITCMD: bem particular 100%, em três guias em nome dos filhos e os bens comuns apenas 50% (de 100 ou 50%) em três guias em nome dos filhos.

– Jonas faleceu em 1999, faça o arrolamento e a partilha, atribuindo meação e o quinhão "legal" e o pagamento do ITCMD.

a)   Considerando que eram casados sob o regime da comunhão parcial.

Resposta: Arrolar 100% da casa A, 50% do apartamento X como bem particular. Como bem comum, 100% do apartamento Y, 100% da conta bancária e 100% do veículo. Quanto à casa B, aplicar direito de acrescer.

Partilhar: bens comuns: 50% meação e 16,666% para os três herdeiros e os bens particulares 33,333% para os três filhos.

Base de cálculo do ITCMD: 50% dos bens imóveis comuns em três guias em nome dos filhos e 100% bem imóvel particular (sendo excluídos, pois isento de ITCMD a conta e o veículo) em três guias em nome dos filhos.

b)   Considerando que eram casados sob o regime da comunhão universal.

Resposta: Todos os bens são arrolados na totalidade, sendo 50% a meação de Marta, em cada bem e 16,666% o quinhão de cada herdeiro filho. Quanto à casa B, aplicar direito de acrescer.

Base de cálculo do ITCMD: 50% dos imóveis, sendo excluídos, por isenção, a conta e o veículo.

c)   Considerando que eram casados sob o regime da separação convencional.

Resposta: Arrolar 100% da casa A, 50% do apartamento X, 50% do apartamento Y e 50% da conta bancária como bem particular. Quanto à casa B, aplicar direito de acrescer.

Partilhar: 33,3333% para os três filhos. Marta não é herdeira.

Base de cálculo do ITCMD: 100% do patrimônio imóvel arrolado, sendo excluídos, pois isento de ITCMD, a conta e o veículo, em três guias em nome dos filhos.

108 | INVENTÁRIO EXTRAJUDICIAL NA PRÁTICA

d) Considerando que eram casados sob o regime da separação obrigatória.

Resposta: Arrolar 100% da casa A, 50% do apartamento X e 50% da conta bancária, como bem particular. Como bem comum, 100% do apartamento Y (nesse caso, não há necessidade de aplicar a Súmula nº 377, pois eles já adquiriram em condomínio, apenas esclarecer). Quanto ao veículo, considerar bem comum, em razão da Súmula nº 377. Em relação à casa B, aplicar direito de acrescer.

Partilhar: patrimônio particular 33,333% para cada filho. Patrimônio comum 50% meação Marta e 16,6666% para cada filho.

Base de cálculo do ITCMD: 100% do bem particular, em três guias em nome dos filhos e 50% dos bens comuns (de 100 ou 50%) em três guias em nome dos filhos. A conta e o veículo são excluídos, pois isentos de ITCMD.

– Jonas faleceu em 2003 e Marta, em 2007, faça o arrolamento e partilha do apartamento X.

a) Considerando que eram casados sob o regime da comunhão parcial.

Resposta: Arrolamento de Jonas: Arrolar 50% do apartamento. Partilhar 12,5% para os três filhos e espólio de Marta. Base de cálculo do ITCMD: 50% do apartamento X em quatro guias.

Arrolamento de Marta: Arrolar 62,5% do apartamento. Partilhar: 20,8333% para os três filhos. Base de cálculo do ITCMD: 62,5% em três guias.

b) Considerando que eram casados sob o regime da comunhão universal.

Resposta: Arrolamento de Jonas. Arrolar 100% do apartamento como bem comum. Partilhar 16,666% herança para os três filhos e 50% meação para o espólio de Marta. Base de cálculo do ITCMD: 50% do apartamento X em três guias.

Arrolamento de Marta: Arrolar 50% do apartamento. Partilhar: 16,666% para os três filhos. Base de cálculo do ITCMD: 50% do apartamento em três guias

c) Considerando que eram casados sob o regime da separação convencional.

Resposta: Arrolamento de Jonas: Arrolar 50% do apartamento X. Partilhar 12,5% para os três filhos e espólio de Marta. Base de cálculo do ITCMD: 50% do apartamento X em quatro guias.

Arrolamento de Marta: Arrolar 62,5% do apartamento X. Partilhar: 20,8333% para os três filhos. Base de cálculo do ITCMD: 62,5% em três guias.

d) Considerando que eram casados sob o regime da separação obrigatória.

Resposta: Arrolamento de Jonas. Arrolar 50% do apartamento X como bem particular. Partilhar 16,666% herança para os três filhos. Base de cálculo do ITCMD 50% em três guias.

Arrolamento de Marta: Arrolar 50% do apartamento X como bem particular. Partilhar 16,666% herança para os três filhos. Base de cálculo do ITCMD 50% em três guias.

Cap. X – EXEMPLOS DE ARROLAMENTOS E PARTILHAS | 109

– Jonas faleceu em 2004, casado sob o regime da comunhão parcial. Integrava o patrimônio apenas a casa A e o apartamento Y. Os filhos desejam que Marta receba todo o patrimônio do casal. O que deve ser feito por eles, filhos? Elabore a minuta da(s) escritura(s) adequada(s).

Resposta: Quanto à casa A, bem particular, Marta e os três filhos teriam direito a 1/4 cada um. Quanto ao apartamento Y, Marta teria direito a 50%, a título de meação, e cada filho 16,666%, a título de herança. Para realizar a partilha, como solicitado, será necessário formalizar a cessão da totalidade dos direitos hereditários dos três filhos para Marta e adjudicar os imóveis para ela, sendo a casa 100% por herança e o apartamento 50% por meação e 50% por herança.

Base de cálculo do ITCMD *causa mortis*: casa A 100% em quatro guias e apartamento Y, 50%, em três guias filhos. Base de cálculo do ITCMD cessão: Total do valor cedido pelos filhos uma guia em nome de Marta e verificar se o valor cedido por cada um dos filhos é inferior a 2.500 Ufesp, declarar isenção.

– João faleceu em 1999 sem patrimônio. Jonas, casado sob o regime da comunhão parcial, faleceu em 2004. Integrava o patrimônio o apartamento X e o veículo. Faça a partilha.

Resposta: Arrolar 50% do apartamento X, bem particular e 100% do veículo, patrimônio comum. Partilhar o apartamento: 12,5% para Marta, 12,5% para Ana e 12,5% para Pedro, 4,188% para Mara, 4,188% para Sofia e 4,188% para Paula, por direito de representação de João.

– Jonas, casado sob o regime da comunhão parcial, faleceu em 2004. Integrava seu patrimônio o apartamento Y e o veículo. João se divorciou em 2009, por escritura pública, sem partilha de bens. Faça a partilha dos bens de Jonas.

Resposta: Arrolar 100% do apartamento Y e 100% do veículo, bem comum. Partilhar: 50% de cada bem, meação de Marta e a entregar aos herdeiros Ana, Pedro e João 16,666% de cada bem.

Quanto a João, trazer sua ex-esposa para a escritura e realizar a cessão de direitos de meação sobre o quinhão de João, na proporção de 8,444% de cada bem e, no quinhão de João, colocar 16,666% OU entregar a meação no quinhão para a ex-esposa: 8,44% cada bem e o quinhão de João: 8,444% cada bem.

Base de cálculo do ITCMD: 50% de cada bem, três guias em nome dos três filhos.

Se a ex-esposa de João fizer a cessão gratuita dos direitos de meação, será devido ITCMD sobre 8,44% dos dois bens, se não houver isenção (2.500 Ufesp) ou se ceder a título oneroso, será devido ITBI sobre 8,44% do apartamento.

– Marta, casada sob o regime da comunhão parcial, faleceu em 1985. Integrava o patrimônio: o apartamento X e o apartamento Y. Foi apresentada escritura de renúncia de herança de Ana, Pedro e João. Faça a partilha.

Resposta: Arrolar 50% do apartamento X e 100% do apartamento Y. Partilhar o apartamento X: 42,5% para Lucas, 42,5% para Sofia, 42,5% para Paula e 42,5% para

Mara. Quanto ao apartamento Y: 50% meação para Marta e 21,25% para cada um dos quatro netos.

Obs.: com a renúncia, o direito à herança é dos netos, 1ª classe, 2º grau.

– Marta, casada sob o regime da comunhão universal, faleceu em 2009. Integrava o patrimônio o apartamento Y, no valor de R$ 90 mil, e a conta bancária, no valor de R$ 10 mil. Jonas deseja receber somente os direitos de usufruto do imóvel e a conta bancária. É possível? O que fazer?

Resposta: Considerar o valor do patrimônio comum: R$ 100 mil, assim, a meação será R$ 50 mil e o usufruto 30 mil, além da conta bancária de R$ 40 mil. A diferença entre a meação *legal* e a real é de R$ 10 mil.

Dessa forma, formalizar a cessão gratuita de parte dos direitos de meação na escritura, no valor de R$ 10 mil.

Partilhar: a meação será composta por direito de usufruto no valor de R$ 30 mil e conta bancária R$ 10 mil. Quinhão dos três filhos, cada: 1/3 nua-propriedade do apartamento Y.

Base de cálculo do TCMD: 50% apartamento e 50% conta bancária em três guias em nome dos filhos. A cessão é isenta.

– Jonas e Marta assinaram um compromisso de venda e compra do apartamento Y, com Samuel em 1980, para pagamento em 10 anos. O preço foi integralmente quitado. Jonas faleceu em 2005, sem outorgar a escritura definitiva do imóvel. O que pode ser feito?

Resposta: Formalizar a escritura de arrolamento, reconhecendo a obrigação de fazer de outorgar escritura definitiva. Nomear o inventariante para representar o espólio e outorgar a escritura definitiva da venda do imóvel.

Não há imposto de transmissão *causa mortis,* apenas o ITBI.

– Jonas e Marta assinaram um compromisso de venda e compra, como compromissários compradores de uma casa. O preço foi integralmente quitado. O compromissário vendedor, solteiro, sem filhos, sem pais e tendo apenas um irmão, faleceu sem outorgar a escritura definitiva. O que pode ser feito?

Resposta: Formalizar a escritura de arrolamento, reconhecendo a obrigação de fazer de outorgar escritura definitiva. Nomear o irmão inventariante para representar o espólio e outorgar a escritura definitiva de venda para os compradores Jonas e Marta. Não há imposto de transmissão *causa mortis.*

Lavrar a escritura de venda e compra, com o espólio, representado pelo inventariante irmão, outorgando a escritura. Pagar ITBI.

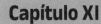

BUSCA DE MINUTAS

Este capítulo é dedicado aos meus colegas tabeliães de notas.

Um dos grandes desafios do tabelião de notas é utilizar minutas prontas, pois "cada caso é um caso" e, portanto, não há como ter uma única minuta para todos os arrolamentos, por exemplo.

Localizar escrituras de casos concretos "semelhantes" é outro desafio e uma maneira muito útil para a elaboração de novas minutas. É comum, em uma semana, por exemplo, lavrar uma espécie de escritura com determinadas características e, no mês seguinte, "aparecer um caso exatamente igual".

Como localizar livro e folha, em que lavrada a primeira escritura? Buscando no índice, pelo nome das partes? Como salvar as informações de casos semelhantes? Ou casos nos quais muitas considerações jurídicas foram feitas?

Quando a Lei nº 11.441/2007 foi promulgada, criamos um arquivo no Word denominado: "Ementas de escrituras diferentes". Nele, anotamos o número do livro, da página, a data e o que de peculiar havia na escritura. Quando desejamos localizar uma escritura de arrolamento conjunto, digitamos a palavra "conjunto" no "localizar" do programa.

A seguir, citamos exemplos de como cadastrar e localizar algumas das escrituras do Capítulo XII – Minutas de arrolamento. Esclarecemos que quando se lê: "LIVROS" e "PÁGINAS" e "DATA", mencionamos o número do livro, das páginas e a data, no qual a escritura foi lavrada.

LIVRO PÁGINAS PÁGINAS PÁGINAS DATA 3 escrituras: Venda e compra. Espólio do vendedor representado por inventariante nomeado por escritura de arrolamento com obrigação de fazer. Partilha dos direitos do compromissário comprador feita por escritura de inventário lavrada também no 17º Tabelião de Notas.

LIVRO PÁGINAS DATA 3 escrituras: nomeação de inventariante para ceder cessão de direitos hereditários da falecida para terceiro em ação judicial. Cessão onerosa de direitos hereditários feita pelo espólio com inventariante nomeado nessa escritura. Arrolamento do crédito da cessão onerosa do dinheiro.

LIVRO PÁGINAS DATA escritura de adjudicação para homologação judicial.

LIVRO PÁGINAS DATA escritura de nomeação de inventariante para quitar guias de ITCMD.

LIVRO PÁGINAS DATA escritura de arrolamento com testamento e partilha para dois amigos.

LIVRO PÁGINAS DATA escritura de arrolamento com testamento e partilha imóvel inteiro para uma das filhas, legítima da outra filha com outro imóvel, atribuem valores para equiparar legítima e observar o disponível. Autorização judicial. Disponível para uma das filhas com metade ideal de uma casa. Outra casa a título de legítima para a outra filha, aumentamos os valores, para "caber" na legítima e disponível a casa imóvel de maior valor para uma das filhas.

LIVRO PÁGINAS DATA arrolamento. Casados comunhão parcial bem particular do falecido. Óbito em junho 2002, partilha com o Código Civil de 1916, a viúva não herda.

LIVRO PÁGINAS DATA arrolamento irmãos bilateral e unilateral e sobrinhos por direito de representação.

LIVRO PÁGINAS DATA arrolamento viúva e ascendentes pais cessão para que o imóvel fique na totalidade para a viúva nora união estável decisão do STF art. 1.790 inconstitucionalidade.

LIVRO PÁGINAS DATA arrolamento conjunto mãe e filho único imóvel. Um dos herdeiros casados sob o regime da comunhão universal na data do óbito e divorciado na escritura. Faz partilha do divórcio, entrega meação para ex-cônjuge.

Capítulo XII

MINUTAS DE ARROLAMENTO

As minutas deste capítulo são de escrituras lavradas no 17º Tabelião de Notas de São Paulo/SP. Os nomes do viúvo, companheiro, herdeiros, cônjuges e advogado foram alterados, a redação dos bens do patrimônio foi mantida, com exclusão de suas informações. Os valores, atribuído ao patrimônio, foram mantidos a fim de demonstrar o plano de partilha.

Primeiro, comentamos o "caso concreto", em seguida, o raciocínio utilizado e a fundamentação jurídica para a partilha do patrimônio e, por fim, a escritura como lavrada.

Destacamos o que deve ser observado e declarado em alguns itens das escrituras a seguir transcritas:

No item "outorgantes", qualificamos e identificamos as partes e declaramos seu estado civil atual. No item "qualificação", deverá constar: nome, nacionalidade, profissão, estado civil, portador da cédula de identidade RG nº __ SSP/__ e inscrito no CPF sob nº _____, residente e domiciliado em __/__.

No item "autor da herança", qualificamos a pessoa falecida e declaramos quem são seus herdeiros legítimos, por isso declaramos seu estado civil, se tem filhos ou netos, se os pais e avós são vivos, irmãos, sobrinhos etc. Declaramos o óbito dos herdeiros da classe anterior, a fim de comprovar qual a "classe" daqueles que herdam. Ex.: o herdeiro é o cônjuge, declaramos que não teve filhos e mencionamos as certidões de óbito dos ascendentes.

No item "do testamento", quando realizada a sucessão testamentária, fazemos um resumo das disposições testamentárias e da autorização judicial para a lavratura da escritura.

INVENTÁRIO EXTRAJUDICIAL NA PRÁTICA

No item "monte mor", descrevemos o patrimônio do falecido, com suas características e valores. Quanto aos valores, é necessário declarar:

- o valor que atribuem para fins de partilha – que será declarado no imposto de renda do falecido, dos herdeiros e na DOI;
- o valor "fiscal", base de cálculo do imposto de transmissão;
- o valor "atual" dos bens, para fins de cobrança dos emolumentos.

Ex.: com **valor atribuído para fins de partilha de R$ 60 mil**, valor venal de referência (outubro/2023 – mês do óbito) de R$ 65 mil e valor de referência atual de R$ 68 mil.

Nos itens "da partilha", "meação" e "quinhão", utilizam-se somente os valores atribuídos para fins de partilha (IR), descrevendo resumidamente o bem que compõe a meação e o quinhão.

No item "imposto de transmissão", declara-se o valor do imposto quitado, a data da quitação, o número da declaração ou certidão de recolhimento e as isenções.

Se houver mandado de segurança, afastando o valor venal de referência e autorizando utilizar o valor venal do IPTU, ou afastando o valor atribuído pelo IEA para imóveis rurais e autorizando a utilizar o valor do ITR, é necessário declarar esse fato, no item "ITCMD", antes da minuta.

No item "declaração referente ao autor da herança", é necessário declarar que são os únicos herdeiros, se há ou não bens para ser apresentados à colação, se há ou não outros bens para serem sobrepartilhados; que não há débitos condominiais, quando o caso, e que o autor da herança não vivia em união estável, quando for o caso; entre outras declarações de praxe.

Quando há "processo judicial" de inventário, esse fato também é declarado e o pedido de suspensão ou extinção da ação. O advogado deve apresentar ao tabelião a petição desse pedido.

Quando há contas bancárias, aplicações financeiras, transferência de veículo, é possível na "nomeação de inventariante" autorizar apenas um dos herdeiros a levantar todo o valor e partilhar.

Quando uma, algumas ou todas as partes assinam eletronicamente, esse fato deve ser declarado pelo escrevente que lavra a escritura. A seguir, o texto que costumamos inserir no final das escrituras.

DECLARAÇÕES DIVERSAS

– Base de cálculo do ITCMD:

IMPOSTO DE TRANSMISSÃO

O imposto de transmissão da herança foi recolhido nesta data, sendo 02 guias no valor de R$_____, cada uma, e 01 guia no valor de R$_____, calculado à alíquota de 4%, com os acréscimos legais, sobre o valor fiscal de cada quinhão (com **exceção** dos bens móveis mencionados nos itens **"B.2" e "B.3"** do tópico "DO MONTE-MOR" e já incluído o valor do imóvel em fase de regularização, que será objeto de futura sobrepartilha), apurado após o preenchimento e a impressão da Declaração de ITCMD nº _____. Quanto aos **bens mencionados nos itens "B.2" e "B.3"** do tópico "DO MONTE-MOR", deixa de ser recolhido o imposto por isenção prevista na legislação estadual vigente (art. 6º, I, alínea **"d"**, Lei 10.705/2000, alterado pela Lei 10.992/2001, aprovado pelo Decreto Estadual 46.655/2002), constante na mesma Declaração de ITCMD, com valores verídicos e que foram conferidos pelas partes, documentos que ficam aqui arquivados. **A advogada esclarece que obteve junto à 3ª Vara de Fazenda Pública desta Comarca, no processo nº 2023.8.26 – Mandado de Segurança Cível, liminar determinando que o imposto ITCMD seja calculado e recolhido sobre os valores venais dos imóveis lançados para fins de IPTU, cuja decisão/mandado/ofício de notificação fica aqui arquivado.**

– Suspensão ou extinção do inventário judicial:

DECLARAÇÕES DA ADVOGADA E DOS OUTORGANTES

A advogada e os outorgantes declaram que foram pleiteadas a suspensão e a desistência do processo judicial de inventário dos bens deixados **Nome** nos autos do processo nº ___ da __ª Vara da Família e Sucessões ___, conforme pedido homologado por sentença transitada em julgado em __/__/__, julgando extinto o referido processo, com fundamento no art. 485, VIII, do CPC, cuja cópia fica arquivada nestas notas.

– Quando há contas bancárias para uma pessoa levantar todo o valor depositado:

DA NOMEAÇÃO DE INVENTARIANTE

Os outorgantes nomeiam inventariante do espólio, a _____ viúva _____, conferindo-lhe todos os poderes que se fizerem necessários para representar o espólio em juízo ou fora dele, especialmente: **a)** perante o **Detran/SP, autoridades de trânsito competentes** e onde mais preciso for, podendo assinar, requerer e apresentar documentos necessários, promover a transferência do veículo noticiado no tópico "DO MONTE-MOR", inclusive transferir para terceiros, retirar veículo e documentos apreendidos e demais atos necessários; **b)** perante o **Banco Nome**, para junto ao mesmo promover o levantamento dos valores depositados nas referidas contas/investimentos mencionados no tópico "DO MONTE-MOR", podendo assinar, requerer e apresentar documentos necessários, promover transferências, podendo, inclusive, encerrar referidas contas/investimentos e outras contas com saldos zerados, receber valores referentes à previdência e renegociar e quitar dívidas, se houver, receber e dar quitação e demais atos necessários. A nomeada declara que aceita este encargo, prestando compromisso de cumprir com eficácia seu mister, comprometendo-se desde já a prestar contas aos demais, quando por eles solicitado, bem como a **partilhar os valores recebidos nas proporções estabelecida nesta escritura**.

DECLARAÇÃO DO ESCREVENTE QUANDO UMA, ALGUMAS OU TODAS AS PARTES ASSINAM ELETRONICAMENTE:

Obs.: Costumamos inserir esse texto antes do item emolumentos e encerramento. No traslado, acrescentamos o número do MNE (anotado pelo escrevente na folha do livro, ao encerrar a Escritura: Eu, NOME, escrevente a lavrei e declaro que o MNE é ___).

DOS REQUISITOS DA ESCRITURA ELETRÔNICA

Eu, Escrevente do 17º Tabelião de Notas de São Paulo, certifico que identifiquei os outorgantes NOME e NOME, e os advogados por eles constituídos, que assinam a presente escritura digitalmente, que realizei e gravei a conferência eletrônica, com eles que também leram este ato notarial. Certifico que declararam que compreenderam inteiramente o seu teor, o qual representa suas vontades; têm ciência dos seus efeitos e consequências; aceitaram conforme redigido e lavrado e o outorgam, sem reservas e sem incorrer em erro, dolo, coação, fraude, má-fé ou outro vício do consentimento. Certifico, por fim, que as partes supraidentificadas assinaram a presente escritura eletrônica, gerada em formato PDF, mediante certificado digital, aposto no documento eletrônico, que contém os exatos termos desta, impressa no Livro de Notas ____, páginas ___/___, escritura assinada fisicamente pelos demais outorgantes. **Os traslados e as certidões poderão ter sua validade consultada no site: www.docautentico.com.br/valida.**

1. ARROLAMENTO PARTILHA DA LEI

Caso prático:

Fábio era casado com Kelly, sob o regime da comunhão universal de bens em 27.02.1964, e teve dois filhos: Caio e Kevin. Falece em 14.01.2017 e deixa dois imóveis adquiridos por compra em 30.10.1996 e em 03.09.2003 e um saldo em conta bancária. Irão alienar os imóveis e, por essa razão, farão a partilha em condomínio.

Solução: o patrimônio adquirido onerosamente durante o casamento sob o regime da comunhão universal de bens é considerado patrimônio comum e, portanto, a viúva tem direito à meação.

A partilha da herança será entre os filhos, conforme o disposto no art. 1.829, I, do CC/2002.

ESCRITURA DE ARROLAMENTO E PARTILHA

Aos **09 (NOVE)** dias do mês de **NOVEMBRO** de **2017 (DOIS MIL E DEZESSETE)**, no 17º Tabelião de Notas de São Paulo/SP, perante mim, escrevente, apresentaram-se as partes entre si justas e contratadas, a saber:

OUTORGANTES

Como outorgantes **a viúva meeira**, **KELLY**, espanhola, nascida em 13.11.1943, com ___ anos de idade, profissão, portadora da Carteira Nacional de Habilitação (CNH) – Detran/SP, registro nº _____, na qual constam o RNE _____ e o CPF/MF nº _____, domiciliada ____, onde reside na Rua _____, nº 248, apartamento __, ___, CEP _____; e **os herdeiros**: **CAIO**, brasileiro, nascido em 30.03.1967, com ___ anos de idade, profissão, portador da cédula de identidade RG nº _____, inscrito no CPF/MF sob nº _____, casado pelo regime da comunhão parcial de bens em 15.07.2000 (CC – matrícula nº ********, _____) com ANA, brasileira, nascida em _/_/_, com ___ anos de idade, profissão, portadora da cédula de identidade RG nº _____, inscrita no CPF/MF sob nº _____, domiciliados _____, onde residem na Rua _____, nº 251, apartamento __, _____, CEP _____; e **KEVIN**, brasileiro, nascido em 10.10.1970, com ___ anos de idade, profissão, portador da cédula de identidade RG nº _____, inscrito no CPF/MF sob nº _____, casado pelo regime da separação total de bens em 04.10.2013 (CC – matrícula nº *******, _____, conforme escritura de pacto antenupcial lavrada pelo __º Tabelião de Notas de São Paulo/SP, em _/_/_, no livro ___, folha ___, registrada sob nº ___, pelo __º Oficial de Registro de Imóveis de _____) com LEILA, brasileira, nascida em _/_/_, com ___ anos de idade, profissão, portadora da cédula de identidade RG nº _____, inscrita no CPF/MF sob nº _____, domiciliados em _____, onde residem na _____, nº 834, _____, CEP _____.

ADVOGADO

Acompanhando os outorgantes, comparece a este ato, o advogado inscrito na OAB/SP sob nº _____, **Dr. HUGO**, brasileiro, casado, em cuja carteira constam o RG _____ e o CPF/MF sob nº _____, residente e domiciliado _____, com escritório na Rua _____, nº __, conjunto __, _____, CEP ____. Os presentes, maiores e capazes, reconhecidos como os próprios de que trato, pelos documentos referidos e apresentados, do que dou fé.

DO AUTOR DA HERANÇA

Pelos outorgantes, foi dito, em idioma nacional, que comparecem perante mim, escrevente, acompanhados de seu advogado constituído, para realizar o arrolamento e a partilha dos bens deixados por falecimento de **FABIO** e declaram o seguinte: FABIO nasceu em _____, no dia 07.06.1940, filho de Hugo e Amélia, ambos falecidos; era brasileiro, profissão, portador da cédula de identidade RG nº _____, inscrito no CPF/MF sob nº _____, era casado com **KELLY**, sua viúva meeira, ora outorgante, sob o regime da comunhão universal de bens em 27.02.1964 (CC – matrícula n° *************, _____). **Teve dois filhos, seus herdeiros legítimos: CAIO e KEVIN**. O autor da herança residia _____, na Rua _____, nº 248, apartamento ____, ____, CEP _____, **e faleceu no dia 14.01.2017,** conforme certidão de óbito matrícula n° ************* emitida em _/_/_, pelo Oficial do Registro Civil das Pessoas Naturais do __° subdistrito – _____. O autor da herança não deixou testamento, tendo sido apresentada a informação negativa de existência de testamento expedida pela Central Notarial de Serviços Eletrônicos Compartilhados em _/_/_.

DO MONTE-MOR

O autor da herança possuía, na ocasião de seu falecimento, os seguintes bens: **BENS IMÓVEIS: 1) apartamento nº __, localizado no __° andar do Edifício _____, situado na Rua _____, nº 248,** no ___° subdistrito – _____, do distrito, município, comarca e __° Oficial de Registro de Imóveis de ____, CEP _____, com a área total de 230,876m², descrito e caracterizado na matrícula **nº _____** do referido oficial registrador. O imóvel foi adquirido pelo autor da herança, a título de compra nos termos da escritura lavrada em 30.10.1996, à folha __, do livro __, nestas Notas, conforme o registro nº __ da referida matrícula. Cadastrado na Prefeitura Municipal sob nº _____, com o valor venal de referência fornecido pela prefeitura para o presente exercício e atribuído para fins de partilha e fiscais de **R$ 80.494,00; 2) uma residência que recebeu o nº ____ da Rua _____, e seu lote nº 28 da quadra denominada ____, do loteamento denominado ___, gleba ___,** no distrito, município, comarca e Oficial de Registro de Imóveis de _____, CEP _____, tendo o terreno a área de 593,04m², descrito e caracterizado na matrícula **nº _____** do referido oficial registrador. O imóvel foi adquirido pelo autor da herança, a título de compra nos termos da escritura lavrada em 03.09.2003, às folhas ____, do livro ____, pelo Cartório do Oficial de Registro de Imóveis, Títulos e Documentos e Civil de Pessoa Jurídica da Comarca de Guarujá/SP, conforme o registro nº __ da referida matrícula. Cadastrado na Prefeitura Municipal sob nº _____, com o valor venal fornecido pela prefeitura para o presente exercício e atribuído para fins de partilha e fiscais de **R$ 120 mil; BEM MÓVEL: 3) saldo total de investimentos vinculados à conta nº _____, _____,** com valor para fins fiscais e de partilha de **R$ 50.732,28,** acrescido de juros e correções até a data do pagamento, sendo que desse valor, R$ 50 mil correspondem aos fundos de investimento – Posição _____ CREDIT _____; e R$ 732,28, corresponde ao saldo em conta-corrente. O autor da herança não deixa dívidas ativas ou passivas. O total líquido dos bens e haveres do espólio monta em **R$ 251.226,28** (duzentos e cinquenta e um mil, duzentos e vinte e seis reais e vinte e oito centavos), correspondendo à herança a R$ 125.613,14.

DA PARTILHA DO BEM DO AUTOR DA HERANÇA

Os outorgantes, de livre e espontânea vontade, sem induzimento, dolo ou sugestão, por meio desta escritura e na melhor forma de direito, partilham entre si a herança, da seguinte forma:

DA MEAÇÃO DA VIÚVA

A meação da viúva, **KELLY,** no valor total de **R$ 125.613,14**, é composta de: **1) 1/2 (metade) ideal do apartamento nº ___, localizado no __º andar do Edifício ____, situado na Rua ____, nº 248,** no __º subdistrito – _____, do distrito, município, comarca e __º Oficial de Registro de Imóveis de São Paulo, objeto da matrícula **nº** _____ do referido oficial registrador, com valor de **R$ 40.247,00; 2) 1/2 (metade) ideal de uma residência que recebeu o nº ___ da Rua _____, e seu lote nº 28 da quadra denominada _____, do loteamento denominado _____, gleba ___,** no distrito, município, comarca e Oficial de Registro de Imóveis de _____, objeto da matrícula **nº** ____ do referido oficial registrador, com valor de **R$ 60 mil; 3) 1/2 (metade) do saldo total de investimentos vinculados à conta nº _____, _____,** com valor para fins de partilha de **R$ 25.366,14.**

DO QUINHÃO DOS HERDEIROS

O quinhão dos herdeiros, **CAIO e KEVIN,** no valor total de **R$ 62.806,57**, para cada um, é composto de: **1) fração ideal de 1/4 (um quarto) do apartamento nº ____, localizado no __º andar do Edifício _____, situado na Rua _____, nº 248,** no __º subdistrito – Jardim Paulista, do distrito, município, comarca e __º Oficial de Registro de Imóveis de São Paulo, objeto da matrícula **nº** ____ do referido oficial registrador, com valor de **R$ 20.123,50; 2) fração ideal de 1/4 (um quarto) de uma residência que recebeu o nº __ da Rua _____, e seu lote nº 28 da quadra denominada _____, do loteamento denominado _____, gleba ___,** no distrito, município, comarca e Oficial de Registro de Imóveis de _____, objeto da matrícula **nº** _____ do referido oficial registrador, com valor de **R$ 30 mil; 3) fração de 1/4 (um quarto) do saldo total de investimentos vinculados à conta nº _____, _____,** com valor para fins de partilha de **R$ 12.683,07.**

IMPOSTO DE TRANSMISSÃO

O imposto de transmissão da herança foi recolhido em _/_/_ nos valores de R$ 2.512,26 (duas guias), calculado à alíquota de 4%, sobre o valor fiscal dos quinhões ora atribuídos, apurado após o preenchimento e a impressão das Declarações de ITCMD nº *******, com valores verídicos e que foram conferidos pelas partes, documentos que ficam aqui arquivados.

CERTIDÕES

Os outorgantes apresentam os seguintes documentos que ficam aqui arquivados: **a)** certidões do seu estado civil e documentos de identificação pessoal; **b)** certidão negativa de débitos relativos aos tributos federais e à dívida ativa da união, sob o código de controle: _____, válida até _/_/_ e o relatório de consulta de indisponibilidade, resultado negativo, código HASH _____, extraído nestas notas e data, ambos em nome do autor da herança. Dispensam a exibição das certidões de feitos ajuizados, bem como a exigência de arquivamento, nestas notas, de quaisquer outros documentos exigidos pela Lei Federal nº 7.433/1985, regulamentada pelo Decreto nº 93.240/1986, a não ser os seguintes: certidões de inteiro teor das matrículas dos imóveis, expedidas em _/_/_, pelo __º Oficial de

Registro de Imóveis de São Paulo/SP e em _/_/_ pelo Oficial de Registro de Imóveis de _____; e das certidões negativas de débitos de tributos e contribuições municipais, emitidas via internet nestas notas em _/_/_ pela Prefeitura de _____ e _____.

DECLARAÇÕES DOS OUTORGANTES REFERENTES AO AUTOR DA HERANÇA

Declaram os outorgantes, sob as penas da lei, que: **a)** são os únicos herdeiros, não havendo outros herdeiros legítimos que deveriam comparecer neste ato; **b)** têm conhecimento da existência de outros bens para serem partilhados e estão providenciando a documentação respectiva para a realização da sobrepartilha em momento oportuno; **c)** não receberam, durante a vida do autor da herança, bens para serem apresentados à colação; **d)** não há dívidas ativas ou passivas em nome do autor da herança; **e)** o autor da herança não estava vinculado à Previdência Social, como empregador nem devedor, deixando, portanto, de ser apresentada a certidão do Instituto Nacional do Seguro Social (INSS); **f)** o autor da herança era senhor, único e legítimo possuidor, livres e desembaraçados de quaisquer ônus reais, judiciais ou extrajudiciais, tributos atrasados, dúvidas, dívidas, ações judiciais em trâmite, fundadas em direito real ou pessoal, e quaisquer outros encargos dos bens mencionados no item "Monte Mor"; **g)** não há contra o autor da herança nenhum feito ajuizado com referência aos imóveis; **h)** até a data do falecimento, não existiam débitos condominiais referentes aos imóveis.

DECLARAÇÃO DO ADVOGADO E DOS OUTORGANTES

O advogado constituído declara que assessorou, aconselhou e acompanhou seus constituintes, tendo conferido a partilha, os valores, o imposto de transmissão, os quais estão de acordo com a lei. Os outorgantes declaram que: a) concordam com os valores atribuídos aos bens e com os valores recolhidos a título de imposto de transmissão; b) o autor da herança não deixou testamentos públicos, nem cerrados e/ou particulares; c) afirmam que os fatos aqui narrados e as declarações feitas são verdadeiras; d) concordam com a presente partilha, aceitando-a, e, por meio desta escritura e seu posterior registro, recebem sua meação e seus quinhões dos bens da herança, ficando ressalvados eventuais erros, frações decimais de centavos nos quinhões, omissões e/ou direitos de terceiros.

DA NOMEAÇÃO DE INVENTARIANTE

Os outorgantes nomeiam inventariante do espólio o herdeiro **CAIO**, tendo todos os poderes que se fizerem necessários para representar o espólio em juízo ou fora dele, **e onde mais necessário for, especialmente perante o** _____, podendo promover o levantamento e saque dos valores depositados na conta citada, atualizada com juros e correções monetárias até a data do levantamento, mencionada no item "DO MONTE MOR", bem como gerir e administrar todos os bens que serão sobrepartilhados, negócios e interesses do autor da herança. Declara que aceita este encargo, prestando compromisso de cumprir com eficácia seu mister, comprometendo-se desde já a prestar contas aos demais, quando por eles solicitadas, bem como a partilhar os valores recebidos nas proporções estabelecidas nesta escritura.

REQUERIMENTOS

Os outorgantes autorizam os órgãos e pessoas jurídicas, públicos e/ou particulares, inclusive os Oficiais de Registro de Imóveis competentes e o _____, a

Cap. XII – MINUTAS DE ARROLAMENTO | 121

praticar todos os atos necessários ou convenientes para a transferência dos bens ora partilhados para seus nomes e o registro desta escritura.

DOI/SEFAZ

Emitida declaração sobre operação imobiliária, conforme Instrução Normativa da Secretaria da Receita Federal e prestadas as informações referentes ao ITCMD para a Secretaria da Fazenda do Estado de São Paulo.

EMOLUMENTOS – ENCERRAMENTO

Pediram a mim, que lavrasse a presente escritura, que feita e lhes sendo lida, em voz alta, aceitaram-na por achá-la conforme, outorgam e assinam.

2. ADJUDICAÇÃO: BENS PARTICULARES E BENS COMUNS PARA CÔNJUGE

Caso prático:

JOÃO era casado com **MARIA**, sob o regime da comunhão parcial de bens em 19.09.1980. Não teve filhos e seus pais eram falecidos.

Falece em 22.12.2016 e deixa um imóvel adquirido por compra em 12.02.1978 e outro adquirido por compra em 29.04.1999, além de bens móveis. Qual escritura será lavrada?

Solução: o patrimônio adquirido onerosamente durante o casamento sob o regime da comunhão parcial de bens é considerado patrimônio comum, assim, a viúva tem direito à meação; o patrimônio adquirido no estado civil de solteiro é considerado patrimônio particular e herança.

A única herdeira é a mulher, de acordo com o art. 1.829, III, do CC/2002, pois João não teve descendentes, e seus ascendentes são falecidos – observar se os pais e os avós são falecidos! Todo o patrimônio será adjudicado à sua mulher, entretanto, quanto aos bens comuns, metade atribuída a título de meação e a outra metade, a título de herança. O ITCMD incidirá sobre o valor da herança.

ESCRITURA DE ARROLAMENTO E ADJUDICAÇÃO

Aos __ (_____) dias do mês de **novembro** de **2017 (dois mil e dezessete)** no 17° Tabelião de Notas de São Paulo/SP, perante mim, escrevente, apresentaram-se as partes entre si justas e contratadas, a saber:

OUTORGANTE

Como outorgante, **a viúva meeira/herdeira: MARIA**, brasileira, nascida em _/_/_, com __ anos de idade, profissão, viúva, portadora da cédula de identidade RG n° _____, inscrita no CPF/MF sob n° _____, domiciliada _____, onde reside na Rua _____, n° 146, apartamento __, _____, CEP _____.

ADVOGADO

Acompanhando a outorgante, comparece a este ato, o advogado inscrito na OAB/SP sob n° _____ Dr. **MARCOS,** brasileiro, estado civil, portador do RG n° _____

e do CPF/MF nº _____, com endereço profissional _____, na _____, nº _____, CEP _____. Os presentes, maiores e capazes, reconhecidos como os próprios de que trato, pelos documentos referidos e apresentados, do que dou fé.

DO AUTOR DA HERANÇA

Pela outorgante, foi dito em idioma nacional, que comparece perante mim, escrevente, acompanhada de seu advogado constituído, para realizar o arrolamento e a adjudicação dos bens deixados por falecimento de **JOÃO,** e declara o seguinte: JOÃO nasceu nesta Capital/SP, no dia _/_/_, filho de Luiz, falecido aos _/_/_ (certidão de óbito matrícula nº ***********, do Oficial de Registro Civil das Pessoas Naturais do __º Subdistrito – _____) e de Vera, falecida aos _/_/_, (certidão de óbito matrícula nº **********, do Oficial de Registro Civil das Pessoas Naturais e de Interdições e Tutelas do __º Subdistrito do Município de _____); era brasileiro, profissão, portador da cédula de identidade RG nº _____, inscrito no CPF/MF sob nº _____, era casado com **MARIA**, sob o regime da comunhão parcial de bens em 19.09.1980 (certidão de casamento matrícula nº **********, do Oficial de Registro Civil das Pessoas Naturais do __º Subdistrito – _____). **Não teve filhos e seus pais já eram falecidos, sendo sua mulher sua única herdeira legítima: MARIA.** O autor da herança residia _____, na Rua ____, nº 146, apartamento __, _____, CEP _____; **faleceu no dia 22.12.2016 em _____,** conforme certidão de óbito matrícula nº *********, emitida em _/_/_, pelo Oficial de Registro Civil das Pessoas Naturais do __4º Subdistrito – _____. O autor da herança não deixou testamento, tendo sido apresentada a informação negativa de existência de testamento expedida pelo Colégio Notarial do Brasil – seção de São Paulo, em _/_/_.

DO MONTE-MOR PARTICULAR

O autor da herança possuía, na ocasião de seu falecimento, o seguinte **BEM IMÓVEL** que compõe o acervo de seus bens particulares: **1) 1/2 (metade ideal) do apartamento nº __, localizado no ___º andar do CONDOMÍNIO _____, situado à rua _____ nº _____,** no __º Subdistrito _____, distrito, município, comarca e __º Oficial de Registro de Imóveis de _____, CEP _____, perfazendo a área de 93,020m², perfeitamente descrito e caracterizado na matrícula nº _____ do referido Oficial Registrador. Dita fração ideal do imóvel foi adquirido pelo autor da herança, no estado civil de solteiro, a título de compra, nos termos do instrumento particular de 12.02.1978, na forma das Leis nº 4.380/1964 e nº 5.049/1966, conforme o registro nº ____ da referida matrícula. Encontra-se lançado pela Prefeitura do Município de São Paulo, sob nº _____, com o valor atribuído para a presente partilha e venal de referência proporcional fornecido por aquela prefeitura (____/____) de **R$ 60.393,50**, e com o valor venal de referência proporcional atual de R$ 116.903,50. O autor da herança não deixa dívidas ativas ou passivas. Os totais líquidos dos bens e haveres do espólio e da herança nos bens particulares montam em **R$ 60.393,50** (sessenta mil, trezentos e noventa e três reais e cinquenta centavos).

DA ADJUDICAÇÃO DOS BENS PARTICULARES

Pela presente escritura e na melhor forma de direito, e conforme o disposto no art. 1.829, III, do Código Civil, **os bens com os valores mencionados no item "Monte Mor Particular", são ADJUDICADOS** integralmente para a herdeira **MARIA**, a título de herança.

DO MONTE-MOR COMUM

O autor da herança possuía, na ocasião de seu falecimento, os seguintes bens que compõem o acervo de seus bens comuns: **A) BEM IMÓVEL: 1) 1/2 (metade ideal) de UM LOTE DE TERRENO, sob o nº** _____, no município, comarca e Oficial de Registro de Imóveis de _____, CEP _____, encerrando uma área total de 360,00 m², mais bem descrito e caracterizado na matrícula **nº** _____ do referido registro imobiliário. Dita fração ideal do imóvel foi adquirida pelo autor da herança a título de compra nos termos da escritura lavrada em 29.04.1999, à folha __, do livro __, do __º Tabelião de Notas de _____, conforme o registro nº __ da referida matrícula. Encontra-se lançado pela Prefeitura do Município de _____, com o valor venal proporcional para o exercício de 2013 e atribuído para fins fiscais e de partilha de **R$ 44.596,83** e com o valor venal proporcional atual de R$ 59.858,90; **B) BENS MÓVEIS: 2) saldo na conta nº** _____, agência _____, _____, com valor de **R$ 1.279,72**, atribuído para fins fiscais e de partilha, acrescido de juros e correções até a data do pagamento; **3) saldo na conta nº** _____, agência _____, _____, com valor de **R$ 25.624,99**, atribuído para fins fiscais e de partilha, acrescido de juros e correções até a data do pagamento; **4) saldo de investimento denominado BB Renda Fixa 500, vinculado à conta nº** _____, agência _____, _____, com valor de **R$ 55.417,17**, atribuído para fins fiscais e de partilha, acrescido de juros e correções até a data do pagamento; **5) carro,** ano de fabricação e modelo _____, cor ___, placa _____, conforme certificado de registro de veículo onde consta o código Renavam _____, _____, com valor de **R$ 17.567,00**, atribuído para fins de partilha e fiscais de acordo com a tabela Fipe; **6) veículo,** ano de fabricação _____ e ano de modelo _____, cor _____, placa _____, conforme certificado de registro de veículo onde consta o código Renavam _____, _____, com valor de **R$ 23.673,00**, atribuído para fins de partilha e fiscais de acordo com a tabela Fipe. O autor da herança não deixa dívidas ativas ou passivas. O total líquido dos bens e haveres do espólio nos bens comuns monta em **R$ 168.158,71 (cento e sessenta e oito mil, cento e cinquenta e oito reais e setenta e um centavos)** correspondendo à herança R$ 84.079,35.

DA ADJUDICAÇÃO DOS BENS COMUNS

Pela presente escritura e na melhor forma de direito, e conforme o disposto no art. 1.829, III, do Código Civil, **os bens com os valores mencionados no item "Monte Mor Comum" são ADJUDICADOS** integralmente para a viúva/herdeira **MARIA**, sendo 1/2 a título de meação e 1/2 a título de herança.

IMPOSTO DE TRANSMISSÃO

O imposto de transmissão da herança foi recolhido pela parte em __/__/__, no valor de R$_____ (uma guia), calculado à alíquota de 4%, acrescido de juros e correções, sobre o valor fiscal da herança, apurado após o preenchimento e a impressão da Declaração de ITCMD nº _____, com valores verídicos e que foram conferidos pelas partes, documentos que ficam aqui arquivados.

CERTIDÕES

A outorgante apresenta os seguintes documentos que ficam aqui arquivados: **a)** certidão do seu estado civil e documentos de identificação pessoal; **b)** certidão negativa de débitos relativos aos tributos federais e à dívida ativa da união, sob o código de controle: _____, válida até __/__/__ e o relatório de consulta de indisponibilidade, resultado negativo, código HASH _____, extraído nestas notas e data, ambos em nome do autor da herança; e **c)** dispensa a exibição das certidões de feitos ajuizados, bem como a exigência de arquivamento, nestas notas, de quaisquer outros documentos exigidos pela Lei Federal nº 7.433/1985, regulamentada pelo Decreto nº 93.240/1986, a não ser os seguintes: certidões de inteiro teor das matrículas dos imóveis, expedidas em __/__/__ pelos oficiais competentes; certidão conjunta de débitos de tributos imobiliários – situação regular, emitida via Internet nestas notas em __/__/__ pela Prefeitura de ____ e certidão negativa de débitos de tributos imobiliários emitida pela Prefeitura Municipal de ____ em __/__/__.

DECLARAÇÕES DA OUTORGANTE REFERENTES AO AUTOR DA HERANÇA

Declara a outorgante, sob as penas da lei, que: **a)** é a única herdeira, não havendo outros herdeiros legítimos que deveriam comparecer neste ato, pois o autor da herança não tinha filhos e netos e seus pais e avós já eram falecidos; **b)** não tem conhecimento da existência de outros bens para serem adjudicados; **c)** não há dívidas ativas ou passivas em nome do autor da herança; **d)** o autor da herança não estava vinculado à Previdência Social, como empregador, nem devedor, deixando, portanto, de ser apresentada a certidão do Instituto Nacional do Seguro Social (INSS); **e)** o autor da herança era senhor, único e legítimo possuidor, livres e desembaraçados de quaisquer ônus reais, judiciais ou extrajudiciais, tributos atrasados, dúvidas, dívidas, ações judiciais em trâmite, fundadas em direito real ou pessoal, e quaisquer outros encargos dos bens mencionados no item "Monte Mor"; **f)** não há contra o autor da herança nenhum feito ajuizado com referência aos imóveis; **g)** até a data do falecimento, não existiam débitos decorrentes de taxas relativos aos imóveis objetos desta, inclusive débitos condominiais.

DECLARAÇÃO DO ADVOGADO

O advogado constituído declara que assessorou, aconselhou e acompanhou sua constituinte, tendo conferido a adjudicação, os valores e o imposto de transmissão, os quais estão de acordo com a lei.

DECLARAÇÕES DA OUTORGANTE

A outorgante declara que: **a)** concorda com os valores atribuídos aos bens e com o imposto de transmissão; **b)** os fatos aqui narrados e as declarações feitas são verdadeiras; **c)** concorda com a presente adjudicação, aceitando-a, e por meio desta escritura e seu posterior registro, recebe os bens da herança, na forma supramencionada, ficando ressalvados eventuais erros, omissões e/ou direitos de terceiros; **d)** o autor da herança não deixou testamentos públicos válidos, nem cerrados e/ou particulares; e **e)** tem ciência das obrigações e restrições nº ____ da Prefeitura ____, constante no registro nº___ da matrícula nº ___ do Oficial de Registro de Imóveis de _____.

DA NOMEAÇÃO DE INVENTARIANTE

A outorgante, **por ser a única herdeir,a é também inventariante do espólio**, tendo todos os poderes que se fizerem necessários para representar o espólio em juízo ou fora dele, especialmente perante o **Detran/SP** e onde mais necessário for, na transferência dos automóveis noticiados, bem como perante **o Banco ____ e o Banco _____**, e onde mais necessário for, para promover o levantamento e

Cap. XII – MINUTAS DE ARROLAMENTO | 125

saque dos valores depositados nas contas mencionadas no item "Do monte mor", atualizadas com juros e correções monetárias até a data do levantamento e encerramento das referidas contas.

REQUERIMENTOS

A outorgante autoriza os órgãos e pessoas jurídicas, públicos e/ou particulares, inclusive os Oficiais de Registro de Imóveis competentes, especialmente o Detran/SP e o Banco _____ a praticarem todos os atos necessários ou convenientes para a transferência dos bens ora adjudicados para seu nome e o registro desta escritura.

DOI/SEFAZ

Emitida declaração sobre operação imobiliária, conforme Instrução Normativa da Secretaria da Receita Federal e prestadas as informações referentes ao ITCMD para a Secretaria da Fazenda do Estado de São Paulo.

EMOLUMENTOS – ENCERRAMENTO

Pediram-me que lavrasse a presente escritura, que feita e sendo lida por todos, aceitaram-na por achá-la conforme, outorgam e assinam.

3. ARROLAMENTO COM RENÚNCIA E ADJUDICAÇÃO PARA DESCENDENTES

> **Caso prático:**
>
> Alzira era viúva, teve três filhos: Bruno, Marilia e Juliana. Falece em 23.06.2016. Deixa um imóvel adquirido por compra em 10.07.1986. Desejam que o imóvel seja atribuído na totalidade para Juliana. Qual escritura será lavrada?
>
> **Solução:** 1º) questionar se Alzira vivia em união estável quando adquiriu o imóvel e na data do óbito, em razão do direito do companheiro à meação ou herança. Se não viveu nem vivia, o imóvel será considerado como sua herança. 2º) questionar se esse é o único imóvel que pertencia a Alzira. Se sim, Marilia e Bruno podem renunciar à herança e Juliana será a única herdeira – art. 1.829, I, CC/2002. Se houver outros bens para sobrepartilha, Marilia e Bruno deverão ceder os direitos hereditários nesse imóvel, a título gratuito ou oneroso, com incidência ou isenção de ITCMD doação ou ITBI.
>
> Com as renúncias de direito hereditário formalizadas na escritura de arrolamento, na qual os cônjuges dos herdeiros renunciantes devem comparecer, o imóvel será adjudicado na totalidade para Juliana. O ITCMD incidirá sobre seu valor e será recolhido em uma única guia em nome de Juliana. Não há imposto na renúncia.
>
> Arts. 1.829, I, e 1.810 do CC/2002.

ESCRITURA DE ARROLAMENTO, RENÚNCIA DE HERANÇA E ADJUDICAÇÃO

Aos **08 (OITO)** dias do mês de **NOVEMBRO** do ano de **2017 (DOIS MIL E DEZESSETE),** no 17º Tabelião de Notas de São Paulo/SP, perante mim, escrevente, compareceram partes entre si, justas e contratadas, a saber:

OUTORGANTES

Como outorgantes, **os herdeiros: BRUNO,** brasileiro, profissão, nascido em _/_/_, com __ anos, portador da cédula de identidade RG nº _____, inscrito no CPF/MF sob nº _____, acompanhado por sua mulher, **BIANCA,** brasileira, profissão, portadora da cédula de identidade RG nº _____, inscrita no CPF/MF sob nº _____, casados sob o regime da comunhão parcial de bens, em 05.12.1981 (CC – matrícula nº *********, _____), residentes e domiciliados _____, na _____, nº 1.335, casa __, CEP _____; **MARILIA,** brasileira, profissão, nascida em _/_/_, com __ anos, portadora da cédula de identidade RG nº _____, inscrita no CPF/MF sob nº _____, acompanhada por seu marido, **RICARDO,** brasileiro, profissão, portador da cédula de identidade RG nº _____, inscrito no CPF/MF sob nº _____, casados sob o regime da comunhão parcial de bens, em 02.07.1994 (CC – matrícula nº *******, _____), residentes e domiciliados _____, na Rua _____, nº 932, apartamento__, CEP ____; e **JULIANA,** brasileira, profissão, nascida em _/_/_, com __ anos, portadora da cédula de identidade RG nº ___, inscrita no CPF/MF sob nº _____, casada sob o regime da comunhão parcial de bens, em 05.07.1985 (CC – matrícula nº **********, _____), com **JOSÉ**, brasileiro, profissão, portador da cédula de identidade RG nº _____, inscrito no CPF/MF sob nº _____, residentes e domiciliados _____, na Rua _____, nº 413, apartamento __, CEP ___.

ADVOGADA

Acompanhando os outorgantes, comparece a este ato, a advogada inscrita na OAB/SP sob nº _____, doutora **ANGÉLICA,** brasileira, viúva, portadora da cédula de identidade RG nº _____, inscrita no CPF/MF sob nº _____, domiciliada _____ e com escritório na Rua ____, nº __, __º andar, sala __, CEP _____. Os presentes, maiores e capazes, reconhecidos como os próprios de que trato, pelos documentos referidos e apresentados, do que dou fé.

DA AUTORA DA HERANÇA

Pelos outorgantes foi dito, em idioma nacional, que comparecem perante mim, escrevente, acompanhados de sua advogada constituída, para realizar o arrolamento e a adjudicação do bem deixado por falecimento de ALZIRA, e declaram o seguinte: **ALZIRA** nasceu nesta Capital, no dia _/_/_; era filha de Flavio e Célia, ambos já falecidos; era brasileira, profissão, portadora da cédula de identidade RG nº _____ e inscrita no CPF/MF sob nº _____; era viúva de Fernando, falecido em 23.06.1975 (CC – termo nº ****, livro *****, folha ***** verso, _____; e CO de Fernando – matrícula nº ********, _____). **Teve três filhos, seus herdeiros legítimos: BRUNO, MARILIA e JULIANA.** A autora da herança residia _____, na Rua _____, nº 413, apartamento ___; e **faleceu nesta Capital, no dia 23.06.2016**, conforme certidão extraída em _/_/_ do assento de óbito matrícula nº **********, pelo Oficial de Registro Civil das Pessoas Naturais do _º Subdistrito, _____. A autora da herança não deixou testamento, tendo sido apresentada a informação negativa de existência de testamento expedida pelo Colégio Notarial do Brasil em _/_/_.

DO MONTE MOR

A autora da herança possuía, na ocasião de seu falecimento, o seguinte **BEM IMÓVEL: apartamento nº __, localizado no _º andar do Edifício _____, situado na Rua _____, nº 958,** no __º subdistrito, _____, do distrito, município, comarca e _º Oficial de Registro de Imóveis _____, CEP _____, com a área total de 128,14 m², descrito e caracterizado na matrícula nº ____ do referido oficial registrador; adquirido pela autora, no estado civil de viúva, por compra feita da _____, de acordo com a escritura lavrada em 10.07.1986, pelo __º Tabelião de Notas desta Capital, à folha __ do livro __, registrada sob nº __ na citada matrícula; o mesmo encontra-se lançado pela Prefeitura do Município de São Paulo sob nº _____, com o valor atribuído para fins fiscais e de partilha e venal de referência para MARÇO/2016 de **R$ 482.733,00**, e valor venal de referência atual de R$ 502.789,00. A autora da herança não deixa dívidas ativas ou passivas. Os totais líquidos dos bens e haveres do espólio e da herança montam em **R$ 482.733,00 (quatrocentos e oitenta e dois mil, setecentos e trinta e três reais)**.

DAS RENÚNCIAS DE DIREITOS HEREDITÁRIOS

Pelos herdeiros, **BRUNO,** acompanhado por sua mulher, **BIANCA,** e **MARILIA,** acompanhada por seu marido, **RICARDO,** agora na qualidade de renunciantes, foi dito que, de livre e espontânea vontade, sem constrangimento, induzimento ou coação e possuindo outros bens e meios necessários às suas subsistências, **renunciam** aos direitos hereditários adquiridos pela sucessão aberta quando do falecimento de ALZIRA.

DA ADJUDICAÇÃO

Pela presente escritura e na melhor forma de direito, em decorrência das renúncias ora formalizadas e conforme o disposto no art. 1.829, I, do Código Civil, **o bem da herança, com o valor mencionado no item "Monte Mor", é ADJUDICADO** integralmente para **JULIANA**.

IMPOSTO DE TRANSMISSÃO

Os outorgantes e a advogada exibem as guias de recolhimento do ITCMD, no valor total de R$ 21.736,30, calculado à alíquota de 4% sobre o valor fiscal da herança no bem arrolado e também sobre um bem imóvel que será objeto de futura partilha, recolhido em _/_/_, com o desconto legal de 5%, conforme legislação vigente, e apurado após o preenchimento e a impressão da Declaração de ITCMD nº ____, com valor verídico e que foi por eles conferido, sendo que todos os documentos ficam arquivados neste tabelionato. Esclarecem que sobre as renúncias não houve incidência do imposto de transmissão, pois os outorgantes renunciaram pura e simplesmente.

CERTIDÕES

Os outorgantes apresentaram os seguintes documentos, que ficam aqui arquivados: **a)** certidões relativas aos seus estados civis e documentos de identificação pessoal; **b)** certidão negativa de débitos relativos aos tributos federais e à dívida ativa da União em nome da autora da herança, apresentada pela advogada, cuja autenticidade foi confirmada nestas notas, via internet, sob código de controle _____, válida até _/_/_; **c)** certidão da matrícula do imóvel expedida em _/_/_ pelo Oficial de Registro de Imóveis competente; **d)** certidão conjunta de débitos de tributos imobiliários, com situação regular, expedida pela Prefeitura _____, extraída via internet, neste tabelionato, em _/_/_; **e)** relatório de consulta de indisponibilidade com resultado negativo em nome da autora da herança, código HASH _____, extraído via internet, nestas notas e data. Dispensam a exibição das certidões de feitos ajuizados, bem como a exigência de arquivamento, nesta serventia, de quaisquer outros documentos elencados pela Lei Federal nº 7.433/1985, regulamentada pelo Decreto nº 93.240/1986.

DECLARAÇÕES DOS OUTORGANTES REFERENTES À AUTORA DA HERANÇA

Declaram os outorgantes, sob as penas da lei, que: **a)** com as renúncias ora formalizadas JULIANA é a única herdeira, não havendo outros herdeiros legítimos que deveriam comparecer nesta escritura; **b)** os renunciantes não têm descendentes; **c)** não receberam, durante a vida da autora da herança, bens para serem apresentados à colação; **d)** não há dívidas ativas ou passivas em nome da autora da herança; **e)** a autora da herança não estava vinculada à Previdência Social, como empregadora nem devedora, deixando, portanto, de ser apresentada certidão do Instituto Nacional do Seguro Social (INSS); **f)** a autora da herança era senhora e legítima possuidora, livre e desembaraçada de quaisquer ônus reais, judiciais ou extrajudiciais, tributos atrasados, dúvidas, dívidas, ações judiciais em trâmite, fundadas em direito real ou pessoal, e quaisquer outros encargos, do bem mencionado no item "Monte Mor"; **g)** não há contra a autora da herança nenhum feito ajuizado com referência ao imóvel; **h)** até a data do óbito, não havia despesas condominiais em atraso; **i)** a autora da herança não mantinha relacionamento que possa vir a caracterizar união estável.

DECLARAÇÕES DOS RENUNCIANTES

Os renunciantes declaram ter ciência da irrevogabilidade das renúncias ora formalizadas; possuem outros meios e rendas necessários às suas subsistências e as renúncias não prejudicam direitos de terceiros, pois não existem fatos, ações, protestos, execuções ou quaisquer medidas judiciais ou administrativas que afetem esta escritura. Apresentam, neste ato, os seguintes documentos: **a)** certidões negativas de débitos trabalhistas – CNDT nº ******* e ********, extraídas via internet, nestas notas, válidas até _/_/_; e **b)** relatórios de consulta de indisponibilidade com resultados negativos, código HASH ____ e CÓDIGO HASH ____, extraídos via internet nestas notas e data, os quais ficam aqui arquivados.

DECLARAÇÕES DA ADVOGADA E DOS OUTORGANTES

A advogada constituída declara que assessorou, aconselhou e acompanhou seus constituintes, tendo conferido as renúncias, a adjudicação, o valor atribuído e o imposto de transmissão, os quais estão de acordo com a lei. Por ser a única herdeira, **JULIANA** é também inventariante do espólio de ALZIRA, com todos os poderes que se fizerem necessários para representá-lo em juízo ou fora dele; todos afirmam que os fatos aqui narrados e as declarações feitas são verdadeiras; declaram que a autora não deixou testamento público, cerrado ou particular; concordam com as presentes renúncias e adjudicação, aceitando-as, e, por meio desta escritura e seu posterior registro, a herdeira recebe o bem da herança, ficando ressalvados eventuais erros, omissões e/ou direitos de terceiros.

REQUERIMENTOS/DOI/SEFAZ

A herdeira autoriza os órgãos e pessoas jurídicas, públicos ou particulares, especialmente o Oficial do Registro de Imóveis competente, a praticar todos os atos necessários ou convenientes para a transferência do bem ora adjudicado para seu nome, e o registro desta escritura. Emitida declaração sobre operação imobiliária, conforme Instrução Normativa da Secretaria da Receita Federal. Prestadas as informações referentes ao ITCMD para a Secretaria da Fazenda do Estado de São Paulo.

EMOLUMENTOS – ENCERRAMENTO

Pediram-me que lavrasse a presente escritura, que feita e lhes sendo lida, em voz alta, aceitaram-na por achá-la conforme, outorgam e assinam.

4. ARROLAMENTO E SOBREPARTILHA – VIÚVA E DESCENDENTES

> **Caso prático:**
>
> João era casado com Maria, sob o regime da comunhão universal de bens, em 01.07.1958, teve três filhos: Pedro, Ana e Miguel. Falece em 22.04.2004. Declaram que já fizeram arrolamento judicial e extrajudicial e descobriam um saldo do pedido de restituição do IRPF pago a maior no exercício 1996.
>
> *Qual escritura será lavrada? E quais questionamentos a serem feitos?*
>
> **Solução:** 1º) questionar se no arrolamento houve renúncia de direito hereditário, se houve, o herdeiro não receberá quinhão nesse bem. Questionar se Maria é dependente de João perante a Previdência Privada e se com essa declaração não foi possível levantar o valor.
>
> Considerando que João era casado sob o regime da comunhão universal, o crédito será considerado bem comum e Maria terá direito à metade a título de meação, a outra metade será dividida entre os três filhos. Não há ITCMD por ser bem móvel, não tributado no ano de 1996, no Estado de São Paulo.
>
> Observar também o estado civil dos herdeiros na data do óbito e na data da lavratura da escritura, nesse caso: casados em comunhão parcial, na data do óbito e por isso não é necessário partilhar o quinhão da herança com o ex-cônjuge.
>
> Art. 1.829, I, do CC/2002.

ESCRITURA DE ARROLAMENTO E SOBREPARTILHA

Aos **14 (QUATORZE)** dias do mês de **NOVEMBRO** de **2017 (DOIS MIL E DEZESSETE)**, no 17º Tabelião de Notas de São Paulo/SP, perante mim, escrevente, apresentaram-se as partes entre si justas e contratadas, a saber:

OUTORGANTES

Como outorgantes, a viúva meeira, **MARIA,** brasileira, nascida em _/_/_, com _ anos, profissão, portadora da cédula de identidade RG nº _____, inscrita no CPF/MF sob nº _____, domiciliada em _____SP, onde reside _____, nº 224; e **os herdeiros: 1) PEDRO**, brasileiro, nascido em _/_/_, com __ anos de idade, profissão, divorciado (CC – matrícula nº ********, São Paulo/SP – onde consta a averbação do divórcio, por sentença transitada em julgado em 03.12.2009, no processo nº ********, _ª Vara da Família e Sucessões do Foro ********), portador da cédula de identidade RG nº _____, inscrito no CPF/MF sob nº _____, domiciliado _____, onde reside na Rua _____, nº 1125, apartamento __,

CEP _____; **2) ANA**, brasileira, nascida em _/_/_, com ___ anos de idade, profissão, divorciada (CC – matrícula nº ********, São Paulo/SP – onde consta a averbação do divórcio, por sentença transitada em julgado em 26.05.2008, no processo nº ***************, __ª Vara da Família e Sucessões do Foro *********), portadora da cédula de identidade RG nº _____, inscrita no CPF/MF sob nº_____, domiciliada _____, onde reside na Rua _____, nº 577, apartamento ___, _____, CEP _____; ambos neste ato representados por seu procurador **MIGUEL**, a seguir qualificado, conforme procuração lavrada em *******, pelo __º Tabelião de Notas de São Paulo/SP, no livro ____, folha ___, que fica aqui arquivada; e **3) MIGUEL**, brasileiro, profissão, nascido em _/_/_, com 57 anos, portador da cédula de identidade RG nº _____, inscrito no CPF/MF sob nº _____, casado sob o regime da comunhão parcial de bens, em 16.01.1988 (CC – matrícula nº ********, *******, São Paulo/SP), com RENATA, brasileira, profissão, nascida em _/_/_, com __ anos, portadora da cédula de identidade RG nº _____, inscrita no CPF/MF sob nº _____, domiciliados nesta Cidade, onde residem na Rua _____, nº 175, CEP _____.

ADVOGADO

Acompanhando os outorgantes, comparece a este ato, o advogado constituído inscrito na OAB/SP sob nº _____, doutor **MARCOS**, brasileiro, casado, portador da cédula de identidade RG nº _____, inscrito no CPF/MF sob nº _____, com endereço profissional nesta Capital, _____, nº 4954, CEP _____. Os presentes, maiores e capazes, reconhecidos como os próprios de que trato, pelos documentos referidos e apresentados, do que dou fé.

DO AUTOR DA HERANÇA

Pelos outorgantes foi dito em idioma nacional, que comparecem perante mim, escrevente, acompanhados de seu advogado constituído, para realizar o arrolamento e a sobrepartilha do bem deixado por falecimento de **JOÃO** e declaram o seguinte: JOÃO nasceu nesta Capital, no dia _/_/_, filho de Inácio e Marta, ambos já falecidos; era brasileiro, profissão, portador da cédula de identidade RG nº _____, e inscrito no CPF/MF sob nº _____, era casado com **MARIA,** sua viúva meeira, ora outorgante, pelo regime da comunhão universal de bens, em 01.07.1958, (CC – matrícula nº **************, São Paulo/SP). **Teve três filhos, seus herdeiros legítimos: PEDRO,** casado sob o regime da comunhão parcial na ocasião do falecimento, **ANA,** casada sob o regime da comunhão parcial na ocasião do falecimento, **e MIGUEL.** O autor da herança residia em _____, na _____, nº 224, CEP _____, **e faleceu nesta Capital no dia 22.04.2004,** conforme certidão de óbito termo nº ____, folha ____, livro ____ emitida em _/_/_, pelo Oficial de Registro Civil das Pessoas Naturais do __º Subdistrito – _____, _____. O autor da herança não deixou testamento, tendo sido apresentada a informação negativa de existência de testamento expedida pelo Colégio Notarial do Brasil – seção de São Paulo, em _/_/_.

DAS PARTILHAS JUDICIAL E EXTRAJUDICIAL DOS BENS DO AUTOR DA HERANÇA

Os outorgantes, por meio de ação judicial autuada sob nº _____, perante a __ª Vara da Comarca de _____, com sentença homologatória de partilha transitada em julgado, realizaram o inventário e a partilha dos bens de JOÃO. E por

Cap. XII – MINUTAS DE ARROLAMENTO | 131

meio da escritura pública de inventário, lavrada em 18.12.2008, nestas Notas, no livro ____, à folha ____, realizaram a sobrepartilha de outros bens de JOÃO. Entretanto, naqueles procedimentos não foi mencionado o bem ora sobrepartilhado, uma vez que os outorgantes não tinham conhecimento da existência do mesmo.

DO MONTEMOR

O autor da herança possuía, na ocasião de seu falecimento, além dos já arrolados e partilhados o seguinte bem: **BEM MÓVEL: saldo do pedido de restituição do IRPF pago a maior no exercício 1996, junto à Receita Federal,** com o valor atribuído para fins fiscais e de partilha de **R$ 794,48**, acrescido de juros e correções até a data do pagamento, decorrente do processo administrativo nº _____, parecer SEORT nº _____. O autor da herança não deixa dívidas ativas ou passivas. O total líquido do bem e haver do espólio monta em **R$ 794,48** (setecentos e noventa e quatro reais e quarenta e oito centavos) correspondendo à herança R$ 397,24.

DA SOBREPARTILHA DO BEM

Os outorgantes, de livre e espontânea vontade, sem induzimento, dolo ou sugestão, por meio desta escritura e na melhor forma de direito, sobrepartilham entre si a herança, da seguinte forma:

DA MEAÇÃO DA VIÚVA

A meação de **MARIA**, no valor de **R$ 397,24** (trezentos e noventa e sete reais e cinte e quatro centavos), é composta de **1/2 (metade) do saldo do pedido de restituição do IRPF pago a maior no exercício 1996, junto à Receita Federal.**

DO QUINHÃO DOS HERDEIROS

Os quinhões dos herdeiros **PEDRO, ANA e MIGUEL,** no valor de **R$ 132,42** (cento e trinta e dois reais e quarenta e dois centavos), para cada um, é composto de: **fração de 1/6 (um sexto) do saldo do pedido de restituição do IRPF pago a maior no exercício 1996, junto à Receita Federal.**

IMPOSTO DE TRANSMISSÃO

O imposto de transmissão da herança referente ao bem do Monte Mor dessa escritura deixa de ser recolhido por isenção prevista na legislação estadual vigente (art. 34 da Lei nº 10.705/2000). Emitida a declaração nº _____, com valores verídicos e que foram conferidos pelas partes, documentos que ficam aqui arquivados.

CERTIDÕES

Os outorgantes apresentam os seguintes documentos que ficam aqui arquivados: **a)** certidões do seu estado civil e documentos de identificação pessoal; **b)** certidão negativa de débitos relativos aos tributos federais e à dívida ativa da união, extraída via internet, sob o código de controle: _____, válida até _/_/_; e o relatório de consultas de indisponibilidade, resultado negativo, código HASH _____ em nome do autor da herança; **c)** dispensam a exibição das certidões de feitos ajuizados, bem como a exigência de arquivamento, nestas notas, de quaisquer outros documentos exigidos pela Lei Federal nº 7.433/1985, regulamentada pelo Decreto nº 93.240/1986.

DECLARAÇÕES DOS OUTORGANTES REFERENTES AO AUTOR DA HERANÇA

Declaram os outorgantes, sob as penas da lei, que: **a)** são os únicos herdeiros, não havendo outros herdeiros legítimos que deveriam comparecer nesse ato; **b)** não têm conhecimento da existência de outros bens para serem sobrepartilhados e também não receberam, durante a vida do autor da herança, bens para serem apresentados à colação; **c)** não há dívidas ativas ou passivas em nome do autor da herança; **d)** o autor da herança não estava vinculado à Previdência Social, como empregador nem devedor, deixando, portanto, de ser apresentada a certidão do Instituto Nacional do Seguro Social (INSS); **e)** o autor da herança era senhor, único e legítimo possuidor, livre e desembaraçado de quaisquer ônus reais, judiciais ou extrajudiciais, tributos atrasados, dúvidas, dívidas, ações judiciais em trâmite, fundadas em direito real ou pessoal, e quaisquer outros encargos, sobre o bem mencionado no item "Monte Mor".

DECLARAÇÕES DO ADVOGADO E DOS OUTORGANTES

O advogado constituído declara que assessorou, aconselhou e acompanhou seus constituintes, tendo conferido a sobrepartilha, o valor e o imposto de transmissão, os quais estão de acordo com a lei. Os outorgantes afirmam que: **a)** concordam com o valor atribuído ao bem e com o valor recolhido a título de imposto de transmissão; **b)** os fatos aqui narrados e as declarações feitas são verdadeiras; **c)** aceitam a presente sobrepartilha e, por meio desta escritura, recebem sua meação e seus quinhões do bem da herança, na forma supramencionada, ficando ressalvados eventuais erros, frações decimais de centavos, omissões e/ou direitos de terceiros. Declaram ainda que: a) o autor da herança não deixou testamentos públicos válidos, nem cerrados e/ou particulares, **b) não renunciaram aos direitos hereditários no arrolamento anteriormente realizado; e c) estão cientes do disposto na Lei nº 6.858/1980 e solicitaram a lavratura da presente para atender exigência da Receita Federal.**

DA NOMEAÇÃO DE INVENTARIANTE

Os outorgantes nomeiam inventariante do espólio o herdeiro, **MIGUEL,** conferindo-lhe todos os poderes que se fizerem necessários para representá-lo em juízo ou fora dele, para os devidos fins de direito, **especialmente perante a Receita Federal,** na transferência do valor arrolado, com eventuais acréscimos. O nomeado declara que aceita este encargo, prestando compromisso de cumprir com eficácia seu mister, comprometendo-se desde já a prestar contas aos demais, quando por eles solicitadas, bem como a sobrepartilhar o valor recebido nas proporções estabelecidas nesta escritura.

REQUERIMENTOS/SEFAZ

Os outorgantes autorizam os órgãos e pessoas jurídicas, públicos e/ou particulares, inclusive a Receita Federal, a praticar todos os atos necessários ou convenientes para a transferência do bem ora sobrepartilhado para seus nomes. Prestadas as informações referentes ao ITCMD para a Secretaria da Fazenda do Estado de São Paulo.

EMOLUMENTOS – ENCERRAMENTO

Pediram a mim, que lavrasse a presente escritura, que feita e lhes sendo lida, em voz alta, aceitaram-na por achá-la conforme, outorgam e assinam.

Cap. XII – MINUTAS DE ARROLAMENTO | 133

5. ARROLAMENTO COM CESSÃO DE DIREITOS DE MEAÇÃO E USUFRUTO NA MEAÇÃO – VÍUVO E DESCENDENTES

> **Caso prático:**
>
> PEDRO SANTOS, casado pelo regime da comunhão de bens em __/__/1972 com Luiza Santos, teve uma filha única: AMANDA SANTOS. Pedro faleceu no dia 14.01.2018, em Santo André. Seu patrimônio era composto por: UM TERRENO, situado à rua _____, Lote __, Quadra ___, Jardim Tietê, CEP _____, distrito, município, comarca e 9º Oficial de Registro de Imóveis desta Capital, adquirido pelo autor, por compra, em __/__/1986, cadastrado pela Prefeitura Municipal pelo contribuinte _____, com o valor venal de referência (01/2018 e 03/2018) e atribuído para fins de partilha de R$ 285.954,00, e UM TERRENO, situado à rua Mauro, parte do Lote ___ da Quadra "__", no Jardim Três Marias, CEP _____, distrito, município, comarca e 9º Oficial de Registro de Imóveis desta Capital, adquirido pelo autor, por divisão, em __/__/1986, cadastrado pela Prefeitura Municipal pelo contribuinte _____, com o valor venal de referência (01/2018 e 03/2018) e atribuído para fins de partilha de R$ 113.316,00.
>
> As partes não querem fazer outro inventário após o falecimento de Luiza e ela mora no imóvel que será partilhado. Como lavrar a escritura de partilha?
>
> **Solução:** Casados sob o regime da comunhão universal de bens, a viúva tem direito à meação nos imóveis, que equivalem à metade da soma dos seus valores.
>
> O direito e usufruto é um direito personalíssimo que se extingue com a morte do usufrutuário e a legislação estadual em São Paulo determina que seu valor corresponde a 1/3 do valor do bem.
>
> Na partilha, a meação da viúva será composta por direito de usufruto e o quinhão da herdeira filha pela nua-propriedade. A diferença de 1/6 do valor será cedida pela viúva para a filha.
>
> Arts. 1.390 e ss. e 1.829, I, do CC/2002.

Importante: O valor da *Ufesp* para o período de 1º de janeiro a 31 de dezembro de *2018* é de R$ 25,70 X 2.500 = R$ 64.250,00.

TRASLADO DO LIVRO ____ FLS

ESCRITURA DE ARROLAMENTO E PARTILHA E CESSÃO DE MEAÇÃO

Aos **7 (sete)** dias do mês de **março** de **2018 (dois mil e dezoito)**, no 17º Tabelião de Notas de São Paulo, perante mim, escrevente, apresentaram-se as partes entre si justas e contratadas, a saber:

OUTORGANTES

Como outorgantes, a viúva meeira **LUIZA SANTOS**, brasileira, do lar, nascida aos 08.05.1937, com 80 anos de idade, portadora da cédula de identidade RG nº _____-SSP-SP, inscrita no CPF/MF sob o nº _____; e a herdeira **AMANDA SANTOS**, brasileira, farmacêutica, nascida em 05.05.1973 com 44 anos de idade, divorciada (C.C. matrícula _____, Oficial de Registro Civil das Pessoas Naturais do Distrito de São Mateus – Capital – SP, com averbação do divórcio nos termos da escritura pública lavrada no Oficial de Registro Civil das Pessoas Naturais e Tabelião de Notas do Distrito de Itaquera, Capital, aos 06.09.2016, livro _____, fls. _____, portadora da cédula de identidade RG n.º _____-SSP-SP, inscrita no CPF/MF sob o n.º _____, ambas domiciliadas nesta Capital, onde residem na Rua _____, n.º _____, CEP _____.

ADVOGADA

Acompanhando as outorgantes, comparece a este ato, Dra. Patrícia, brasileira, casada, inscrita na OAB SP sob o nº _____, onde consta RG _____-SSP-SP e o CPF/MF sob o nº _____, residente e domiciliada nesta Capital, e com endereço profissional na rua _____, nº _____, Santana, CEP _____; os presentes, maiores e capazes, reconhecidos como os próprios de que trato, pelos documentos referidos e apresentados, do que dou fé.

DO AUTOR DA HERANÇA

Pelas outorgantes, foi dito, em idioma nacional, que comparecem perante mim, escrevente, acompanhadas de sua advogada constituída, para realizar o arrolamento e a partilha dos bens deixados por falecimento de PEDRO, e declararam o seguinte: **PEDRO,** nasceu em Ibitiara – Bahia, no dia 16.10.1939, filho de Francisco Santos e de Fatima Jesus, ambos já falecidos; era brasileiro, aposentado, portador da cédula de identidade RG n.º _____-SSP-SP, inscrito no CPF/MF sob o n.º _____, casado pelo regime da comunhão de bens em __/__/1972 com Luiza Santos, ora outorgante (C.C. matrícula _____, Oficial de Registro Civil do Distrito de Ibiajara – Bahia); **teve uma filha única, sua herdeira legítima: AMANDA**. O autor da herança residia nesta Capital-SP, na rua _____, n.º _____, São Mateus; **faleceu no dia 14.01.2018**, em Santo André – Estado de São Paulo, conforme certidão de óbito matrícula _____, Oficial de Registro Civil de Interdições e Tutelas do 1º Subdistrito de Santo André – SP, emitida em 17.01.2018). O autor da herança não deixou testamento, tendo sido apresentada a informação negativa de existência de testamento expedida pelo Colégio Notarial do Brasil – Seção de São Paulo, emitida em 26.01.2018.

DO MONTE MOR

O autor da herança possuía, na ocasião de seu falecimento, os seguintes bens: A) **BENS IMÓVEIS: 1) UM TERRENO, situado à rua _____, Lote __, Quadra ___, Jardim Tietê, CEP _____, distrito, município, comarca e 9º Oficial de Registro de Imóveis desta Capital,** encerrando a área de 280,00m², mais bem descrito e caracterizado na **matrícula n.º _____** no mencionado registro imobiliário, adquirido pelo autor, por compra, nos termos da escritura de venda e compra lavrada no __º Tabelião de Notas desta Capital, em __/__/1986, livro _____, fls. _____, conforme R.3 na matrícula ___ no 9º Oficial de Registro de Imóveis desta Capital; cadastrado pela Prefeitura Municipal pelo **contribuinte _____**, com o valor venal de referência (01/2018 e 03/2018) e atribuído para fins de partilha de **R$ 285.954,00; 2) UM TERRENO, situado à rua _____, parte do Lote ___ da Quadra "__", no Jardim Três Marias, CEP _____, distrito, município, comarca e 9º Oficial de Registro de Imóveis desta**

Capital, encerrando a área de 132,25m², mais bem descrito e caracterizado na **matrícula n.º** _____ no mencionado registro imobiliário, adquirido pelo autor, por divisão, nos termos da escritura de divisão, lavrada no Cartório de Registro Civil e Tabelionato do Distrito de Itaquera, nesta Capital, em __/__/1986, livro ___, fls. __, conforme R.1 na matrícula _____ no 9º Oficial de Registro de Imóveis desta Capital; cadastrado pela Prefeitura Municipal pelo **contribuinte** _____, com o valor venal de referência (01/2018 e 03/2018) e atribuído para fins de partilha de **R$ 113.316,00**. O autor da herança não deixa dívidas ativas ou passivas. O total líquido dos bens e haveres do espólio monta em **R$ 399.270,00 (trezentos e noventa e nove mil, duzentos e setenta reais) e a herança monta em R$ 199.635,00 (cento e noventa e nove mil, seiscentos e trinta e cinco reais).**

DA CESSÃO GRATUITA DE DIREITOS

Por **LUIZA**, agora na qualidade de cedente, foi dito que, por esta mesma escritura e na melhor forma de direito, de livre e espontânea vontade, sem constrangimento, induzimento ou coação e possuindo outros bens e meios necessários à sua subsistência, **cede e transfere**, da parte disponível de seu patrimônio e **a título gratuito, importando em doação**, para a herdeira, sua filha **AMANDA**, ora cessionária, parte dos seus direitos de meação no valor total de **R$ 66.545,00 (sessenta e seis mil, quinhentos e quarenta e cinco reais)**, valor atribuído para fins de partilha e fiscais. Assim, fica a cessionária inteiramente sub-rogada nos direitos ora adquiridos, notadamente nos de posse e de ação.

DA PARTILHA DOS BENS DO AUTOR DA HERANÇA

As outorgantes, de livre e espontânea vontade, sem induzimento, dolo ou sugestão, conforme cessão de direitos *supra*, por meio desta escritura e na melhor forma de direito, partilham entre si a herança, da seguinte forma:

DA MEAÇÃO DA VIÚVA

A meação de **LUIZA**, no valor total de **R$ 133.090,00 (cento e trinta e três mil, e noventa reais),** é composta por: A) BEM IMÓVEL: **TOTALIDADE DOS DIREITOS DE USUFRUTO DE UM TERRENO, situado à rua** _____, **Lote __, Quadra ___, Jardim Tietê, CEP** _____, **distrito, município, comarca e 9º Oficial de Registro de Imóveis desta Capital,** encerrando a área de 280,00m², objeto da **matrícula n.º** ____ no mencionado registro imobiliário com o valor de **R$ 95.318,00;** 2) **TOTALIDADE DOS DIREITOS DE USUFRUTO DE UM TERRENO, situado à rua** _____, **parte do Lote ___ da Quadra "__", no Jardim Três Marias, CEP** _____, **distrito, município, comarca e 9º Oficial de Registro de Imóveis desta Capital,** encerrando a área de 132,25m², objeto da **matrícula n.º** _____ no mencionado registro imobiliário, com o valor de **R$ 37.772,00.**

DO QUINHÃO DA HERDEIRA

O quinhão da herdeira **AMANDA,** no valor individual de **R$ 266.180,00 (duzentos e sessenta e seis mil, cento e oitenta reais),** é composto dos BENS IMÓVEIS: **TOTALIDADE DA NUA-PROPRIEDADE de UM TERRENO, situado à rua** _____, **Lote ___, Quadra ____, Jardim Tietê, CEP** _____, **distrito, município, comarca e 9º Oficial de Registro de Imóveis desta Capital,** encerrando a área de 280,00m², objeto da **matrícula n.º** ____ no mencionado registro imobiliário com o valor de **R$ 190.636,00;** 2) **TOTALIDADE DA NUA-PROPRIEDA-DE de UM TERRENO, situado à rua** _____, **parte do Lote** ___ **da Quadra "___", no Jardim Três Marias, CEP** _____, **distrito, município, comarca e 9º Oficial de Registro de Imóveis desta Capital,** encerrando a área de 132,25m², objeto da **matrícula n.º** _____ no mencionado registro imobiliário, com o valor de **R$ 75.544,00.**

IMPOSTO DE TRANSMISSÃO

O imposto de transmissão da herança é recolhido nesta data, por meio de uma guia no valor de R$ 7.586,13, calculado à alíquota de 4% com desconto de 5%, apurado após o preenchimento e a impressão da Declaração de ITCMD nº _____, com valores verídicos e que foram conferidos pelas partes, documentos que ficam aqui arquivados. Quanto à cessão a título gratuito, é recolhida neste ato a guia de ITCMD, no valor de R$ 2.661,80, calculado à alíquota de 4% sobre o valor da cessão a título de doação, apurado após o preenchimento e a impressão da Declaração de ITCMD nº _____, com valores verídicos e que foram conferidos pelas partes, documentos que ficam arquivados nestas Notas.

CERTIDÕES

As outorgantes apresentam os seguintes documentos que ficam aqui arquivados: **a)** certidão do seu estado civil e documento de identificação pessoal; **b)** certidão conjunta negativa de débitos relativos aos tributos federais e à dívida ativa da união, sob o código de controle: _____, válida até 22.07.2018, emitida via internet em 23.01.2018; certidão negativa de débitos trabalhistas sob n.º _____/2018 com validade até 28.08.2018, emitida via internet nestas Notas em 02.03.2018; e o relatório de consulta de indisponibilidade, resultado negativo, código _____, em nome do autor da herança; e **c)** dispensam a exibição das certidões de feitos ajuizados, bem como a exigência de arquivamento, nestas Notas, de quaisquer outros documentos exigidos pela Lei Federal nº 7.433/1985, regulamentada pelo Decreto nº 93.240/1986, a não ser as seguintes certidões: certidão de inteiro teor das matrículas dos imóveis, expedidas em 05.03.2018, pelo Registro de Imóveis competente e as certidões negativas de débitos de tributos de contribuições municipais com situação fiscal regular, códigos de controle _____-2018, _____-2018, emitidas via Internet nestas Notas em 07.03.2018, documentos que ficam arquivados nestas Notas.

DECLARAÇÕES DAS OUTORGANTES REFERENTE AO AUTOR DA HERANÇA

Declaram as outorgantes, sob as penas da lei, que: **a)** o autor da não herança não deixou outros testamentos públicos válidos, nem cerrados e/ou particulares; **b)** é a única herdeira, não havendo outros herdeiros legítimos que deveriam comparecer nesse ato; **c)** não têm conhecimento da existência de outros bens para serem partilhados e também não receberam, durante a vida do autor da herança, bens para serem apresentados à colação; **d)** não há dívidas ativas ou passivas em nome do autor da herança; **e)** o autor da herança não estava vinculado à Previdência Social, como empregador nem devedor, deixando, portanto, de ser apresentada a certidão do Instituto Nacional do Seguro Social (INSS); **e)** o autor da herança era senhor, único e legítimo possuidor, livre e desembaraçado de quaisquer ônus reais,

Cap. XII - MINUTAS DE ARROLAMENTO | 137

judiciais ou extrajudiciais, tributos atrasados, dúvidas, dívidas, ações judiciais em trâmite, fundadas em direito real ou pessoal, e quaisquer outros encargos dos bens mencionados no item "Monte Mor"; **f)** não há contra o autor da herança nenhum feito ajuizado com referência aos imóveis; **g)** até a data do falecimento, não existiam débitos decorrentes de taxas relativos aos imóveis objetos desta.

DECLARAÇÕES DA CEDENTE E DA CESSIONÁRIA

A cedente declara, sob pena de responsabilidade civil e penal, que: **a)** não está vinculada à Previdência Social como empregadora nem devedora, deixando, portanto, de apresentar certidões do Instituto Nacional do Seguro Social (INSS) e da Secretaria da Receita Federal (SRF); **b)** não existem quaisquer feitos ajuizados fundado em ações reais ou pessoais reipersecutórias que recaia sobre os imóveis objetos da cessão efetivada; **c)** não existem fatos, ações, protestos, execuções ou quaisquer medidas judiciais ou administrativas que afetem esta escritura e a segurança do presente negócio jurídico. A **cessionária** declara, sob as penas da Lei, que dispensa a cedente da exibição das certidões de feitos ajuizados, bem como a exigência de arquivamento, nestas Notas, de quaisquer outros documentos exigidos pela Lei Federal nº 7433/1985, regulamentada pelo Decreto nº 93.240/1986, com exceção dos seguintes: **a)** certidões das matrículas dos imóveis e as certidões negativas de débitos de tributos imobiliários, supramencionadas; **b)** Certidão Negativa de Débitos Trabalhistas nº _____/2018 com validade até 02.09.2018, emitida via internet nestas Notas em 07.03.2018; e **c)** relatório de consulta de indisponibilidade, resultado **negativo**, código _____, em nome da cedente, emitida e extraída via Internet nestas Notas, nesta data, documentos que ficam arquivados nestas Notas, juntamente com as demais mencionadas. A **cedente e a cessionária** declaram que a cessão dos valores de direitos de meação é realizada a título gratuito e, assim, o excesso de direitos é recebido a título gratuito, não havendo permuta, compensação financeira, torna ou reposição de quaisquer valores.

DECLARAÇÃO DA ADVOGADA E DOS OUTORGANTES

A advogada constituída declara que assessorou, aconselhou e acompanhou suas constituintes, tendo conferido a partilha, os valores e o imposto de transmissão, os quais estão de acordo com a lei. A outorgante nomeia **LUIZA** como inventariante do espólio, tendo todos os poderes que se fizerem necessários para representar o espólio em juízo ou fora dele. Declaram ainda que: **a)** concordam com os valores atribuídos aos bens e com os valores recolhidos a título de imposto de transmissão, bem como a cessão a título gratuito importando em doação; **b)** declaram que os fatos aqui narrados e as declarações feitas são verdadeiras; **c)** concordam e aceitam a presente partilha e, por meio desta escritura e seu posterior registro, recebem sua meação e seu quinhão do bem da herança, na forma supramencionada, ficando ressalvados eventuais erros, frações decimais de centavos dos referidos quinhões, omissões e/ou direitos de terceiros.

REQUERIMENTOS

Os outorgantes autorizam os órgãos e pessoas jurídicas, públicos e/ou particulares, inclusive o Oficial de Registro de Imóveis competente, a praticar todos os atos necessários ou convenientes para a transferência dos bens ora partilhados para seus nomes e o registro desta escritura.

INVENTÁRIO EXTRAJUDICIAL NA PRÁTICA

DOI/SEFAZ

Emitida declaração sobre operação imobiliária, conforme Instrução Normativa da Secretaria da Receita Federal e prestada as informações, referente ao ITCMD, para a Secretaria da Fazenda do Estado de São Paulo.

EMOLUMENTOS – ENCERRAMENTO

Pediram a mim, que lavrasse a presente escritura, que feita e lhes sendo lida, em voz alta, aceitaram-na por achá-la conforme, outorgam e assinam. Eu, _____ (NOME), escrevente, a lavrei. Eu, (a), subscrevo e assino. Devidamente assinada pela(o)(s) comparecente(s) e pelo subscritor. Nada mais. Eu, _____, conferi, subscrevo, assino o TRASLADO que está conforme e dou fé.

6. ARROLAMENTO CONJUNTO – DESCENDENTES

Caso prático:

João era casado com JOSEFA, sob o regime da comunhão de bens. Ambos tiveram dois filhos: Pedro e Ana. João falece no dia 23.04.1996 e Josefa falece no dia 19.09.2017. Deixam um imóvel adquirido por compra. Desejam realizar o inventário desse bem. Como lavrar a escritura?

Solução: Casados sob o regime da comunhão universal de bens, ambos têm direito à meação no imóvel. Como o inventário de João já foi realizado, porém esse imóvel não foi arrolado, agora será necessário fazer a sobrepartilha do bem de João em conjunto com o arrolamento de Josefa, a fim de que o espólio de Josefa receba sua meação e, em seguida, a transmita a seus herdeiros, que representam esse espólio na partilha de João. Haverá pagamento de ITCMD referente às duas heranças.

Art. 1.829, I, do CC/2002.

ESCRITURA DE ARROLAMENTO CONJUNTO E PARTILHA

Aos **10 (dez)** dias do mês de **novembro** do ano **2017 (dois mil e dezessete),** no 17º Tabelião de Notas de São Paulo, perante mim escrevente, apresentaram-se as partes entre si justas e contratadas, a saber:

OUTORGANTES

Como outorgantes, os herdeiros, **PEDRO,** brasileiro, nascido em _/_/_, com __ anos de idade, profissão, portador da cédula de identidade RG _____, inscrito no CPF/MF nº _____, casado pelo regime da comunhão parcial de bens em _/_/_ (C.C. matrícula nº ********* do Oficial de Registro Civil do __º Subdistrito *******), com HELENA, brasileira, profissão, portadora da cédula de identidade RG _____, inscrita no CPF/MF nº _____, residentes e domiciliados _____, na Rua _____ nº 112,_____, CEP _____ e **ANA**, brasileira, profissão, portadora da Carteira da Ordem dos Advogados do Brasil – OAB/SP, inscrição nº ___, onde constam o RG nº _____ e o CPF/MF nº _____, casada pelo regime da comunhão parcial de bens em _/_/_ (C.C. matrícula nº ********** do Oficial de Registro

Civil do __º Subdistrito *********), com EDSON, brasileiro, profissão, portador da cédula de identidade RG _____, inscrito no CPF/MF nº _____, residentes e domiciliados _____, na Rua _____, nº 112, *******, CEP _____.

ADVOGADA

Na qualidade de advogada, comparece a herdeira **Dra. ANA**, em causa própria e acompanhando o outro herdeiro, inscrita na OAB/SP nº _____, supraqualificada, com escritório profissional _____, na _____ nº 130, __ andar, Conjunto ___; os presentes, maiores e capazes, reconhecidos como os próprios de que trato, pelos documentos referidos e apresentados, do que dou fé.

DOS AUTORES DAS HERANÇAS

Pelos outorgantes, foi dito, em idioma nacional, que comparecem perante mim escrevente, acompanhados de sua advogada constituída, para realizar o arrolamento e a partilha dos bens deixados por falecimento de JOÃO e JOSEFA e declararam o seguinte: **A) JOÃO** nasceu em _____, no dia _/_/_, filho de Marta e Luiz, ambos já falecidos; era brasileiro, profissão, portador da cédula de identidade RG nº _____, inscrito no CPF/MF nº _____, **casado com JOSEFA**, sob o regime da **comunhão de bens** em _/_/_ de acordo com a certidão materializada em _/_/_, enviada ao Oficial do __º Subdistrito _____, pela Central de Informações do Registro Civil e lavrada pelo Oficial de Registro Civil das Pessoas Naturais de _____, matrícula nº *****************. O autor da herança residia _____, na Rua _____ nº 112, _____, CEP _____ e **faleceu no dia 23.04.1996**, _____, conforme certidão de óbito termo nº _____, fls. ____ do livro ____ do Oficial de Registro Civil do __º Subdistrito _____, _____, emitida em _/_/_. **B) JOSEFA** nasceu em _____, no dia _/_/_, filha de Carlos e Sandra, ambos já falecidos; era brasileira, profissão, portadora da cédula de identidade RG nº _____, inscrita no CPF/MF nº _____, viúva de JOÃO, como mencionado. A autora da herança residia _____, na Rua _____ nº 112, _____, CEP _____ e **faleceu no dia 19.09.2017**, _____, conforme certidão de óbito matrícula nº ************** do Oficial de Registro Civil do __º Subdistrito _____, _____ emitida em _/_/_. **Tiveram dois filhos**, **seus herdeiros legítimos: PEDRO, que na data do 1º óbito era solteiro**, e **ANA**. Os autores das heranças não deixaram testamento, tendo sido apresentadas as informações negativas de existência de testamento expedidas pela Central Notarial de Serviços Eletrônicos Compartilhados em _/_/_.

DA PARTILHA JUDICIAL DOS BENS DA HERANÇA DE JOÃO

Por meio do processo nº _____ – Arrolamento, da __ª Vara da Família e Sucessões do Foro _____, _____, com sentença que homologou a partilha, transitada em julgado em _/_/_, em nome do autor da herança JOÃO, partilharam os bens por ele deixado. Entretanto, naquele processo, não foi mencionado o bem imóvel ora sobrepartilhado.

DO MONTE MOR SOBREPARTILHADO DE JOÃO

O autor da herança possuía, na ocasião de seu falecimento, entre os bens já arrolados e partilhados, o seguinte bem imóvel: **UM PRÉDIO E RESPECTIVO TERRENO situados na Rua _____ nº 112**, CEP _____, lote "A", com uma área de 125,00m², descrito e caracterizado na matrícula nº _____ do referido Registrador. O imóvel foi adquirido pelo autor da herança, a título de compra, nos termos da escritura lavrada em _/_/_, às folhas ___ do livro ___, do __º _____ l, conforme o registro R.__ da referida matrícula. Cadastrado na Prefeitura Municipal sob nº _____, com o valor venal/IPTU para o exercício de ____ e atribuído para fins fiscais e de partilha de **R$ 48.655,00,** que atualizado pela Ufesp de 2017 perfaz o valor de **R$ 169.179,04,** e valor venal de referência (novembro/2017) de **R$ 374.929,00.** O autor da herança não deixa dívidas ativas ou passivas. O total líquido do bem e haveres do espólio monta em **R$ 169.179,04** (cento e sessenta e nove mil, cento e setenta e nove reais e quatro centavos) correspondendo à herança **R$ 84.589,52** (oitenta e quatro mil, quinhentos e oitenta e nove reais e cinquenta e dois centavos).

DA SOBREPARTILHA DO BEM DE JOÃO

Os outorgantes, de livre e espontânea vontade, sem induzimento, dolo ou sugestão, por meio desta escritura e na melhor forma de direito, sobrepartilham entre si a herança, da seguinte forma:

DA MEAÇÃO DA VIÚVA

A meação do **ESPÓLIO de JOSEFA,** no valor total de **R$ 84.589,52** (oitenta e quatro mil, quinhentos e oitenta e nove reais e cinquenta e dois centavos) é composta de: **1/2 (metade) ideal de UM PRÉDIO E RESPECTIVO TERRENO situados na Rua _____ nº 112,** lote "A", _____ objeto da matrícula nº _____ do __º Oficial de Registro de Imóveis _____.

DOS QUINHÕES DOS HERDEIROS

Os quinhões dos herdeiros **PEDRO** e **ANA,** no valor total de **R$ 42.294,76** (quarenta e dois mil, duzentos e noventa e quatro reais e setenta e seis centavos), **para cada um,** é composto de: **1/4 (um quarto) de UM PRÉDIO E RESPECTIVO TERRENO situados na Rua _____ nº ____,** lote "A", _____, objeto da matrícula nº _____ do __º Oficial de Registro de Imóveis desta Capital.

DO MONTE MOR DE JOSEFA

A autora da herança possuía, na ocasião de seu falecimento, os seguintes bens: BENS IMÓVEIS: **A) 1/2 (metade) ideal de UM PRÉDIO E RESPECTIVO TERRENO situados na Rua _____ nº 112,** CEP _____, lote "A", no distrito, município, comarca e __º Oficial de Registro de Imóveis _____, com uma área de ____, descrito e caracterizado na matrícula nº ____ do referido Registrador. A metade ideal do imóvel foi adquirida pela autora da herança, neste ato pela sucessão aberta, quando do falecimento de JOÃO, falecido em _/_/_, anteriormente qualificado. Cadastrado na Prefeitura Municipal sob nº _____, com o valor venal de referência (setembro/2017) proporcional e atribuído para fins de partilha e fiscais de **R$ 187.464,50,** e valor venal de referência (novembro/2017) proporcional de R$ 187.464,50; **B) 1/2 (metade) ideal de Uma Casa situada na Rua _____, nº 232-fundos,** CEP _____, e seu respectivo terreno, constituído de parte do lote nº _____ da quadra nº __, no __º Subdistrito – _____, distrito, município, comarca e __º Oficial de Registro de Imóveis _____, com a área de mais ou menos 345,00m², descrito e caracterizado na matrícula nº _____ do referido Registrador. A metade ideal do imóvel foi adquirida pela autora da herança, nos termos do Formal de Partilha expedido pelo __º Ofício da Família e das Sucessões do Foro _____, extraído dos autos (processo nº ___) de arrolamento de bens de herança, conforme o registro R.__ da referida matrícula.

Cadastrado na Prefeitura Municipal sob nº _____, com o valor venal de referência (setembro/2017) proporcional e atribuído para fins de partilha e fiscais de **R$ 239.492,00**, e valor venal de referência (novembro/2017) proporcional de R$ 239.492,00; BENS MÓVEIS: **C) 1/4 do caminhão**, marca/modelo: _____, ano de fabricação _____, modelo ___, cor _____, placa _____, conforme certificado de registro de veículo, no qual consta o código Renavam _____, com valor de **R$ 10.118,50**, atribuído para fins de partilha e fiscais. A metade ideal do veículo foi adquirida pela autora da herança, nos termos do Formal de Partilha expedido pelo __º Ofício da Família e das Sucessões do Foro Regional _____, extraído dos autos (processo nº ____) de arrolamento de bens de herança, anteriormente mencionado; **D) Saldo da conta-corrente nº _____**, agência _____ do Banco do Brasil S/A, em _/_/_ com valor de **R$ 487,89**, atribuído para fins de partilha e fiscais, acrescido de juros e correções até a data do pagamento; e **E) saldo do PIS – Inscrição: _____**, com valor de **R$ 729,31**, atribuído para fins de partilha e fiscais, acrescido de juros e correções até a data do pagamento. A autora da herança não deixa dívidas ativas ou passivas. O total líquido dos bens e haveres do espólio e a herança monta em **R$ 438.292,20** (quatrocentos e trinta e oito mil, duzentos e noventa e dois reais e vinte centavos).

DA PARTILHA DOS BENS DE JOSEFA

Os outorgantes, de livre e espontânea vontade, sem induzimento, dolo ou sugestão, por meio desta escritura e na melhor forma de direito, partilham entre si a herança, da seguinte forma:

DOS QUINHÕES DOS HERDEIROS

Os quinhões dos herdeiros **PEDRO** e **ANA**, no valor total de **R$ 219.146,10** (duzentos e dezenove mil, cento e quarenta e seis reais e dez centavos) **para cada um**, é composto de: **A) 1/4 (um quarto) de UM PRÉDIO E RESPECTIVO TERRENO situados na Rua _____ nº 112**, lote "A", objeto da matrícula nº ____ do ___ Oficial de Registro de Imóveis desta Capital, com valor de R$ 93.732,25; **B) 1/4 (um quarto) de UMA CASA situada na Rua _____, nº 232-fundos**, e seu respectivo terreno, constituído de parte do lote nº __ da quadra nº __, no __º Subdistrito – ____, objeto da matrícula nº _____ do __º Oficial de Registro de Imóveis ____, com valor de R$ 119.746,00 **C) 1/4 (um quarto) do car/caminhão**, marca/modelo: _____, ano de fabricação ____, modelo ____, cor ____, placa ____, código Renavam _____, com valor de R$ 5.059,25; **D) 1/2 (metade) ideal do Saldo da conta-corrente nº _____**, agência ____ do _____ com valor de R$ 243,94, acrescido de juros e correções até a data do pagamento; e **E) 1/2 (metade) ideal do Saldo do PIS – Inscrição: ____**, com valor de R$ 364,66, acrescido de juros e correções até a data do pagamento.

IMPOSTO DE TRANSMISSÃO

O imposto de transmissão da **herança de JOÃO** foi recolhido, em 09.11.2017, no valor de R$ 4.060,30, calculado à alíquota de 4%, acrescido de multa de 20%, sobre o valor fiscal de cada quinhão, documentos que ficam aqui arquivados. Quanto ao imposto de transmissão da **herança de MARIA,** foi recolhido em 08.11.2017 e 09.11.2017, duas guias no valor de R$ 8.304,42 cada uma, calculado à alíquota de 4%, com desconto de 5%, sobre o valor fiscal dos bens mencionados nos itens A, B e C do tópico Monte Mor de MARIA dessa escritura, apurado após o preenchimento e a impressão da Declaração de ITCMD nº _____, com valores verídicos e que foram conferidos pelas partes, documentos que ficam aqui arquivados. Quanto aos bens mencionados nos itens D e E do tópico Monte Mor de Josefa, o ITCMD deixa de ser recolhido por isenção prevista na legislação estadual vigente (art. 6º, I, alíneas "d" e "e", da Lei nº 10.705/2000), constantes na declaração de ITCMD supramencionada.

CERTIDÕES

Os outorgantes apresentam os seguintes documentos que ficam aqui arquivados: **a)** certidões dos seus estados civis e documentos de identificação pessoal; **b)** certidões conjuntas negativas de débitos relativos aos tributos federais e à dívida ativa da união, sob os códigos de controle: _____ válidas até 28.04.2018 e os relatórios de consulta de indisponibilidade, resultados negativos, **códigos HASH:** _____ em nome dos autores das heranças; e **c)** dispensam a exibição das certidões de feitos ajuizados, bem como a exigência de arquivamento, nestas notas, de quaisquer outros documentos exigidos pela Lei Federal nº 7.433/1985, regulamentada pelo Decreto nº 93.240/1986, a não ser as seguintes certidões: certidões de inteiro teor das matrículas dos imóveis, expedidas em _/_/_ pelos Registros de Imóveis competentes e as certidões conjuntas de débitos de tributos e contribuições municipais, emitidas via Internet nestas notas em _/_/_.

DECLARAÇÕES DOS OUTORGANTES REFERENTES AOS AUTORES DAS HERANÇAS

Declaram os outorgantes, sob as penas da lei, que: **a)** são os únicos herdeiros, não havendo outros herdeiros legítimos que deveriam comparecer nesse ato; **b)** não têm conhecimento da existência de outros bens para serem partilhados e também não receberam, durante a vida dos autores das heranças, bens para serem apresentados à colação; **c)** não há dívidas ativas ou passivas em nome dos autores das heranças; **d)** os autores das heranças não estavam vinculados à Previdência Social, como empregadores nem devedores, deixando, portanto, de ser apresentada a certidão do Instituto Nacional do Seguro Social (INSS); **e)** os autores das heranças eram senhores, únicos e legítimos possuidores, livres e desembaraçados de quaisquer ônus reais, judiciais ou extrajudiciais, tributos atrasados, dúvidas, dívidas, ações judiciais em trâmite, fundadas em direito real ou pessoal, e quaisquer outros encargos dos bens mencionados nos itens "Monte Mor"; **f)** não há contra os autores das heranças nenhum feito ajuizado com referência aos imóveis; **g)** até a data do falecimento, não existiam débitos decorrentes de taxas relativos aos imóveis objeto desta; **h)** a autora da herança não mantinha vida em comum com qualquer pessoa que pudesse vir a caracterizar união estável.

DECLARAÇÕES DA ADVOGADA E DOS OUTORGANTES

A advogada constituída declara que assessorou, aconselhou e acompanhou seus constituintes, tendo conferido as partilhas, os valores e o imposto de transmissão, os quais estão de acordo com a lei. Declaram ainda que: **a)** os autores das heranças não deixaram testamento público, cerrado ou particular; **b)** concordam com os valores atribuídos aos bens e com os valores recolhidos a título de imposto de transmissão; **c)** declaram que os fatos aqui narrados e as declarações feitas são verdadeiras; **d)** concordam e aceitam as presentes partilhas e, por meio desta escritura e seu posterior registro, recebem seus quinhões dos bens da herança, na forma mencionada, ficando ressalvados eventuais erros, frações decimais de

Cap. XII – MINUTAS DE ARROLAMENTO | 143

centavos dos referidos quinhões, omissões e/ou direitos de terceiros; **e)** não renunciaram os direitos hereditários no arrolamento anteriormente realizado.

DA NOMEAÇÃO DE INVENTARIANTE

Os outorgantes nomeiam inventariante dos espólios de JOÃO e MARIA a herdeira **ANA**, conferindo-lhe todos os poderes que se fizerem necessários para representar os Espólios em juízo ou fora dele, especialmente perante o **Detran/SP** e onde mais necessário for, na transferência do veículo noticiado no item "do monte mor de Josefa" e também junto ao _____, e onde mais necessária for, podendo promover o levantamento e saque do valor depositado na conta mencionada e do Saldo do PIS, bem como promover o encerramento da conta bancária, atualizadas com juros e correções monetárias até a data do levantamento. A nomeada declara que aceita este encargo, prestando compromisso de cumprir com eficácia seu mister, comprometendo-se desde já a prestar contas ao outro herdeiro, quando por ele solicitado, bem como partilhar os valores recebidos pela alienação e pelos levantamentos, nas proporções estabelecidas no item "dos quinhões dos herdeiros".

REQUERIMENTOS

Os outorgantes autorizam os órgãos e pessoas jurídicas, públicos e/ou particulares, inclusive os Oficiais de Registro de Imóveis competentes, _____, a praticarem todos os atos necessários ou convenientes para a transferência dos bens ora partilhados para seus nomes e o registro desta escritura.

DOI/SEFAZ

Emitida declaração sobre operação imobiliária, conforme Instrução Normativa da Secretaria da Receita Federal e prestadas as informações, referente ao ITCMD, para a Secretaria da Fazenda do Estado de São Paulo.

EMOLUMENTOS – ENCERRAMENTO

Pediram a mim, que lavrasse a presente escritura, que feita e lhes sendo lida, em voz alta, aceitaram-na por achá-la conforme, outorgam e assinam.

7. ARROLAMENTO CONJUNTO – DESCENDENTES E ESTADO CIVIL DO FILHO

Caso prático:

EDNA viúva de Nilo, falecido em 1987, teve dois filhos: NIVALDO e JULIO. Falece em 18.08.2011 e deixa um único imóvel adquirido no estado civil de desquitada de Nilo.

JULIO, era casado, na data do óbito de Edna, sob o regime da comunhão universal de bens, com Anastácia.

NIVALDO era casado com FLORA, sob o regime da comunhão parcial de bens em 09.06.1984 teve dois filhos: LUAN e DENIS. Falece no dia 29.04.2015 e deixa apenas a fração do imóvel recebida por sucessão de sua mãe Edna.

Como partilhar o imóvel e o que observar nessa escritura?

Solução: o imóvel adquirido por Edna, no estado civil de desquitada, compõe seu acervo de bens particulares e será considerado herança, em sua totalidade. Seus herdeiros são os dois filhos: Nivaldo e Júlio.

144 INVENTÁRIO EXTRAJUDICIAL NA PRÁTICA

Quanto a Nivaldo, falecido após Edna, será necessário realizar o arrolamento conjunto de ambos, e sua fração no imóvel, considerado bem particular, pois casado sob o regime da comunhão parcial de bens, será partilhada entre sua mulher e os filhos, conforme art. 1.829, I, do CC/2002.

Quanto a Júlio, que na data do óbito de Edna era casado sob a comunhão universal, sua fração no imóvel será considerada patrimônio comum com sua ex-mulher, Anastácia. Na própria escritura, poderão fazer a partilha do divórcio, com a partilha da lei, ou cessão de direitos de meação ou apenas declarando que recebe no estado civil de casado sob comunhão universal. Nessa escritura, a ex-mulher recebe sua meação no quinhão da herança – "partilha da lei". Modelo A.

No mesmo item "Da partilha do divórcio", fizemos a redação para a cessão do direito de meação sobre o quinhão e, em decorrência dessa cessão, o quinhão foi atribuído na totalidade ao herdeiro filho. Modelo B.

ESCRITURA DE ARROLAMENTO CONJUNTO E PARTILHA

Aos **29 (vinte e nove)** dias do mês de **setembro** de **2017 (dois mil e dezessete),** no 17º Tabelião de Notas de São Paulo, perante mim escrevente, apresentaram-se as partes entre si justas e contratadas, a saber:

OUTORGANTES

Como outorgantes, os herdeiros, **FLORA,** brasileira, nascida em 06.01.1960, com 57 anos de idade, profissão, viúva de NIVALDO, falecido em 29.04.2015, adiante qualificado, portadora da cédula de identidade RG _____-SSP/SP, inscrita no CPF/MF nº _____, residente e domiciliada nesta Capital, na Rua _____; **LUAN**, brasileiro, nascido em 11.09.1986, com 31 anos de idade, profissão, solteiro e maior (C.N. materializada em 26.09.2017, enviada ao Oficial do _º Subdistrito Sé, desta Capital, pela Central de Informações do Registro Civil e lavrada pelo Oficial de Registro Civil das Pessoas Naturais do __ Subdistrito _____, desta Capital, matrícula nº _____), portador da Carteira Nacional de Habilitação (CNH) – Detran/SP, registro nº _____, onde constam o RG nº _____-SSP/SP e o CPF/MF nº _____, residente e domiciliado nesta Capital, na Rua _____; **DENIS**, brasileiro, nascido em 11.11.1988, com 28 anos de idade, profissão, solteiro e maior (C.N. matrícula nº _____), portador da Carteira Nacional de Habilitação (CNH) – Detran/SP, registro nº _____, onde constam o RG nº _____-SSP/SP e o CPF/MF nº _____, residente e domiciliado nesta Capital, na Rua _____ e **JULIO**, brasileiro, nascido em 14.09.1954, com 63 anos de idade, profissão, portador da cédula de identidade RG nº __-SSP/SP, inscrito no CPF/MF nº _____, **divorciado de Anastácia, adiante qualificada, com quem foi casado sob o regime da comunhão universal de bens em 22.05.1982**, nos termos da escritura de pacto antenupcial lavrada no 2º Cartório de Notas de __/SP, em 24.02.1982, livro _ fls. _, registrada sob n.º __, livro nº 3 – registro auxiliar, no Oficial de Registro de Imóveis de _____/SP, (C.C. matrícula nº _____, onde consta a averbação da escritura de divórcio, livro _, fls__, lavrada em 09.01.2015 no ___º Tabelião de Notas desta Capital), residente e domiciliado nesta Capital, na _____ e **ANASTÁCIA**, brasileira, profissão, divorciada de JULIO, supraqualificado, portadora da Carteira Nacional de Habilitação (CNH) – Detran/SP, registro nº _____, onde constam o RG nº _____-SSP/SP e o CPF/MF nº _, residente e domiciliada nesta Capital, na __.

ADVOGADA

Acompanhando os outorgantes, comparece a este ato a advogada inscrita na OAB/SP sob nº _, **Dra. AMANDA**, brasileira, casada, portadora do RG nº __-SSP/SP e CPF/MF nº ____, com escritório nesta Capital, Rua _____; os presentes, maiores e capazes, reconhecidos como os próprios de que trato, pelos documentos referidos e apresentados, do que dou fé.

DOS AUTORES DAS HERANÇAS

Pelos outorgantes, foi dito, em idioma nacional, que comparecem perante a mim, escrevente, acompanhados de sua advogada constituída, para realizar o arrolamento e a partilha do bem deixado por falecimento de EDNA e NIVALDO e declararam o seguinte: **A) EDNA** nasceu em São Paulo/SP, no dia 03.06.1928, filha de NOME e NOME, ambos já falecidos; era brasileira, do lar, portadora da cédula de identidade RG nº _____SSP/SP, inscrita no CPF/MF nº _____, viúva de Nilo, falecido em 01.06.1987 (C.C. matrícula: ___, onde consta anotação de óbito de Nilo), **teve 02 filhos, seus herdeiros legítimos: NIVALDO, falecido em 29.04.2015, a seguir qualificado** e **JULIO, que na data do óbito era casado sob o regime da comunhão universal de bens, com Anastácia, e na ocasião do divórcio, não houve a partilha do bem em questão.** A autora da herança residia nesta Capital, na Rua _ e **faleceu no dia 18.08.2011**, nesta Capital, conforme certidão de óbito matrícula nº _____. **B) NIVALDO** nasceu em São Paulo/SP, no dia 14.09.1954, filho de NILO e EDNA, ambos já falecidos; era brasileiro, autônomo, portador da cédula de identidade RG nº ___-SSP/SP, inscrito no CPF/MF nº _____, **casado com FLORA**, ora outorgante, sob o regime da **comunhão parcial de bens** em 09.06.1984 (C.C. matrícula:_____), **teve 02 filhos**, seus **herdeiros legítimos: LUAN** e **DENIS, deixou também como herdeira a viúva FLORA.** O autor da herança residia nesta Capital, na Rua -____ e **faleceu no dia 29.04.2015,** nesta Capital, conforme certidão de óbito matrícula nº _____. Os autores das heranças não deixaram testamento, tendo sido apresentada as informações negativas de existência de testamento expedidas pela Central Notarial de Serviços Eletrônicos Compartilhados em 25.08.2017.

DO MONTE MOR DE EDNA

A autora da herança possuía, na ocasião de seu falecimento, o seguinte bem imóvel: **Uma casa e seu terreno, situado na Rua ____, 388**, CEP_____, no _____º Subdistrito – ___, distrito, município, comarca e _º Oficial de Registro de Imóveis desta Capital, medindo ____ m de frente, por ___m da frente aos fundos de ambos os lados, tendo nos fundos a mesma largura da frente, confrontando do lado direito com a casa nº _ da mesma rua e de propriedade de Nome ou sucessores, pelo lado esquerdo com a Nome ou sucessores, e nos fundos com a casa nº __ da Vila, que tem entrada pela citada rua, nº _, tendo o imóvel origem na **transcrição nº** ____ do _º Oficial de Registro de Imóveis desta Capital. O imóvel foi adquirido pela autora da herança no estado civil de desquitada, a título de compra, nos termos da escritura lavrada em 06.12.1974, às folhas ___ do livro __, do _º Tabelião de Notas desta Capital, conforme transcrição nº _ do _º Oficial de Registro de Imóveis desta Capital. Cadastrado na Prefeitura Municipal sob nº _____, com o valor venal de referência (agosto/2011) R$ 78.289,00 e atribuído para fins de partilha e fiscais o valor de **R$ 81.150,00** e valor venal de referência (setembro/2017) de **R$ 298.662,00.** A autora da herança não deixa dívidas ativas ou passivas. O

146 | INVENTÁRIO EXTRAJUDICIAL NA PRÁTICA

total líquido dos bens e haveres do espólio e a herança monta em **R$ 81.150,00** (oitenta e um mil, cento e cinquenta reais).

DA PARTILHA DO BEM DE EDNA

Os outorgantes, de livre e espontânea vontade, sem induzimento, dolo ou sugestão, por meio desta escritura e na melhor forma de direito, partilham entre si a herança, da seguinte forma:

DOS QUINHÕES DOS HERDEIROS

Os quinhões dos herdeiros **NIVALDO, hoje espólio,** e **JULIO, então casado sob o regime da comunhão universal de bens, com Anastácia,** no valor total de **R$ 40.575,00** (quarenta mil, quinhentos e setenta e cinco reais), **para cada um**, é composto de: **1/2 (metade) ideal de casa e seu terreno, situado na Rua ____, 388,** objeto da transcrição nº ___ do _º Oficial de Registro de Imóveis desta Capital.

DA PARTILHA EM DECORRÊNCIA DO DIVÓRCIO DO HERDEIRO JULIO

(MODELO A – Partilha "da lei")

O herdeiro **JULIO** e sua ex-mulher **ANASTÁCIA**, em razão do regime de bens então adotado, são titulares do seguinte imóvel: **1/2 (metade) ideal de Uma casa e seu terreno, situados na Rua _____, 388**, objeto da transcrição nº _ do _º Oficial de Registro de Imóveis desta Capital. Cadastrado na Prefeitura Municipal sob nº _____, com o valor venal de referência (setembro/2017) proporcional e atribuído para fins de partilha e fiscais de **R$ 149.331,00**, bem adquirido neste ato pela sucessão aberta de Edna, falecida em 18.08.2011, anteriormente qualificada, patrimônio no valor total de **R$ 149.331,00** (cento e quarenta e nove mil, trezentos e trinta e um reais), correspondendo à meação de cada um deles ao valor de **R$ 74.665,50** (setenta e quatro mil, seiscentos e sessenta e cinco reais e cinquenta centavos). Por meio dessa escritura, partilham esse patrimônio da seguinte forma: a JULIO e ANASTÁCIA, caberá para cada um, o quinhão no valor total de **R$ 74.665,50**, composto por: **1/4 (um quarto) de uma casa e seu terreno, situado na Rua __, 388**, objeto da transcrição nº _ do _ Oficial de Registro de Imóveis desta Capital. Os quinhões ora atribuídos têm valores idênticos e por isso não há torna ou reposição, razão pela qual não há incidência de imposto de transmissão na partilha ora formalizada. Apresentam as Certidões Negativas de Débitos Trabalhistas nºs ___ e _____ e também os relatórios de consulta de indisponibilidade, resultados negativos, **códigos HASH:** ____ e ____ ambos extraídos via internet, nestas notas e data, em nome de JULIO e ANASTÁCIA.

(MODELO B – Cessão do direito de meação no quinhão e quinhão na totalidade ao herdeiro)

DA PARTILHA EM DECORRÊNCIA DA SEPARAÇÃO DA HERDEIRA

O herdeiro **JULIO** e sua ex-mulher **ANASTÁCIA**, em razão do regime de bens então adotado, são titulares do seguinte imóvel: **1/2 (metade) ideal de uma casa e seu terreno, situado na Rua _____, 388**, objeto da transcrição nº _ do _º Oficial de Registro de Imóveis desta Capital. Cadastrado na Prefeitura Municipal sob nº _____, com o valor venal de referência (setembro/2017) proporcional e atribuído para fins de partilha e fiscais de **R$ 149.331,00**, bem adquirido neste ato pela sucessão aberta de Edna, falecida em 18.08.2011, anteriormente qualificada, patrimônio no valor total de **R$ 149.331,00** (cento e quarenta e nove mil, trezentos e trinta e um reais), correspondendo à meação de cada um deles ao valor de **R$ 74.665,50** (setenta e quatro mil, seiscentos e sessenta e cinco reais e cinquenta centavos). Os outorgantes, por meio desta escritura, partilham seu patrimônio da seguinte forma: a outorgante **ANASTÁCIA** cede a sua meação a título gratuito, à favor do outorgante **JULIO**. Assim, ao outorgante **JULIO**, **caberá 1/2 (metade) ideal de uma casa e seu terreno, situado na Rua _____, 388**, objeto da transcrição nº _ , totalizando seu quinhão o valor de **R$ 149.331,00**. A diferença entre o valor atribuído ao quinhão de Júlio e a meação que lhe cabia, na importância de **R$ 74.665,50**, é cedida a título gratuito, por Anastácia. Quanto à cessão a título gratuito, exibem a guia de recolhimento do ITCMD, no valor de R$ 2.986,62, imposto calculado à alíquota de 4%, sobre o valor fiscal da cessão, recolhido nesta data, conforme legislação vigente, apurado após o preenchimento e a impressão da Declaração de ITCMD, nº _____, com valores verídicos e que foram por eles conferidos, documentos que permanecem arquivados neste tabelionato. Apresentam as Certidões Negativas de Débitos Trabalhistas nºs ____ e _____ e os relatórios de consulta de indisponibilidade, resultados negativos, código HASH: _____ **e** _____, todos extraídos via internet, nestas notas e data, em nome de Júlio e Anastácia.

DO MONTE MOR DE NIVALDO

O autor da herança possuía, na ocasião de seu falecimento, o seguinte bem imóvel: **1/2 (metade) ideal de casa e seu terreno, situado na Rua ____, 388**, CEP_____, no _____º Subdistrito – ___, distrito, município, comarca e _º Oficial de Registro de Imóveis desta Capital, medindo ____ m de frente, por ___m da frente aos fundos de ambos os lados, tendo nos fundos a mesma largura da frente, confrontando do lado direito com a casa nº _ da mesma rua e de propriedade de Nome ou sucessores, pelo lado esquerdo com a Nome ou sucessores, e nos fundos com a casa nº __ da Vila, que tem entrada pela citada rua, nº _, tendo o imóvel origem na **transcrição nº** ____ do _º Oficial de Registro de Imóveis desta Capital. A metade ideal do imóvel foi adquirida pelo autor da herança, neste ato pela sucessão aberta, quando do falecimento de sua mãe Edna, falecida em 18.08.2011, anteriormente qualificada. Cadastrado na Prefeitura Municipal sob nº _____, com o valor venal de referência (abril/2015) proporcional e atribuído para fins de partilha e fiscais de **R$ 130.004,50**, e valor venal de referência (setembro/2017) proporcional de **R$ 149.331,00**. O autor da herança não deixa dívidas ativas ou passivas. O total líquido do bem e haveres do espólio e a herança monta em **R$ 130.004,50** (cento e trinta mil, quatro reais e cinquenta centavos).

DA PARTILHA DO BEM PARTICULAR DE NIVALDO

Os outorgantes, de livre e espontânea vontade, sem induzimento, dolo ou sugestão, por meio desta escritura e na melhor forma de direito, partilham entre si a herança, **nos termos dos arts. 1.829, I, e 1.832 do Código Civil**, da seguinte forma:

DOS QUINHÕES DOS HERDEIROS

Os quinhões dos herdeiros **LUAN, DENIS** e **FLORA**, no valor total de **R$ 43.334,83** (quarenta e três mil, trezentos e trinta e quatro reais e oitenta e três centavos), **para cada um**, é composto de: **1/6 (um sexto) de uma casa e seu terreno,**

situado na Rua _____, **388**, objeto da transcrição nº __ do _º Oficial de Registro de Imóveis desta Capital.

IMPOSTO DE TRANSMISSÃO

O imposto de transmissão da herança de EDNA foi recolhido em 22.02.2012 no valor de R$ 1.766,19 pelo herdeiro JULIO e em 31.08.2017 no valor de R$ 3.587,61 pelo herdeiro NIVALDO, hoje espólio, calculado à alíquota de 4%, com multa e juros, sobre o valor fiscal de cada quinhão, apurado após o preenchimento e a impressão da Declaração de ITCMD nº _____, com valores verídicos e que foram conferidos pelas partes, documentos que ficam aqui arquivados. Quanto ao imposto de transmissão da herança de NIVALDO, foi recolhido em 25.09.2017, nos valores de R$ 2.869,79, R$ 2.869,79 e R$ 2.869,87, calculado à alíquota de 4%, com multa e juros, sobre o valor fiscal de cada quinhão, apurado após o preenchimento e a impressão da Declaração de ITCMD nº _____, com valores verídicos e que foram conferidos pelas partes, documentos que ficam aqui arquivados.

CERTIDÕES

Os outorgantes apresentam os seguintes documentos que ficam aqui arquivados: **a)** certidões dos seus estados civis e documentos de identificação pessoal; **b)** certidões conjuntas negativas de débitos relativos aos tributos federais e à dívida ativa da união, sob o código de controle: _____ e _____ válidas até 03.03.2018 e os relatórios de consulta de indisponibilidade, resultados negativos, **códigos HASH:** _____ e _____ em nome dos autores das heranças; e **c)** dispensam a exibição das certidões de feitos ajuizados, bem como a exigência de arquivamento, nestas notas, de quaisquer outros documentos exigidos pela Lei Federal nº 7.433/1985, regulamentada pelo Decreto nº 93.240/1986, a não ser as seguintes certidões: certidão de inteiro teor da transcrição do imóvel, expedida em 19.09.2017 pelo Registro de Imóveis competente e a certidão conjunta de débitos de tributos e contribuições municipais, emitida via Internet nestas notas em 28.09.2017.

DECLARAÇÕES DOS OUTORGANTES REFERENTES AOS AUTORES DAS HERANÇAS

Declaram os outorgantes, sob as penas da lei, que: **a)** são os únicos herdeiros, não havendo outros herdeiros legítimos que deveriam comparecer nesse ato; **b)** não têm conhecimento da existência de outros bens para serem partilhados e também não receberam, durante a vida dos autores das heranças, bens para serem apresentados à colação; **c)** não há dívidas ativas ou passivas em nome dos autores das heranças; **d)** os autores das heranças não estavam vinculados à Previdência Social, como empregadores nem devedores, deixando, portanto, de ser apresentada a certidão do Instituto Nacional do Seguro Social (INSS); **e)** os autores das heranças eram senhores, únicos e legítimos possuidores, livres e desembaraçados de quaisquer ônus reais, judiciais ou extrajudiciais, tributos atrasados, dúvidas, dívidas, ações judiciais em trâmite, fundadas em direito real ou pessoal, e quaisquer outros encargos dos bens mencionados no item "Monte Mor"; **f)** não há contra os autores das heranças nenhum feito ajuizado com referência ao imóvel; **g)** até a data do falecimento, não existiam débitos decorrentes de taxas relativos ao imóvel objeto desta; **h)** a autora da herança não mantinha vida em comum com qualquer pessoa que pudesse vir a caracterizar união estável.

DECLARAÇÕES DA ADVOGADA E DOS OUTORGANTES

A advogada constituída declara que assessorou, aconselhou e acompanhou seus constituintes, tendo conferido as partilhas, os valores e o imposto de transmissão, os quais estão de acordo com a lei. Os outorgantes nomeiam **JULIO**, como inventariante dos espólios, conferindo-lhe todos os poderes que se fizerem necessários para representar os espólios em juízo ou fora dele. Declaram ainda que: **a)** os autores das heranças não deixaram testamento público, cerrado ou particular; **b)** concordam com os valores atribuídos ao bem e com os valores recolhidos a título de imposto de transmissão; **c)** declaram que os fatos aqui narrados e as declarações feitas são verdadeiras; **d)** concordam e aceitam as presentes partilhas e por meio desta escritura e seu posterior registro, recebem seus quinhões do bem das heranças, na forma mencionada, ficando ressalvados eventuais erros, frações decimais de centavos dos referidos quinhões, omissões e/ou direitos de terceiros.

REQUERIMENTOS

Os outorgantes autorizam os órgãos e pessoas jurídicas, públicos e/ou particulares, inclusive o Oficial de Registro de Imóveis competente, a praticar todos os atos necessários ou convenientes para a transferência do bem ora partilhado para seus nomes e o registro desta escritura.

DOI/SEFAZ

Emitida declaração sobre operação imobiliária, conforme Instrução Normativa da Secretaria da Receita Federal e prestadas as informações, referente ao ITCMD, para a Secretaria da Fazenda do Estado de São Paulo.

EMOLUMENTOS e ENCERRAMENTO

Pediram a mim, que lavrasse a presente escritura, que feita e lhes sendo lida, em voz alta, aceitaram-na por achá-la conforme, outorgam e assinam.

8. TRÊS ESCRITURAS: A) ARROLAMENTOS COM OBRIGAÇÃO DE FAZER: OUTORGAR ESCRITURA DEFINITIVA; B) ARROLAMENTO DOS DIREITOS DE COMPROMISSÁRIO COMPRADOR; E C) VENDA E COMPRA

Caso prático:

1) Osvaldo e sua mulher Eliana, na qualidade de compromissários vendedores, assinaram um compromisso de venda e compra com Ivan e sua mulher Rosalia, em 30.05.1994, referente a **UM PRÉDIO E RESPECTIVO TERRENO,** situados na **RUA** _____, antiga Rua ____, **nº 60,** parte do lote 7, da quadra 24. O preço pactuado foi totalmente quitado no ano de 1999.

2) Osvaldo, casado sob o regime da comunhão universal com Eliana, teve quatro filhos: Sergio, Helen, Lara e Samara. Osvaldo faleceu em 09.05.2001 e seus bens foram inventariados e partilhados judicialmente. Enquanto vivo, não outorgou a escritura definitiva do imóvel supramencionado.

3) Os filhos de Ivan e Rosália comparecem perante o Tabelião, pois Rosália faleceu então viúva de Ivan. Ambos tiveram quatro filhos: Pedro, Bruna, Adriana e Helena. Rosalia faleceu em 30.10.2009. Era titular de metade dos direitos de aquisição do imóvel, em razão do falecimento de seu marido, cujo inventário já fora realizado.

Quais escrituras devem ser lavradas para que o imóvel seja transferido aos proprietários?

Solução:

1) Arrolamento de Rosalia, partilhando os direitos de aquisição entre seus filhos.
2) Nomeação de inventariante para o espólio de Osvaldo para que o represente na escritura definitiva de venda e compra
3) Escritura de venda e compra, com o espólio de Osvaldo como vendedor e os herdeiros de Ivan e Rosalia como compradores, cumprindo o compromisso e os inventários.

ESCRITURA DE ARROLAMENTO E PARTILHA

Aos **23 (VINTE E TRÊS)** dias do mês de **FEVEREIRO** do ano **2012 (dois mil e doze)**, no 17º Tabelião de Notas de São Paulo, situado na Praça da Liberdade, nº 84, perante mim, escrevente, compareceram partes entre si, justas e contratadas, a saber:

OUTORGANTES

Como outorgantes, os herdeiros: **PEDRO**, brasileiro, profissão, separado judicialmente, portador da cédula de identidade RG _____, inscrito no CPF/MF sob nº _____, residente e domiciliado nesta Capital, na rua _____ nº _____, CEP _____; **BRUNA**, brasileira, profissão, portadora da cédula de identidade RG _____, inscrita no CPF/MF sob nº _____, acompanhada de seu marido, JOSÉ, brasileiro, profissão, portador da cédula de identidade RG _____, inscrito no CPF/MF _____, casados pelo regime da comunhão parcial de bens aos _/_/_, residentes e domiciliados _____, na rua _____ nº 60, Saúde; **ADRIANA,** brasileira, profissão, divorciada, portadora da cédula de identidade _____, inscrita no CPF/MF sob nº _____, residente e domiciliada nesta Capital, na _____ nº _____, apto. ___, ____, CEP _____; **HELENA**, brasileira, profissão, portadora da cédula de identidade RG _____, inscrita no CPF/MF sob nº _____, acompanhada de seu marido, HUGO, brasileiro, profissão, portador da cédula de identidade RG _____, inscrito no CPF/MF sob nº _____, residentes e domiciliados na cidade de _____, na Rua _____, nº _____.

ADVOGADO

Acompanhando os outorgantes, comparece a este ato, o advogado constituído, Dr. **ARNOLDO**, brasileiro, casado, inscrito na OAB/SP sob nº ***, portador do RG nº _____ e no CPF/MF nº _____, domiciliado ____ e com escritório na Rua _____ nº ___, conjunto __; os presentes, maiores e capazes, reconhecidos como os próprios de que trato, pelos documentos referidos e apresentados, do que dou fé.

DA AUTORA DA HERANÇA

Pelos outorgantes, foi dito, em idioma nacional, que comparecem perante mim, escrevente, acompanhados de seu advogado constituído, para realizar o arrolamento e a partilha do bem deixados por falecimento de ROSALIA e declararam o seguinte: **ROSALIA** nasceu no dia _/_/_, na cidade de _____, SP, filha de Francisco e de Izaura, ambos já falecidos; era brasileira, viúva, profissão, portadora da cédula de identidade RG nº _____ e inscrita no CPF/MF sob nº _____; foi casada pelo regime de comunhão de bens, em _/_/_, conforme certidão de casamento termo ****, livro ***, folhas *** do Oficial de Registro Civil das Pessoas Naturais do __º Subdistrito – _____, com IVAN, falecido no dia 13 de janeiro de 2000, _____, conforme certidão de óbito extraída em _/_/_, do termo *****, folhas *** do livro ***, do Oficial de Registro Civil das Pessoas Naturais do __º Subdistrito – Vila Prudente, Capital, SP; **teve quatro filhos, seus herdeiros legítimos: PEDRO,** nascido aos _/_/_ e tem __ anos de idade (certidão de casamento termo ****, livro ***, folhas ***, RCPN do __º Subdistrito – _____ // separado por sentença proferida pela MMa. Juíza de Direito, Dra. _____, da __ª Vara da Família e das Sucessões do Foro _____, _____, datada de _/_/_, transitada em julgado _/_/_), **BRUNA,** nascida aos _/_/_ e tem __ anos de idade (certidão de casamento matrícula nº ******* RCPN do __º Subdistrito – _____), **ADRIANA,** nascida aos _/_/_ e tem __ anos de idade (certidão de casamento termo *****, livro ***, folhas ***, __º Cartório do Registro Civil das Pessoas Naturais da comarca de _____ // divórcio por sentença proferida pela MMa. Juíza de Direito, Dra. _____, da __ª Vara de Família e Sucessões do Foro _____, datada de _/_/_, com transito em julgado em _/_/_) e **HELENA,** nascida aos _/_/_ e tem __ anos de idade__ (certidão de casamento termo nº ***, livro ***, folhas ***, RCPN do __º Subdistrito – _____). A autora da herança residia na rua _____ nº 17, apartamento __, _____; faleceu no dia **30 de outubro de 2009**, _____, conforme certidão de óbito extraída em _/_/_ do termo *****, livro C *****, folhas *****, do Oficial de Registro Civil das Pessoas Naturais do __º Subdistrito – _____. A autora da herança não deixou testamento, tendo sido apresentada a informação negativa de existência de Testamento expedida pelo Colégio Notarial do Brasil – seção de São Paulo, emitida em _/_/_.

DO MONTE MOR

A autora da herança possuía, na ocasião de seu falecimento, o seguinte bem: **metade ideal dos direitos decorrentes do compromisso de venda e compra firmado em 30.05.1994 entre OSVALDO e sua mulher ELIANA e Ivan e a autora da herança,** do seguinte imóvel: **UM PRÉDIO E RESPECTIVO TERRENO,** situados na **RUA** _____, antiga Rua _____, **nº 60,** parte do lote 7, da quadra 24, no lugar denominado _____, CEP _____, no __º Subdistrito – _____, distrito, município, comarca e __º Oficial de Registro de Imóveis desta Capital, com a área de 125,00m² (cento e vinte e cinco metros quadrados), perfeitamente descrito e caracterizado na matrícula nº ____ do referido registro imobiliário; direitos esses havidos na sucessão aberta por falecimento de IVAN, consoante formal de partilha de _/_/_ expedido pelo Juízo de Direito da __ª Vara da Família e Sucessões do Foro _____, desta Capital, extraído dos autos nº *********, não levado a registro; lançado pela Prefeitura do Município de São Paulo sob nº _____, com o valor proporcional de referência/DAMSP (outubro/2009) e atribuído para fins de partilha de **R$ 25.986,00** e o valor proporcional de referência/DAMSP (fevereiro/2012) de R$ 28.897,50. A autora da herança não deixa dívidas ativas ou passivas. O total líquido dos bens e haveres do espólio e a herança monta em R$ 25.986,00.

DA PARTILHA DO BEM DA AUTORA DA HERANÇA

Os outorgantes, de livre e espontânea vontade, sem induzimento, dolo ou sugestão, partilham entre si, como de fato, pela presente escritura e na melhor forma de direito, partilhado têm, a herança, da seguinte forma:

DOS QUINHÕES DOS HERDEIROS

O quinhão de cada um dos herdeiros, **PEDRO, BRUNA, ADRIANA** e **HELENA,** no valor de R$ 6.496,50 cada um, é composto de: **parte ideal de 1/8 dos direitos decorrentes do compromisso de venda e compra firmado em 30.05.1994 entre OSVALDO e sua mulher ELIANA e Ivan e a autora da herança,** do seguinte imóvel: **UM PRÉDIO E RESPECTIVO TERRENO,** situados na **RUA _____,** antiga Rua _____, **nº 60,** parte do lote 7, da quadra 24, no lugar denominado _____, no __º Subdistrito – _____, distrito, município, comarca e __º Oficial de Registro de Imóveis desta Capital, com a área de 125,00m^2 (cento e vinte e cinco metros quadrados), perfeitamente descrito e caracterizado na matrícula nº ____ do referido registro imobiliário.

IMPOSTO DE TRANSMISSÃO

Os outorgantes e o advogado exibem quatro guias de recolhimento do ITCMD, nos valores de R$ 385,16, R$ 385,16, R$ 385,16 e R$ 385,16, imposto calculado à alíquota de 4%, com multa e juros, sobre o valor fiscal de cada quinhão, recolhido nesta data, conforme legislação vigente, e apurado após o preenchimento e a impressão da Declaração de ITCMD nº ******, com valores verídicos e que foram por eles conferidos, documentos que permanecem arquivados neste tabelionato.

CERTIDÕES

Os outorgantes apresentam os seguintes documentos, que ficam aqui arquivados: a) certidões do seu estado civil e documentos de identificação pessoal; b) certidão conjunta negativa de débitos relativa a tributos federais e à divida ativa da União em nome da autora da herança, emitida em _/_/_, válida até _/_/_, extraída via internet, nestas Notas, em _/_/_, sob o nº de controle: _____; c) dispensam a exibição das certidões de feitos ajuizados, bem como a exigência de arquivamento, nestas notas, de quaisquer outros documentos exigidos pela Lei Federal nº 7.433/1985, regulamentada pelo Decreto nº 93.240/1986, a não ser a certidão de inteiro teor da matrícula do imóvel expedida em _/_/_, pelo __º Oficial de Registro de Imóveis desta Capital e a certidão negativa de débitos de tributos imobiliários da Prefeitura de São Paulo, extraída via Internet em _/_/_.

DECLARAÇÕES DOS OUTORGANTES REFERENTES À AUTORA DA HERANÇA

Declaram os outorgantes, sob as penas da lei, que: a) são os únicos herdeiros, não havendo outros herdeiros legítimos que deveriam comparecer nessa partilha; b) não têm conhecimento da existência de outros bens para serem partilhados e também não receberam, durante a vida da autora da herança, bens para serem apresentados à colação; c) não há dívidas ativas ou passivas em nome da autora da herança; d) a autora da herança não estava vinculada à Previdência Social, como empregadora nem devedora, deixando, portanto, de ser apresentada certidão do Instituto Nacional do Seguro Social (INSS); e) a autora da herança era senhora, única e legítima possuidora, livre e desembaraçada de quaisquer ônus reais, judiciais ou extrajudiciais, tributos atrasados, dúvidas, dívidas, ações judiciais em trâmite, fundadas em direito real ou pessoal, e quaisquer outros encargos do bem

Cap. XII – MINUTAS DE ARROLAMENTO | 153

imóvel mencionado no item "Monte Mor"; f) não há contra a autora da herança nenhum feito ajuizado com referência ao imóvel.

DECLARAÇÃO DO ADVOGADO E DOS OUTORGANTES

O advogado constituído declara que assessorou, aconselhou e acompanhou seus constituintes, tendo conferido a partilha, os valores e o imposto de transmissão, os quais estão de acordo com a lei. Os outorgantes nomeiam **HELENA** como inventariante, para fins dos arts. 991 e 992 do Código de Processo Civil, e declaram que os fatos aqui narrados e as declarações feitas são verdadeiras; concordam e aceitam a presente partilha e por meio desta escritura e seu posterior registro, recebem seus quinhões dos bens da herança, ficando ressalvados eventuais erros, omissões e/ou direitos de terceiros.

REQUERIMENTOS/DOI/SEFAZ

Os outorgantes autorizam os órgãos e pessoas jurídicas, públicos e/ou particulares e o Oficial do Registro de Imóveis, a praticar todos os atos necessários ou convenientes para a transferência do bem ora partilhado para seus nomes e o registro desta escritura de arrolamento e partilha de bens de herança, lavrada conforme previsto no art. 982 do Código de Processo Civil. Emitida declaração sobre operação imobiliária, conforme Instrução Normativa da Secretaria da Receita Federal. Prestadas as informações à Secretaria da Fazenda do Estado.

EMOLUMENTOS E ENCERRAMENTO

E me pediram que lavrasse a presente escritura, que feita e lhes sendo lida, em voz alta, aceitaram-na por achá-la conforme, outorgam e assinam.

ESCRITURA DE NOMEAÇÃO DE INVENTARIANTE COM OBRIGAÇÃO DE OUTORGAR ESCRITURA DEFINITIVA

Aos **23 (VINTE E TRÊS)** dias do mês de **FEVEREIRO** do ano **2012 (dois mil e doze)**, no 17º Tabelião de Notas de São Paulo, situado na Praça da Liberdade, nº 84, perante mim, escrevente, compareceram partes entre si, justas e contratadas, a saber:

OUTORGANTES

Como outorgantes, a viúva meeira, **ELIANA**, brasileira, profissão, portadora da cédula de identidade RG _____, inscrita no CPF/MF sob nº _____, residente e domiciliada na cidade de _____, na rua _____ nº 312, CEP _____; e os herdeiros **SERGIO,** brasileiro, profissão, solteiro, maior, portador da cédula de identidade RG _____, inscrito no CPF/MF sob nº _____, residente e domiciliado _____, na rua _____ nº 312, CEP _____; **HELEN,** brasileira, profissão, solteira, maior, portadora da cédula de identidade RG _____, inscrita no CPF/MF sob nº _____, residente e domiciliada _____, na rua _____ nº 312, CEP _____; **LARA,** brasileira, profissão, separada judicialmente, portadora da cédula de identidade RG _____, inscrita no CPF/MF sob nº _____, residente e domiciliada _____, na rua _____ nº 312, CEP _____; e **SAMARA**, brasileira, profissão, portadora da cédula de identidade RG _____, inscrita no CPF/MF sob nº _____, acompanhada de seu marido, **LUCIANO**, brasileiro, profissão, portador da cédula de identidade RG _____, inscrito no CPF/MF sob nº _____, casados pelo regime da comunhão parcial de bens aos _/_/_, residentes e domiciliados _____, na rua _____ nº 351, CEP _____.

ADVOGADO

Acompanhado os outorgantes, comparece a este ato, o advogado constituído, Dr. **ARNOLDO**, brasileiro, casado, inscrito na OAB/SP sob nº *****, portador do RG nº _____ e no CPF/MF nº _____, domiciliado _____ e com escritório na Rua _____ nº ___, conjunto ___; os presentes, maiores e capazes, reconhecidos como os próprios de que trato, pelos documentos referidos e apresentados, do que dou fé.

DO AUTOR DA HERANÇA

Pelos outorgantes, foi dito em idioma nacional que comparecem perante mim, escrevente, acompanhados de seu advogado constituído, para realizar o arrolamento e a sobrepartilha dos bens deixados por falecimento de OSVALDO e declararam o seguinte: **OSVALDO,** nasceu no dia _/_/_, em _____, filho de Ângela e Francisco, ambos falecidos; era brasileiro, profissão, portador da cédula de identidade RG nº _____ e inscrito no CPF/MF sob nº _____, casado com **ELIANA, sua viúva meeira**, pelo regime de comunhão de bens, em _/_/_, conforme termo ***, livro ***, folhas **, do Oficial de Registro Civil das Pessoas Naturais do ___º Subdistrito – _____; **teve quatro filhos, seus herdeiros legítimos: SERGIO,** nascido aos _/_/_ e tem __ anos de idade (certidão de nascimento termo ******, livro ***, folhas **, do RCPN do ___º Subdistrito – _____), **HELEN,** nascida aos _/_/_ e tem __ anos de idade __ (certidão de nascimento termo ***, livro ***, folhas ***, do RCPN do ___º Subdistrito – _____), **LARA,** nascida aos _/_/_ e tem __ anos de idade e que na data do óbito era solteira (certidão de casamento matrícula nº ***********, do RCPN de _____ // separada conforme sentença proferida pelo MM. Juiz de Direito da ___ª Vara de Família e Sucessões da Comarca de _____, Dr. *******, aos _/_/_, transitada em julgado, (processo nº _____); e **SAMARA,** nascida aos _/_/_ e tem __ anos de idade e que na data do óbito era solteira (certidão de casamento termo ********, livro ***, folhas ***, RCPN de _____). O autor da herança residia na cidade de _____, na rua _____ nº 32; faleceu no dia **09 de maio de 2001**, na cidade de _____, conforme certidão de óbito extraída em _/_/_, matrícula nº ************** do Oficial de Registro Civil das Pessoas Naturais e de Interdições e Tutelas da comarca de _____. O autor da herança não deixou testamento, tendo sido apresentada a informação negativa de existência de Testamento expedida pelo Colégio Notarial do Brasil – seção de São Paulo, emitida em _/_/_.

DA PARTILHA JUDICIAL DOS BENS DA HERANÇA

Os outorgantes, consoante formal de partilha e respectivos aditamentos, expedido em _/_/_, extraído dos autos de arrolamento – processo nº *******, que tramitou perante a Vara da Família e das Sucessões da comarca de _____, por sentença proferida em _/_/_, partilharam alguns dos bens deixados por falecimento do autor da herança, entretanto, naquele procedimento, não foi mencionada a obrigação de outorgar escritura definitiva do imóvel objeto desta, uma vez que os outorgantes não tinham conhecimento de sua existência.

DA OBRIGAÇAO DE OUTORGAR ESCRITURA DEFINITIVA

O autor da herança possuía na ocasião de seu falecimento a obrigação de fazer consistente em outorgar a escritura definitiva ao compromissário comprador **IVAN**, brasileiro, profissão, portador da cédula de identidade RG _____, inscrito no CPF/MF sob nº _____, **casado no regime da comunhão de bens** antes da Lei nº 6.515/1977, com **ROSALIA**, brasileira, profissão, portadora da cédula de identidade RG nº _____, inscrita no CPF/MF sob nº _____, residentes e domiciliados _____, na rua _____ nº 158, apto. __, ou seus sucessores legais legítimos, do seguinte imóvel: **UM PRÉDIO E RESPECTIVO TERRENO,** situados na **RUA** _____, antiga Rua ___, **nº 60,** parte do lote 7, da quadra 24, no lugar denominado _____, CEP _____, no __º Subdistrito – _____, distrito, município, comarca e __º Oficial de Registro de Imóveis desta Capital, com a área de 125,00m² (cento e vinte e cinco metros quadrados), perfeitamente descrito e caracterizado na matrícula nº _____ do referido registro imobiliário. O compromisso de venda e compra foi firmado em _/_/_, por meio do instrumento particular, não levado ao registro imobiliário e que foi quitado integralmente antes da abertura da sucessão.

DA NOMEAÇÃO DE INVENTARIANTE

Para cumprir a obrigação de fazer, os herdeiros nomeiam inventariante do espólio de OSVALDO, a viúva meeira **ELIANA**, conferindo-lhe todos os poderes que se fizerem necessários para representar o espólio em juízo ou fora dele, **especialmente para representar o espólio na outorga da escritura definitiva de venda e compra do imóvel constituído de** _____, situados na **RUA** _____, antiga Rua _____, **nº 60,** parte do lote 7, da quadra 24, no lugar denominado _____, no __º Subdistrito – ____, distrito, município, comarca e __º Oficial de Registro de Imóveis _____, com a área de 125,00m² (cento e vinte e cinco metros quadrados), perfeitamente descrito e caracterizado na matrícula nº ____ do referido registro imobiliário, **para IVAN, ou para seus sucessores legais e legítimos**. A nomeada declara que aceita este encargo, prestando compromisso de cumprir eficazmente seu mister, comprometendo-se a assinar a escritura definitiva.

CERTIDÕES

Os outorgantes apresentam os seguintes documentos que ficam aqui arquivados: a) certidões do seu estado civil e documentos de identificação pessoal; b) certidão conjunta negativa de débitos relativa a tributos federais e à dívida ativa da União em nome do autor da herança, apresentada no processo nº _____ de arrolamento que tramitou no Fórum _____, Comarca de _____; c) dispensam a exibição das certidões de feitos ajuizados, bem como a exigência de arquivamento, nestas notas, de quaisquer outros documentos exigidos pela Lei Federal nº 7.433/1985, regulamentada pelo Decreto nº 93.240/1986, a não ser a certidão de inteiro teor da matrícula do imóvel expedida em _/_/_ pelo __º Oficial de Registro de Imóveis de São Paulo e a certidão negativa de débitos de tributos imobiliários da Prefeitura Municipal de São Paulo, emitida via internet em _/_/_.

DECLARAÇÕES DOS OUTORGANTES REFERENTES AO AUTOR DA HERANÇA

Declaram os outorgantes, sob as penas da lei, que: a) são os únicos herdeiros, não havendo outros herdeiros legítimos que deveriam comparecer nessa sobrepartilha; b) não têm conhecimento da existência de outros bens para serem sobrepartilhados e também não receberam, durante a vida do autor da herança, bens para serem apresentados à colação; c) não há dívidas ativas ou passivas em nome do autor da herança; d) o autor da herança não estava vinculado à Previdência Social, como empregador nem devedor, deixando, portanto, de ser apresentada certidão do Instituto Nacional do Seguro Social (INSS); e) o autor da herança era senhor, único e legítimo possuidor, livre e desembaraçado de quaisquer ônus reais, judiciais ou extrajudiciais, tributos atrasados, dúvidas, dívidas, ações judiciais em trâmite, fundadas em direito real ou pessoal, e quaisquer outros encargos do bem imóvel mencionado no item "Monte Mor"; f) não há contra o autor da herança nenhum feito ajuizado com referência ao imóvel objeto desta.

DECLARAÇÃO DO ADVOGADO E DOS OUTORGANTES

O advogado constituído declara que assessorou, aconselhou e acompanhou seus constituintes, alertando-os das consequências jurídicas dessa declaração de inventário/arrolamento e sobrepartilha e da obrigação de fazer a ser cumprida. Os outorgantes declaram que os fatos aqui narrados e as declarações feitas são verdadeiras; reconhecem que o compromisso de venda e compra foi integralmente quitado antes da abertura da sucessão e autorizam o tabelião de notas a lavrar a escritura de venda e compra aqui mencionado. Ficam ressalvados eventuais erros, omissões e/ou direitos de terceiros.

EMOLUMENTOS E ENCERRAMENTO

E me pediram que lavrasse a presente escritura, que feita e lhes sendo lida, em voz alta, aceitaram-na por achá-la conforme, outorgam e assinam.

ESCRITURA DE VENDA E COMPRA

Aos **23 (VINTE E TRÊS)** dias do mês de **FEVEREIRO** do ano de **2012 (DOIS MIL E DOZE)**, neste cartório, perante mim, escrevente do 17º Tabelião de Notas de São Paulo/SP, compareceram partes entre si, justas e contratadas, a saber:

OUTORGANTE VENDEDOR

ESPÓLIO DE OSVALDO (RG nº _____, CPF/MF nº _____), neste ato representado pela inventariante, com quem era casado sob o regime da comunhão universal de bens, **ELIANA**, brasileira, viúva, _____, portadora da cédula de identidade RG _____, inscrita no CPF/MF sob nº _____, residente e domiciliada _____, na rua _____ nº 312, CEP _____, nomeada inventariante de acordo com a escritura de nomeação de inventariante com obrigação de outorgar escritura definitiva, lavrada nestas notas, em 23.02.2012, livro _, às páginas ____.

COMPRADORES

PEDRO, brasileiro, profissão, separado judicialmente (certidão de casamento termo ***, livro ***, folhas ***, RCPN do __º Subdistrito – _____ // separado por sentença proferida pela MMa. Juíza de Direito, Dra. ****, da __ª Vara da Família e das Sucessões do Foro _____, _____, datada de _/_/_, transitada em julgado _/_/_), portador da cédula de identidade RG _____, inscrito no CPF/MF sob nº _____, residente e domiciliado _____, na rua _____ nº 42, _____, CEP _____; **BRUNA**, brasileira, profissão, portadora da cédula de identidade RG _____, inscrita no CPF/MF sob nº _____, casada pelo regime da comunhão parcial de bens aos _/_/_ (certidão de casamento matrícula nº _____ RCPN do __º Subdistrito – _____), com JOSÉ, brasileiro, profissão, portador da cédula de identidade RG _____, inscrito no CPF/MF sob nº _____, residentes e domiciliados nesta Capital, na rua _____ nº 60, _____; **ADRIANA,** brasileira, profissão, divorciada (certidão de casamento termo ***, livro ***, folhas ***, __º Cartório do Registro Civil das Pessoas Naturais da comarca de _____ // divórcio por sentença proferida pela MMa. Juíza de Direito, Dra. *******, da __ª Vara de Família e Sucessões do Foro _____, _____, datada de _/_/_, com transito em julgado em _/_/_), portadora da cédula de identidade RG _____, inscrita no CPF/MF sob nº _____, residente e domiciliada _____, na _____ nº 1.097, apto. __, _____, CEP _____; **HELENA**, brasileira, profissão, portadora da cédula de identidade RG _____, inscrita no CPF/MF sob nº _____, casados pelo regime da comunhão parcial de bens aos _/_/_ (certidão de casamento termo nº ***, livro ***, folhas ***, RCPN do __º Subdistrito – _____), com HUGO, brasileiro, profissão, portador da cédula de identidade RG _____, inscrito no CPF/MF sob nº _____, residentes e domiciliados na cidade de _____, na Rua _____, 32 – _____. Os presentes reconhecidos como os próprios de que trato, pelos documentos referidos e apresentados, do que dou fé.

IMÓVEL

A seguir, pelo outorgante vendedor, na forma como vem representado, foi dito que é senhor, único e legítimo possuidor, livre e desembaraçado de quaisquer ônus reais, judiciais ou extrajudiciais, tributos atrasados, dúvidas, dívidas, ações judiciais em trâmite, fundadas em direito real ou pessoal e quaisquer outros encargos, de **UM PRÉDIO E RESPECTIVO TERRENO,** situados na **RUA** _____, antiga Rua __, **nº 60,** parte do lote 7, da quadra 24, no lugar denominado _____, no __º Subdistrito – Saúde, distrito, município, comarca e __º Oficial de Registro de Imóveis desta Capital, com a área de 125,00m^2 (cento e vinte e cinco metros quadrados), perfeitamente descrito e caracterizado na matrícula nº _____ do referido registro imobiliário.

CADASTRO IMOBILIÁRIO/TÍTULO AQUISITIVO

O imóvel está cadastrado na Prefeitura do Município de São Paulo, para tributação do Imposto Predial Territorial Urbano (IPTU), sob nº _____, com o valor de R$ 57.795,00, atribuído pela Prefeitura em seu site oficial. Foi adquirido pelo vendedor, por compra feita a Gilberto e sua mulher, consoante instrumento particular, com força de escritura pública, datado de _/_/_, registrado sob nº __, na matrícula nº ___ do __º Oficial de Registro de Imóveis desta Capital.

COMPROMISSO ANTERIOR

Por meio do instrumento particular firmado em 30.05.1994, OSVALDO e sua mulher, ELIANA, prometeram vender a IVAN, casado pelo regime de comunhão de bens, antes da Lei nº 6.515/1977, com ROSALIA, o imóvel supradescrito, pelo preço certo e ajustado de CR$ 61.640.000,00 (sessenta e um milhões, seiscentos e quarenta mil cruzeiros reais), moeda daquela época, sem representatividade no padrão monetário atual. OSVALDO faleceu em 09.05.2001, na cidade de _____, conforme certidão de óbito extraída do termo ******, às folhas *** do livro ***** do Oficial de Registro Civil das Pessoas Naturais e de Interdições e Tutelas da comarca de _____, tendo sido o preço do imóvel totalmente quitado antes desta data, de acordo as cláusulas constantes no citado compromisso de venda e compra. Após o falecimento do compromissário comprador IVAN, em 13.01.2000 (Certidão de Óbito termo nº ****, livro ***, folhas ***, RCPN do __º Subdistrito – _____), seus bens foram inventariados pelo formal de partilha de _/_/_ expedido pelo Juízo de Direito da __ª Vara da Família e Sucessões do Foro _____, _____, extraído dos autos nº _____ e os direitos de compromissário comprador foram partilhados na proporção de metade ideal para sua mulher ROSALIA e a parte ideal de 1/8 do imóvel para seus filhos, ora compradores. Com o falecimento de ROSALIA, ocorrido em 30.10.2009 (Certidão de Óbito termo nº ****, livro C nº ***, folhas ****, RCPN do __º Subdistrito – _____), os seus direitos de compromissária compradora sobre a metade ideal do imóvel foram inventariados por meio da escritura de inventário/arrolamento e partilha lavrada às páginas ___ do livro _____, destas notas, nesta data e foram partilhados na proporção de parte ideal de 1/8 do imóvel para seus filhos, ora compradores.

VENDA E COMPRA

Assim, pela presente escritura e na melhor forma de direito, o espólio de OSVALDO, na forma como vem representado, VENDE aos outorgados compradores o imóvel anteriormente descrito, dando, do preço ajustado, plena, absoluta e irrevogável quitação de pago e satisfeito, para jamais repetir. Desde já e para sempre, cede e transfere, aos outorgados compradores, a posse e o domínio, os direitos e as ações que tem e vem exercendo sobre o referido imóvel, para que dele use, goze e disponha livremente, como seu que fica sendo de hoje em diante, o que ele vendedor promete fazer sempre bom, firme e valioso, por si, seus bens, herdeiros e sucessores, e a responder pela evicção, na forma da lei.

REQUERIMENTOS

As partes autorizam e requerem desde já os atos necessários ou convenientes para o registro desta escritura, especialmente a averbação do falecimento de OSVALDO, encaminhando para tal cópia autenticada da certidão de óbito.

DECLARAÇÕES DO VENDEDOR

Declara o vendedor, por sua representante, que: a) não está vinculado à Previdência Social, como empregador ou devedor, deixando, portanto, de apresentar certidões do Instituto Nacional do Seguro Social (INSS) e da Secretaria da Receita Federal (SRF); b) não há contra ele nenhum feito ajuizado fundado em ações reais ou pessoais reipersecutórias, e de outros ônus reais incidentes sobre o imóvel objeto desta escritura. *Obs.: em 2012, não havia obrigação de consultar o relatório de indisponibilidade nem a certidão negativa trabalhista.*

DECLARAÇÕES DOS COMPRADORES

Os outorgados compradores declaram que dispensa o vendedor da apresentação e este tabelionato do arquivamento das certidões de feitos ajuizados, elencadas na Lei Federal nº 7.433/1985, regulamentada pelo Decreto nº 93.240/1986, assim como qualquer outro documento para este ato, a não ser da certidão de inteiro teor da matrícula do imóvel expedida em _/_/_ pelo __º Oficial de Registro de Imóveis _____, bem como da certidão negativa de tributos fiscais expedida pela Prefeitura do Município de São Paulo, extraída nestas notas, via Internet, em _/_/_, as quais se encontram aqui arquivadas.

DECLARAÇÃO DAS PARTES

Disseram mais e finalmente, os contratantes, que aceitam a presente escritura, como está redigida, por achá-la conforme e de acordo com o que haviam entre si previamente convencionado, firmando-a de livre e espontânea vontade.

IMPOSTO DE TRANSMISSÃO/ DOI

Após o preenchimento da Declaração de Transação Imobiliária e emissão do Documento de Arrecadação Imobiliária do Município de São Paulo, nos termos do

Decreto Municipal nº 46.228, de 23 de agosto de 2005, cujos dados foram conferidos pelos ora compradores e por mim, escrevente, foi recolhido, nesta data, o ITBI devido, por meio da guia nº _____, no valor de R$ 1.155,90, à razão de 2% sobre o valor atribuído ao imóvel na citada declaração DTI/DAMSP, da qual uma via permanecerá arquivada nestas Notas. Emitida declaração sobre operação imobiliária, conforme Instrução Normativa da Secretaria da Receita Federal.

EMOLUMENTOS E ENCERRAMENTO

Pediram-me que lavrasse a presente escritura, que feita e lhes sendo lida, aceitaram-na por achá-la conforme, outorgam e assinam.

9. TRÊS ESCRITURAS: A) NOMEAÇÃO DE INVENTARIANTE PARA A CESSÃO DE DIREITOS HEREDITÁRIOS DA FALECIDA PARA TERCEIRO; B) CESSÃO ONEROSA DE DIREITOS HEREDITÁRIOS FEITA PELO ESPÓLIO; C) ARROLAMENTO DO CRÉDITO DA CESSÃO ONEROSA, DO DINHEIRO RECEBIDO

Caso prático:

ANTONIA era casada com SAMUEL, sob o regime da comunhão universal de bens em 05.01.1974, teve um único filho ROMEU, e faleceu no dia 11.03.2014. O pai de Antônia, Pablo, faleceu em 13.04.2009 e seu inventário está sendo realizado judicialmente. Antônia tem direito a 1/14 de um imóvel de propriedade de seu pai. O inventário de Antônia não foi realizado.

Samuel e Romeu desejam transferir, a título oneroso, os direitos hereditários, sobre 1/14, aos irmãos de Antônia enquanto está sendo processado o inventário judicial de Pablo, pai de Antônia.

Quais escrituras serão lavradas?

Solução: o inventário judicial de Pablo, pai de Antônia, ainda não foi encerrado. Portanto, Antônia é titular dos direitos hereditários sobre 1/14 do imóvel. Possibilidades:

a) Se Antônia estivesse viva, acompanhada por seu marido, faria uma escritura de cessão de direitos hereditários para seus irmãos e essa escritura seria apresentada no inventário judicial.

b) Como Antônia é falecida, seu espólio é que fará a cessão de direitos hereditários. O espólio não tem personalidade jurídica e, por essa razão, é representado por um "inventariante" autorizado a praticar atos específicos.

c) Lavrando uma escritura de nomeação de inventariante para o espólio de Antônia, autorizando-o a ceder os direitos hereditários sobre 1/14 do imóvel, pelo preço de R$ _ e se comprometendo a partilhar o valor recebido pela cessão.

d) Segunda escritura: cessão de direitos hereditários para os irmãos, na qual o espólio comparece representado por seu inventariante, nomeado pela primeira escritura.

160 | INVENTÁRIO EXTRAJUDICIAL NA PRÁTICA

e) Terceira escritura: partilha do valor recebido pela cessão, entre o marido e filho de Antônia.

Obs.: O inventário de Antônia poderia ser "conjunto" com o de seu pai, judicial ou extrajudicial, se suspendessem o processo.

No caso em tela, o inventário de Pablo era judicial e, como ele tinha outros herdeiros, o marido e filho de Antônia preferiram realizar seu arrolamento em ato apartado.

ESCRITURA DE NOMEAÇÃO DE INVENTARIANTE

Aos **19 (dezenove)** dias do mês de **setembro** do ano **2017 (dois mil e dezessete),** no 17º Tabelião de Notas de São Paulo, perante mim, escrevente, apresentaram-se as partes entre si justas e contratadas, a saber:

OUTORGANTES

Como outorgantes, o viúvo meeiro **SAMUEL**, brasileiro, nascido em 14.05.1934, com __ anos de idade, aposentado, portador da cédula de identidade RG nº _____, inscrito no CPF/MF nº _____, residente e domiciliado _____, na Rua _____ nº 114, _____, CEP: _____ e o herdeiro, **ROMEU**, brasileiro, nascido em 24.09.1974, com __ anos de idade, profissão, portador da cédula de identidade profissional _____ nº _____, onde consta o RG nº _____ e o CPF/MF nº _____, casado pelo regime da comunhão parcial de bens em 20.12.2014 (C.C. matrícula nº ************* do Oficial de Registro Civil das Pessoas Naturais do __º Subdistrito – _____), com RENATA, brasileira, profissão, portadora da cédula de identidade RG nº _____, inscrita no CPF/MF nº _____, residentes e domiciliados _____, na Rua _____ nº 217 ap. ___, bairro _____, CEP: _____.

ADVOGADO

Comparece o herdeiro **Dr. ROMEU**, em causa própria e acompanhando o viúvo meeiro, advogado inscrito na OAB/SP nº _____, supraqualificado, com endereço profissional _____, na Avenida _____ nº 1.616, Conjunto ___, bairro _____, CEP _____; os presentes, maiores e capazes, reconhecidos como os próprios de que trato, pelos documentos referidos e apresentados, do que dou fé.

DA AUTORA DA HERANÇA

Pelos outorgantes, foi dito, em idioma nacional, que comparecem perante mim, escrevente, acompanhados de seu advogado constituído, para realizar a nomeação de uma pessoa com poderes de inventariante para o espólio de ANTONIA e declararam o seguinte: **ANTONIA** nasceu no dia 29.12.1947, filha de Francisco e Rosa, ambos já falecidos; era brasileira, profissão, portadora da cédula de identidade RG nº _____, inscrita no CPF/MF nº _____, **casada com SAMUEL,** ora outorgante, sob o regime da **comunhão universal de bens** em **05.01.1974** (C.C. termo nº ****, fls. *** do livro *** do Oficial de Registro Civil das Pessoas Naturais do __º Subdistrito _____), **teve um único filho, seu herdeiro legítimo: ROMEU**. A autora da herança residia _____, na Rua _____ nº 114, bairro _____, CEP: _____ e **faleceu no dia 11.03.2014**, nesta Capital, conforme certidão de óbito matrícula nº *********** emitida em 20.03.2014 pelo Oficial de Registro Civil das Pessoas Naturais do __º Subdistrito _____. A autora da herança não deixou testamento, tendo sido apresentada a informação negativa de existência de testamento expedida pela Central Notarial de Serviços Eletrônicos Compartilhados em 28.03.2014.

DOS DIREITOS HEREDITÁRIOS DA AUTORA DA HERANÇA

A autora da herança possuía, na ocasião de seu falecimento, entre o bem já arrolado e partilhado, o seguinte bem: **Direitos hereditários adquiridos pela sucessão aberta de seu pai Pablo, falecido em 13 de abril de 2009, que recaem sobre 1/14 ou 7,14% do imóvel consistente em UMA CASA DE MORADIA contendo 95,00 m² de área construída, a qual recebeu o nº 595 da Rua _____, CEP _____, e seu terreno desmembrado do lote nº 20, da quadra _, da planta geral do loteamento denominado _____, na cidade, município, comarca e Oficial de Registro de Imóveis de _____, completamente descrito e caracterizado na matrícula nº _____ do referido Registrador, objeto da ação de inventário em trâmite na __ª Vara Judicial da Comarca de _____, processo nº ************** – ordem nº *********, tendo como requerido Pablo, pai da autora da herança ANTONIA**. Cadastrado na Prefeitura Municipal sob nº _____, com o valor venal para o presente exercício proporcional a 1/14 de R$ 3.768,48.

DA NOMEAÇÃO DE INVENTARIANTE

Assim, os outorgantes, de comum acordo, por meio desta escritura e na melhor forma de direito, **nomeiam o herdeiro ROMEU**, como inventariante do espólio de ANTONIA, conferindo-lhe todos os poderes que se fizerem necessários para representar o espólio em juízo ou fora dele, bem como poderes para proceder a cessão dos direitos hereditários a título oneroso da parte ideal do imóvel mencionado, podendo receber o preço e dar quitação, melhor descrever e caracterizar o respectivo imóvel, transmitir posse, domínio, direitos e ações; responder pela evicção, na forma da lei; aceitar, **outorgar e assinar a escritura pública de cessão de direitos hereditários em favor do cessionário Vitor**, requerer, declarar e assinar o que for necessário ou conveniente. A escritura de cessão de direitos hereditários será outorgada em conjunto pelos cedentes: espólio de ANTONIA, EDNA, DOMINGOS e IVETE e seu marido CLÉCIO, pelo preço ajustado de R$ 14 mil (quatorze mil reais), sendo que cada cedente receberá a importância de R$ 3.500 (três mil e quinhentos reais).

DO COMPROMISSO DE INVENTARIANTE

O herdeiro ROMEU, neste ato nomeado inventariante do **espólio de ANTONIA**, declara que aceita este encargo, prestando compromisso de cumprir eficazmente seu mister, comprometendo-se desde já à prestação de contas ao outorgante SAMUEL, quando por ele solicitado, declarar e sobrepartilhar o valor advindo da cessão de direitos supramencionada, escritura de sobrepartilha que será lavrada nesta data e neste mesmo livro.

CERTIDÕES

Os outorgantes apresentaram os seguintes documentos, que ficam aqui arquivados: **a)** certidões dos seus estados civis e documentos de identificação pessoal; **b)** certidão conjunta negativa de débitos relativos aos tributos federais e à dívida ativa da união, sob o código de controle: _____ válida até _/_/_ e o relatório de consulta de indisponibilidade, resultado negativo, **código HASH:** _____, em nome da autora da herança; e **c)** dispensam a exibição das certidões de feitos ajuizados, bem como a exigência de arquivamento, nestas notas, de quaisquer outros documentos exigidos pela Lei Federal nº 7.433/1985, regulamentada pelo Decreto nº 93.240/1986, a não ser as seguintes certidões: certidão de inteiro teor da matrícula do imóvel, expedida em _/_/_ pelo Registro de Imóveis competente e a certidão negativa de débitos tributários municipais, emitida via Internet nestas notas em _/_/_.

DECLARAÇÕES DOS OUTORGANTES REFERENTES A AUTORA DA HERANÇA

Declaram os outorgantes, sob as penas da lei e **cientes do teor do art. 299 do Código Penal**, que: a) ROMEU é o único herdeiro, não havendo outros herdeiros legítimos que deveriam comparecer nessa escritura; b) não há bens para ser apresentados à colação, pois nenhum dos herdeiros recebeu bens a título de doação, como adiantamento de legítima, da autora da herança; c) não existem outros bens em nome da autora para serem arrolados; d) não há dívidas ativas ou passivas em nome da autora da herança; e) a autora da herança não estava vinculada à Previdência Social, como empregadora nem devedora, deixando, portanto, de ser apresentada certidão do Instituto Nacional do Seguro Social (INSS).

DECLARAÇÕES DO ADVOGADO E DOS OUTORGANTES

O advogado constituído declara que assessorou, aconselhou e acompanhou seu constituinte, alertando-os das consequências jurídicas das declarações acima prestadas. Os outorgantes afirmam que os fatos aqui narrados e as declarações feitas são verdadeiras; **autorizam o Tabelião de Notas a lavrar a escritura de cessão de direitos hereditários a título oneroso em favor do cessionário Vitor**. Ficam ressalvados eventuais erros, omissões e/ou direitos de terceiros.

ENCERRAMENTO

Pediram-me que lavrasse a presente escritura, que feita e lida, em voz alta, aceitaram-na por achá-la conforme, outorgam e assinam. Eu, escrevente, a lavrei. Eu, (a), subscrevo e assino.

ESCRITURA DE CESSÃO ONEROSA DE DIREITOS HEREDITÁRIOS

Aos **19 (dezenove)** dias do mês de **setembro** do ano de **2017 (dois mil e dezessete),** no 17º Tabelião de Notas de São Paulo/SP, perante mim, escrevente, compareceram partes entre si, justas e contratadas, a saber:

OUTORGANTES CEDENTES

Como outorgantes cedentes, **EDNA**, brasileira, profissão, viúva (C.C. termo *****, folhas *****, livro ***** do Registro Civil das Pessoas Naturais do __º Subdistrito _____, e C.O. termo *****, folhas ***** do livro ***** do Registro Civil das Pessoas Naturais do __º Subdistrito _____, de Celso, falecido em 06.02.1971), portadora da cédula de identidade RG _____, inscrita no CPF/MF nº _____, residente e domiciliada _____, na Rua _____ nº 456, _____; **DOMINGOS**, brasileiro, profissão, divorciado (C.C. termo *****, folhas *****, livro ***** do Registro Civil das Pessoas Naturais do __º Subdistrito _____, onde consta averbação do divórcio, por sentença datada de 16.10.1998, que transitou em julgado, no processo nº ___ da __ª Vara Judicial de _____), portador da cédula de identidade RG _____ inscrito no CPF/MF nº _____, residente e domiciliado em _____, na Travessa _____ nº 03, _____, **neste ato representado por seu procurador: ROMEU**, brasileiro, casado, profissão, portador da cédula de identidade profissional da OAB/SP nº _____, onde consta o RG nº _____ e o CPF/MF nº

_____, residente e domiciliado _____, na Rua _____ nº 217 ap. ___, bairro _____, CEP: _____, conforme procuração lavrada em 21.08.2017, no Tabelionato do _____, nº de ordem: *****, livro *****, folha *****, cujo traslado nº 1 fica arquivado nestas notas; **IVETE**, brasileira, aposentada, portadora da cédula de identidade RG nº _____, inscrita no CPF/MF nº _____ e seu marido **CLÉCIO**, brasileiro, profissão, portador da cédula de identidade RG _____, inscrito no CPF/MF nº _____, casados pelo regime da comunhão universal de bens, em 09.07.1987, de acordo com a escritura de pacto antenupcial, lavrada no Tabelião de Notas do __º Subdistrito de _____, em 25.05.1987, livro *****, páginas *****, registrada sob nº *****, livro nº **-Registro Auxiliar do __º Oficial de Registro de Imóveis desta Capital, (C.C. matrícula: ********** do Oficial de Registro Civil das Pessoas Naturais do __º Subdistrito _____), residentes e domiciliados na cidade de _____, na Rua _____ nº 39 e **ESPÓLIO DE ANTONIA** (falecida em 11.03.2014, _____, conforme certidão de óbito matricula nº *********** do Oficial de Registro Civil das Pessoas Naturais do __º Subdistrito _____, no estado civil de casada com SAMUEL, brasileiro, profissão, portador da cédula de identidade RG nº _____, inscrito no CPF/MF nº _____, residente e domiciliado _____, na Rua _____ nº 114, bairro _____, pelo regime da comunhão universal de bens em 05.01.1974 (C.C. termo nº *****, fls. ***** do livro ***** do Oficial de Registro Civil das Pessoas Naturais do __º Subdistrito _____), o espólio de ANTONIA era portadora da cédula de identidade RG nº _____, inscrita no CPF/MF nº _____, **neste ato representada por seu inventariante, ROMEU**, já qualificado, nos termos da escritura de nomeação de inventariante lavrada nestas notas e data, neste mesmo livro, às folhas 335/338.

OUTORGADO CESSIONÁRIO

Como outorgado cessionário, **VITOR**, brasileiro, aposentado, portador da cédula de identidade RG _____, inscrito no CPF/MF nº _____, casado pelo regime da comunhão de bens em 24.06.1972 (certidão de casamento materializada em 23.03.2016, enviada ao Oficial de _____, pela Central de Informações do Registro Civil e lavrada pelo Oficial de Registro Civil das Pessoas Naturais do __º Subdistrito _____, matrícula nº **********), com CARLA, brasileira, profissão, portadora da cédula de identidade RG _____, inscrita no CPF/MF nº _____, residentes e domiciliados na Rua _____ nº 702, _____, na cidade de _____, CEP: _____, os presentes, maiores e capazes, reconhecidos como os próprios de que trato, pelos documentos referidos e apresentados, do que dou fé.

IMÓVEL

A seguir, pelos cedentes foi dito, que são titulares dos direitos hereditários que recaem sobre o seguinte imóvel: **2/7 ou 28,57% de UMA CASA DE MORADIA, contendo 95,00 m² de área construída, a qual recebeu o nº _____, da Rua _____, CEP _____, e seu terreno desmembrado do lote nº _____, da quadra Z,** da planta geral do loteamento denominado _____, na cidade, município, comarca e Oficial de Registro de Imóveis de _____, completamente descrito e caracterizado na **matrícula nº** _____ do referido registrador.

TÍTULO AQUISITIVO E CADASTRO IMOBILIÁRIO

Os direitos hereditários foram adquiridos pelos outorgantes cedentes pela sucessão aberta quando do falecimento de seu pai Pablo, ocorrido em 13 de abril de

2009, de acordo com a certidão de óbito termo nº *****, fls. ***** do livro ***** do Oficial de Registro Civil das Pessoas Naturais de _____, cujo inventário tramita perante a __ª Vara da Comarca de _____, processo autuado sob nº ******** – ordem nº *******, sendo que para efeitos de filiação o imóvel tem origem no registro nº __ da matrícula nº ____ do Oficial de Registro de Imóveis de _____. O imóvel está cadastrado na Prefeitura do Município de _____, para tributação do Imposto Predial Territorial Urbano (IPTU), sob nº _____ código imobiliário _____, com o **valor venal proporcional a 2/7 de R$ 15.073,90.**

DA CESSÃO ONEROSA DE DIREITOS

Pelos cedentes, foi dito que, por esta mesma escritura e na melhor forma de direito, CEDEM E TRANSFEREM ao ora cessionário, os direitos hereditários que detêm sobre 2/7 ou 28,57% do imóvel mencionado, pelo preço certo e convencionado de **R$ 14 mil** (quatorze mil reais), recebido neste ato por meio dos cheques nºs ***, ***, *** e *** cada um no valor de R$ 3.500,00 (três mil reais), sacados contra o Banco ******, Agência ___, conferidos e achados corretos, pelo que dão plena, absoluta e irrevogável quitação, de pago e satisfeito, para jamais repetir. Os cedentes prometem fazer essa cessão sempre boa, firme e valiosa, por si, seus bens, herdeiros e sucessores e a responder pela evicção, na forma da lei e assim, fica o cessionário inteiramente sub-rogado nos direitos ora adquiridos, notadamente os de posse e de ação, ficando por este mesmo instrumento, autorizado a acompanhar o inventário judicial em trâmite do referido autor da herança, podendo concordar com a partilha, confessar, fazer acordos, requerer e assinar tudo que se faça necessário à transferência de dita parte ideal do imóvel para seu nome.

DECLARAÇÕES DOS CEDENTES

Pelos cedentes, foi dito que: a) não estão vinculados à Previdência Social, como empregadores nem devedores, deixando, portanto, de apresentar certidões do Instituto Nacional do Seguro Social (INSS) e da Secretaria da Receita Federal (SRF); b) não há contra eles e sobre o imóvel nenhum feito ajuizado fundado em ações reais ou pessoais reipersecutórias, ou outros ônus reais; c) não há dívidas ativas ou passivas em nome do autor da herança; d) o autor da herança não estava vinculado à Previdência Social, como empregador nem devedor.

DECLARAÇÕES DO CESSIONÁRIO

O outorgado cessionário declara que dispensa os cedentes da exibição das certidões de feitos ajuizados, bem como a exigência de arquivamento, nestas notas, de quaisquer outros documentos exigidos pela Lei Federal nº 7433/1985, regulamentada pelo Decreto nº 93.240/1986, a não ser as seguintes certidões: certidão de inteiro teor da matrícula do imóvel expedida em _/_/_, pelo Oficial de Registro de Imóveis competente; certidão negativa de débitos tributários municipais, emitida via Internet nestas notas em _/_/_; as certidões negativas de débitos trabalhistas (CNDT) nºs ____, ____, ____, ____ e ____ extraídas via internet, nestas notas em _/_/_; os relatórios de consulta de indisponibilidade, resultados negativos, **códigos HASH:** _____, _____, _____, _____, extraídos via internet, nestas notas e data. **Declara ainda que está ciente que neste ato recebe os direitos hereditários sobre 2/7 ou 28,57% do imóvel mencionado e que deve se habilitar nos autos de inventário do autor da herança de Pablo, a fim de que lhe seja transferida a parte ideal dos cedentes.**

DECLARAÇÕES DAS PARTES

Disseram mais, as partes que, aceitam a presente escritura, como está redigida, por achá-la conforme e de acordo com o que haviam entre si previamente convencionado, firmando-a de livre e espontânea vontade; dispensam neste ato o comparecimento dos demais coerdeiros para exercerem o seu direito de preferência, ciente dos termos do art. 504 do Código Civil Brasileiro.

IMPOSTO DE TRANSMISSÃO

O imposto de transmissão foi recolhido em 18.09.2017 pelo cessionário, no valor de R$ 301,47, calculado à alíquota de 2%, do valor venal proporcional, após o preenchimento da guia nº ___, cujos dados foram conferidos pelo cessionário e por mim, escrevente, ficando uma via arquivada nestas notas.

DOI/SRF

Emitida declaração sobre operação imobiliária, conforme Instrução Normativa da Secretaria da Receita Federal.

ENCERRAMENTO

Pediram a mim, que lavrasse a presente escritura, que feita e lhes sendo lida, em voz alta, aceitaram-na por achá-la conforme, outorgam e assinam. Eu, escrevente, a lavrei. Eu, (a), subscrevo e assino.

ESCRITURA DE ARROLAMENTO E SOBREPARTILHA

Aos **19 (dezenove)** dias do mês de **setembro** do ano de **2017 (dois mil e dezessete),** no 17º Tabelião de Notas de São Paulo, perante mim, escrevente, apresentaram-se as partes entre si justas e contratadas, a saber:

OUTORGANTES

Como outorgantes, o viúvo meeiro **SAMUEL**, brasileiro, nascido em 14.05.1934, com __ anos de idade, profissão, portador da cédula de identidade RG nº _____, inscrito no CPF/MF nº _____, residente e domiciliado _____, na Rua _____ nº 114, bairro _____, CEP: _____ e o herdeiro, **ROMEU**, brasileiro, nascido em 24.09.1974, com __ anos de idade, profissão, portador da cédula de identidade profissional da OAB/SP nº ____, onde consta o RG nº _____ e o CPF/MF nº ____, casado pelo regime da comunhão parcial de bens em 20.12.2014 (C.C. matrícula nº ********* do Oficial de Registro Civil das Pessoas Naturais do __º Subdistrito _____), com RENATA, brasileira, profissão, portadora da cédula de identidade RG nº _____, inscrita no CPF/MF nº _____, residentes e domiciliados _____, na Rua _____ nº 217, ap. ___, bairro _____, CEP: _____.

ADVOGADO

Comparece o herdeiro **Dr. ROMEU**, em causa própria e acompanhando o viúvo meeiro, advogado inscrito na OAB/SP nº ____, supraqualificado, com endereço profissional _____, na Avenida _____ nº 1616, Conjunto ___, bairro _____, CEP _____; os presentes, maiores e capazes, reconhecidos como os próprios de que trato, pelos documentos referidos e apresentados, do que dou fé.

DA AUTORA DA HERANÇA

Pelos outorgantes foi dito, em idioma nacional, que comparecem perante mim, escrevente, acompanhados de seu advogado constituído, para realizar o arrolamento e a sobrepartilha do bem deixado por falecimento de ANTONIA, e declararam o seguinte: **ANTONIA** nasceu no dia 29.12.1947, filha de Francisco e Rosa, ambos já falecidos; era brasileira, profissão, portadora da cédula de identidade RG nº _____, inscrita no CPF/MF nº _____, **casada com SAMUEL, ora outorgante, sob o regime da comunhão universal de bens em 05.01.1974** (CC: termo nº *****, fls. ***** do livro ***** do Oficial de Registro Civil das Pessoas Naturais do __º Subdistrito _____) **teve um único filho, seu herdeiro legítimo: ROMEU**. A autora da herança residia _____, na Rua _____ nº 114, bairro _____, CEP: _____ e **faleceu no dia 11.03.2014**, _____, conforme certidão de óbito matrícula nº ********* emitida em **** pelo Oficial de Registro Civil das Pessoas Naturais do __º Subdistrito _____. A autora da herança não deixou testamento, tendo sido apresentada a informação negativa de existência de testamento expedida pela Central Notarial de Serviços Eletrônicos Compartilhados em _/_/_.

DA PARTILHA EXTRAJUDICIAL DOS BENS DA HERANÇA

Por meio da escritura de arrolamento e partilha, lavrada nestas Notas, aos 22 de abril de 2014, no livro **, fls. **, em nome da autora da herança, partilharam os bens por ela deixado. Entretanto, naquela escritura pública, não foi mencionado o bem ora sobrepartilhado.

DO MONTE MOR SOBREPARTILHADO

A autora da herança possuía na ocasião de seu falecimento, entre os bens já arrolados e partilhados, o seguinte bem: **Dinheiro** em moeda corrente nacional no valor total de **R$ 3.500,00**, atribuído para fins de partilha e fiscais, adquirido a título de pagamento, feito na escritura de cessão onerosa de direitos hereditários, lavrada nestas notas e data, no livro _____ folhas ____.

DA SOBREPARTILHA DO BEM DA AUTORA DA HERANÇA

Os outorgantes, de livre e espontânea vontade, sem induzimento, dolo ou sugestão, por meio desta escritura e na melhor forma de direito, sobrepartilham entre si a herança, da seguinte forma:

DA MEAÇÃO DO VIÚVO E DO QUINHÃO DO HERDEIRO

A meação de SAMUEL e o quinhão de ROMEU, no valor de **R$ 1.750,00** (mil, setecentos e cinquenta reais), para cada um, é composto de: **1/2 (metade) do dinheiro** em moeda corrente nacional, adquirido a título de pagamento, feito na escritura de cessão onerosa de direitos hereditários, lavrada nestas notas e data, no livro _ folhas ____.

IMPOSTO DE TRANSMISSÃO

O imposto de transmissão da herança foi recolhido nesta data, no valor de R$ 125,43, calculado à alíquota de 4%, com multa e juros, sobre o valor fiscal do quinhão, apurado após o preenchimento e a impressão da Declaração de ITCMD nº _____, com valor verídico e que foram conferidos pelas partes, documentos que ficam aqui arquivados.

CERTIDÕES

Os outorgantes apresentaram os seguintes documentos, que ficam aqui arquivados: **a)** certidões dos seus estados civis e documentos de identificação pessoal; **b)** certidão conjunta negativa de débitos relativos aos tributos federais e à dívida

Cap. XII – MINUTAS DE ARROLAMENTO | 167

ativa da união, sob o código de controle: _____ válida até 17.02.2018, e o relatório de consulta de indisponibilidade, resultado negativo, **código HASH:** _____, em nome da autora da herança; e **c)** dispensam a exibição das certidões de feitos ajuizados, bem como a exigência de arquivamento, nestas notas, de quaisquer outros documentos exigidos pela Lei Federal nº 7.433/1985, regulamentada pelo Decreto nº 93.240/1986.

DECLARAÇÕES DOS OUTORGANTES REFERENTES À AUTORA DA HERANÇA

Declara o outorgante ROMEU, sob as penas da lei, que: **a)** é o único herdeiro, não havendo outros herdeiros legítimos que deveriam comparecer nesse ato; **b)** não têm conhecimento da existência de outros bens para serem sobrepartilhados e também não recebeu, durante a vida da autora da herança, bens para serem apresentados à colação; **c)** não há dívidas ativas ou passivas em nome da autora da herança; **d)** a autora da herança não estava vinculada à Previdência Social, como empregadora nem devedora, deixando, portanto, de ser apresentada a certidão do Instituto Nacional do Seguro Social (INSS); **e)** a autora da herança era senhora, única e legítima possuidora, livre e desembaraçada de quaisquer ônus reais, judiciais ou extrajudiciais, tributos atrasados, dúvidas, dívidas, ações judiciais em trâmite, fundadas em direito real ou pessoal, e quaisquer outros encargos do bem mencionado no item "Do Monte Mor Sobrepartilhado".

DECLARAÇÕES DO ADVOGADO E DOS OUTORGANTES

O advogado constituído declara que assessorou, aconselhou e acompanhou seu constituinte, tendo conferido a sobrepartilha, os valores e o imposto de transmissão, os quais estão de acordo com a lei. O outorgante, por ser o único herdeiro é também o inventariante do espólio de ANTONIA, tendo todos os poderes que se fizerem necessários para representar o espólio em juízo ou fora dele. Declaram ainda que: **a)** a autora da herança não deixou testamento público, cerrado ou particular; **b)** concordam com o valor atribuído ao bem e com o valor recolhido a título de imposto de transmissão; **c)** não houve renúncia na partilha anterior; **d)** declaram que os fatos aqui narrados e as declarações feitas são verdadeiras; **e)** concordam e aceitam a presente sobrepartilha e por meio desta escritura, recebem sua meação e seu quinhão do bem da herança, na forma supramencionada, ficando ressalvados eventuais erros, frações decimais de centavos do referido quinhão, omissões e/ou direitos de terceiros.

REQUERIMENTOS/SEFAZ

Os outorgantes autorizam os órgãos e as pessoas jurídicas, públicos e/ou particulares, a praticar todos os atos necessários ou convenientes para a transferência do bem ora sobrepartilhado para seus nomes. Prestadas as informações, referente ao ITCMD, para a Secretaria da Fazenda do Estado de São Paulo.

ENCERRAMENTO

Pediram a mim, que lavrasse a presente escritura, que feita e lhes sendo lida, em voz alta, aceitaram-na por achá-la conforme, outorgam e assinam. Eu, escrevente, a lavrei. Eu, (a), subscrevo e assino.

168 | INVENTÁRIO EXTRAJUDICIAL NA PRÁTICA

10. ESCRITURA DE ADJUDICAÇÃO PARA HOMOLOGAÇÃO JUDICIAL

> **Caso prático:**
>
> Edna era solteira, não teve filhos e seus pais eram falecidos. Vivia em união estável com Renato. Edna faleceu no dia 21 de abril de 2012. Deixou testamento válido atribuindo todo o patrimônio a Renato. Renato deseja realizar a adjudicação por escritura pública.
>
> Em 2013, no estado de São Paulo, não era permitido lavrar escritura de arrolamento com testamento. A partilha para homologação judicial era uma alternativa para a via extrajudicial.

ESCRITURA DE ADJUDICAÇÃO PARA HOMOLOGAÇÃO JUDICIAL

Aos **13 (treze)** dias do mês de **junho** do ano de **2013 (dois mil e treze)**, no 17° Tabelião de Notas de São Paulo, situado na Praça da Liberdade, n° 84, perante mim, escrevente, compareceram partes entre si, justas e contratadas, a saber:

OUTORGANTE

Como outorgante o herdeiro: **RENATO,** brasileiro, profissão, nascido na cidade de ____, em 5 de outubro de 1939, solteiro (certidão de nascimento: termo: ****, livro: ****, folha **** verso do Oficial de Registro Civil das Pessoas Naturais do município e comarca de _____), portador da cédula de identidade RG n° _____, inscrito no CPF/MF sob o n° _____, domiciliado _____ onde reside na Rua _____ n° 1.089, apartamento __, _____ CEP: _____.

ADVOGADAS

Assistindo os outorgantes, comparece a este ato, as advogadas constituídas **Dra. NAIARA,** brasileira, casada, inscrita na OAB/SP sob n° _____, onde consta o RG n° _____ e o CPF/MF n° _____, residente e domiciliada _____ e com escritório na Avenida _____ n° _____, conjunto ___, _____--- e **Dra. JANAINA,** brasileira, solteira, maior, inscrita na OAB/SP sob n° _____, onde consta o RG n° ____ e o CPF/MF n° _____, residente e domiciliada _____ e com escritório na Rua _____ n° ___, _____, CEP: _____; os presentes, maiores e capazes, reconhecidos como os próprios de que trato, pelos documentos referidos e ora apresentados, do que dou fé.

DA AUTORA DA HERANÇA

Pelo outorgante, foi dito em idioma nacional que comparece perante mim, escrevente, acompanhado de suas advogadas constituídas, para realizar a adjudicação dos bens deixados por falecimento de sua companheira EDNA, com fundamento no art. 2.015 do Código Civil Brasileiro, declarando o seguinte: **EDNA,** nasceu _____ em 16 de fevereiro de 1946, filha de **Rosário, falecido em 20.02.1982** (certidão de óbito: termo: *****, Livro: *****, folhas: ***** verso do RCPN do __° subdistrito – _____) e de **Clélia, falecida em 08.09.1977** (certidão de óbito: termo: ****, Livro: ****, folhas: **** do RCPN do __° subdistrito – _____); era brasileira, profissão, **solteira,** conforme certidão de nascimento extraída da matrícula n° _____ do RCPN do __° subdistrito – _____, emitida em 21 de maio e 2012; era portadora da cédula de identidade RG n° _____

Cap. XII – MINUTAS DE ARROLAMENTO | 169

e inscrita no CPF/MF nº _____. Residia nesta Capital na Rua _____ nº 1.089, apartamento ___, Cerqueira César e **faleceu no dia 21 de abril de 2012, nesta Capital, sem deixar descendentes,** conforme certidão de óbito expedida em 8 de maio de 2012, extraída da matrícula nº ************ do Oficial de Registro Civil das Pessoas Naturais do __º subdistrito – _____. A autora da herança deixou testamento que foi inscrito e cumprido nos termos a seguir menciona-dos, sendo apresentada, neste ato, a certidão de informação de existência de Testamento expedida pelo Colégio Notarial do Brasil – seção de São Paulo, emi-tida em 15 de maio de 2012.

DO TESTAMENTO E DA PARTILHA JUDICIAL DOS BENS DA AUTORA DA HE-RANÇA

A autora da herança EDNA, deixou testamento lavrado 8 de agosto de 1997 no __º Tabelião de Notas ____, no livro nº *****, às páginas ****, cuja ação de abertura de testamento foi distribuída em 22.05.2012, gerando o processo nº ************ que tramitou perante __ª Vara da Família e Sucessões do Foro _____, tendo sido a sentença proferida em 21.06.2012, por referido Juízo de Direito que man-dou registrar, inscrever e cumprir o testamento, tendo sido nomeado testamen-teiro Renato, ora outorgante, e, em seguida promoveu a abertura do processo de inventário judicial dos bens da autora da herança que tramitou perante a __ª Vara da Família e Sucessões do Foro _____, processo nº ********, cuja sentença que julgou a ADJUDICAÇÃO transitada em julgado em 22 de abril de 2013, sendo atribuído os bens da herança **única e exclusivamente ao seu companheiro e herdeiro RENATO, já qualificado,** entretanto, naquele procedimento, não foram mencionados **os bens móveis** ora adjudicados, pois o outorgante não tinha co-nhecimento de sua existência.

DA UNIÃO ESTÁVEL E DA NECESSIDADE DE HOMOLOGAÇÃO JUDICIAL DES-TA ADJUDICAÇÃO

O outorgante RENATO e a autora da herança EDNA conviviam em união estável desde agosto de 1976, nos termos da escritura lavrada nestas notas em 20 de abril de 2012, no livro nº *****, às páginas ******, tendo sido convencionado na escritura retromencionada o regime da **comunhão universal de bens** conforme previsão dos arts. 1.667 a 1.671 do Código Civil Brasileiro, sendo que cópia da escritura retromencionada foi anexada ao processo de inventário judicial supra-mencionado. Considerando que a autora da herança Edna **deixou testamento válido** e o arrolamento e adjudicação de seus bens não podem ser realizados extrajudicialmente, porém o art. 2.015 do Código Civil Brasileiro permite que a adjudicação seja feita por escritura para posterior **homologação judicial** pelo juízo competente, o outorgante, acompanhado por sua advogada constituída, usando da faculdade do art. 2.015 do Código Civil Brasileiro, compareçem para realizar a adjudicação dos bens da autora da herança com fundamento no artigo supramencionado, para posterior homologação judicial.

DO MONTE MOR

A autora da herança possuía, na ocasião de seu falecimento, entre os bens já ar-rolados e adjudicados judicialmente, os seguintes bens móveis: **1) CONTA BAN-CÁRIA:** Saldo em conta bancária na instituição financeira denominada **BANCO *******,** mantido na conta-corrente conjunta nº _____, agência: _____, com o valor total de **R$ 5.843,83,** apurado em 23.04.2012, **atribuído para fins de partilha e efeitos fiscais,** mediante extrato bancário emitido em 11.05.2012 às 12h58, cuja cópia fica arquivada nestas notas; **2) CONTA BANCÁRIA:** Saldo em conta bancária na instituição financeira denominada _____, mantido na conta-poupança nº _____ (oper: ****), agência: _____, com o valor total de **R$ 123.970,19, atribuído para fins de partilha e efeitos fiscais,** mediante extrato bancário emitido em 01.05.2012, cuja cópia fica arquivada nestas notas. A autora da herança não deixa dívidas ativas ou passivas. O total líquido dos bens e haveres do espólio monta em R$ 129.814,02, **(cento e vinte e nove mil, oitocentos e quatorze reais e dois centavos),** correspondendo **R$ 64.907,01 (sessenta e quatro mil, novecentos e sete reais) à herança.**

DA ADJUDICAÇÃO APÓS HOMOLOGAÇÃO JUDICIAL

Pela presente escritura e após o devido processo judicial para homologação, conforme disciplina o art. 1.790, IV, do Código Civil Brasileiro, **todos os bens móveis e seus respectivos valores mencionados no item "Do Monte Mor" são ADJUDICADOS intergralmente ao companheiro e herdeiro: RENATO,** sendo 50% a título de meação, no valor de **R$ 64.907,01 (sessenta e quatro mil, novecentos e sete reais)** e os outros 50%, também no valor de **R$ 64.907,01 (sessenta e quatro mil, novecentos e sete reais),** a título de adjudicação da herança ora formalizada.

IMPOSTO DE TRANSMISSÃO

O outorgante e as advogadas constituídas exibem a guia do recolhimento do IT-CMD, no valor de **R$********,** imposto calculado à alíquota de 4%, sobre o valor fiscal da herança, recolhido em 13.06.2013, acrescido de multas e juros legais, conforme legislação estadual vigente e apurado após o preenchimento e a impressão da Declaração de **ITCMD nº** _____, com valores verídicos e que foi por eles conferidos, documentos que permanecem arquivados neste tabelionato.

CERTIDÕES

O outorgante declara que apresenta os seguintes documentos que ficam aqui arquivados, a saber: **a)** certidão do seu estado civil e documentos de identificação pessoal; **b)** certidão conjunta negativa de débitos relativa a tributos federais em nome da autora da herança, emitida e extraída via internet, nestas Notas, em 6 de maio de 2013, com validade até 03.10.2013, código de controle: _____; e **c)** dispensa a exibição das certidões de feitos ajuizados, bem como a exigência de arquivamento, nestas notas, de quaisquer outros documentos exigidos pela Lei Federal nº 7.433/1985, regulamentada pelo Decreto nº 93.240/1986.

DECLARAÇÕES DO OUTORGANTE REFERENTE À AUTORA DA HERANÇA

Declara o outorgante, sob as penas da lei, que: **a)** é o único herdeiro, não havendo outros herdeiros legítimos que deveriam comparecer nessa escritura; **b)** não tem conhecimento da existência de outros bens para serem adjudicados; **c)** não há dívidas ativas ou passivas em nome da autora da herança; **d)** a autora da herança não estava vinculada à Previdência Social, como empregadora nem devedora, deixando, portanto, de ser apresentada certidão do Instituto Nacional do Seguro Social (INSS); **e)** a autora da herança era senhora, única e legítima possuidora, livre e desembaraçada de quaisquer ônus reais, judiciais ou extrajudiciais, tributos atrasados, dúvidas, dívidas, ações judiciais em trâmite, fundadas em direito real ou pessoal, e quaisquer outros encargos sobre os bens mencionados no item "Do Monte Mor"; **f)** não há contra a autora da herança nenhum feito ajuizado com referência aos bens adjudicados nesta escritura; e **g) tem plena ciência que a presente escritura de adjudicação é lavrada nos termos do art. 2.015 do Código Civil Brasileiro e que deve ser apresentada ao Juízo competente a fim de que seja homologada judicialmente e produza seus efeitos jurídicos.**

DECLARAÇÕES DAS ADVOGADAS E DO OUTORGANTE

As advogadas constituídas declaram que assessoraram, aconselharam e acompanharam seu constituinte, tendo conferido a adjudicação, os valores e o imposto de transmissão, os quais estão de acordo com a lei. O outorgante, sendo o único herdeiro, é também o **inventariante**, para fins dos arts. 991 e 992 do Código de Processo Civil, e declara que os fatos aqui narrados e as declarações feitas são verdadeiras; concorda e aceita a presente adjudicação e por meio desta escritura e posterior homologação judicial, recebe sua meação e seu quinhão dos bens da herança, ficando ressalvados eventuais erros, omissões e/ou direitos de terceiros.

REQUERIMENTOS

O outorgante autoriza os órgãos e pessoas jurídicas, públicos e/ou particulares em **especial o Banco ******, o Banco *******, o Banco ***********., a Administradora do Cartão de Crédito ********, Parque ******* e o Serviço Nacional de Aprendizagem Comercial – SENAC,** mediante apresentação da decisão judicial que homologar essa adjudicação, a praticarem todos os atos necessários ou convenientes para a transferência dos bens ora adjudicados para seu nome, nos termos desta escritura lavrada conforme previsto no art. 2.015 do Código Civil Brasileiro.

EMOLUMENTOS E ENCERRAMENTO

E me pediram que lavrasse a presente escritura, que feita e lhes sendo lida, em voz alta, aceitaram-na por achá-la conforme, outorgam e assinam.

11. DUAS ESCRITURAS: A) NOMEAÇÃO DE INVENTARIANTE PARA QUITAR AS GUIAS DO ITCMD E B) ARROLAMENTO COM TESTAMENTO E PARTILHA

Caso prático:

CARLOS solteiro, não teve filhos, seus pais e avós eram falecidos e não vivia em união estável. Carlos faleceu no dia 27 de julho de 2017. Deixou testamento válido determinando que todo o patrimônio seria dividido entre Arthur e Sergio.

Arthur e Sergio não têm recursos financeiros para quitar o ITCMD. Há saldos em conta bancária.

Solução: nomear inventariante para quitar as guias do ITCMD e, depois, realizar a partilha do patrimônio, dividindo-o entre os herdeiros testamentários. Não há herdeiros necessários e por isso não há legítima a ser respeitada.

ESCRITURA DE NOMEAÇÃO DE INVENTARIANTE

Aos **25 (vinte e cinco)** dias do mês de **setembro** de **2017 (dois mil e dezessete),** no 17º Tabelião de Notas de São Paulo, perante mim, escrevente, apresentaram--se as partes entre si justas e contratadas, a saber:

OUTORGANTES

Como outorgantes, **ARTUR** (nascido em 29.09.1972 – com __ anos), brasileiro, profissão, portador da carteira nacional de habilitação expedida pelo Detran-SP registro nº _____, onde consta o RG nº _____ e o CPF/MF nº _____, casado pelo regime da comunhão parcial de bens em 25.05.1994 (c. casamento: termo **** – folhas **** – livro **** – _____), com SANDRA, brasileira, profissão, portadora da cédula de identidade RG _____, inscrita no CPF/MF sob nº _____, domiciliados em _____, onde residem na Av. _____, nº 694; e, **SÉRGIO** (nascido em 01.06.1981 – com __ anos), brasileiro, profissão, portador da carteira nacional de habilitação, expedida pelo Detran-SP registro nº _____ onde consta o RG _____ e o CPF/MF nº _____, divorciado (c. casamento: matrícula ******* – _____ – sentença de 08.04.2016 – _____ – Foro _____ – proc. _____), domiciliado _____, onde reside na Rua _____, nº 246.

ADVOGADO

Acompanhando os outorgantes, comparece a este ato, o advogado inscrito na OAB/SP sob nº_____, Dr. **BRUNO**, brasileiro, casado, portador da cédula de identidade RG _____, inscrito no CPF/MF sob o nº _____, domiciliado _____ e com endereço profissional na _____, nº ___, cj. __; os presentes, maiores e capazes, reconhecidos como os próprios de que trato, pelos documentos referidos e apresentados, do que dou fé.

DECLARAÇÃO

Pelos outorgantes foi dito em idioma nacional que comparecem perante mim, escrevente, acompanhados de seu advogado constituído, para **realizar a NOMEAÇÃO de uma pessoa com poderes de INVENTARIANTE para o Espólio de CARLOS**, conforme lhes faculta a Lei nº 11.441/07. Declaram que: **a)** estão providenciando todos os documentos necessários para a lavratura da escritura; **b)** preenchem os requisitos legais para que o arrolamento seja realizado por meio de escritura pública, pois são maiores e capazes; o autor da herança deixou testamento, procederam à sua abertura e cumprimento, conforme processo digital nº _____, da __ª Vara da Família e Sucessões do Foro _____, tendo sido declarado aberto, cumprido e registrado o testamento lavrado em 13.05.2014 as folhas ****** do livro **** do __º Tabelião de Notas _____, autorizando a lavratura do arrolamento por escritura pública, conforme decisão por sentença de 12.09.2017, da qual uma cópia fica aqui arquivada, tendo sido apresentada a informação positiva de existência de testamento expedida pela Central Notarial de Serviços Eletrônicos Compartilhados em **10.08.2017**, documentos que ficam aqui arquivados. Esclarecem que **são os únicos herdeiros testamentários** do autor da herança, não havendo outros herdeiros legítimos e necessários para comparecer nesta escritura; **c) CARLOS** nasceu na cidade de _____, no dia 11 de novembro de 1945, filho de Ângelo e de Alayde, ambos já falecidos; era brasileiro, profissão, portador da cédula de identidade RG nº _____ e inscrito no CPF/MF sob o nº _____, era solteiro (c. nascimento:

matrícula nº ************* – _____), não teve filhos e seus herdeiros testamentários são os ora outorgantes. O autor da herança não deixou herdeiros necessários, e por essa razão não há legítima a ser respeitada. Residia nesta Capital na Alameda _____, nº _____, ap. 902, e **faleceu no dia 27 de julho de 2017**, também nessa Capital, conforme certidão de óbito matrícula nº ************, emitida em 28 de julho de 2017 pelo __º Oficial de Registro Civil das Pessoas Naturais – Subdistrito _____; **d)** dentre os bens que pertenciam ao autor da herança e que serão arrolados na escritura, existe: "**b) saldo em aplicação produto** _____, vinculado a conta nº _____ da agência _____ do Banco _____, com valor atribuído para fins fiscais e de partilha de **R$**_____**"**, do qual se faz necessária a retirada do valor de R$ 22.461,31 para pagamento de: **1** – guias de ITCMD devidas pelo inventário, no valor total de R$, considerando como base de cálculo o valor total do patrimônio tributável de R$ ___ (_____ reais), conforme declaração de ITCMD nº _____; e, **2** – valor das custas e emolumentos desta escritura de nomeação de inventariante, bem como da escritura de arrolamento com testamento e partilha, no valor de R$ _____.

DA NOMEAÇÃO DE INVENTARIANTE

Assim, os outorgantes, de comum acordo, por meio desta escritura e na melhor forma de direito, **nomeiam o herdeiro ARTUR**, como **inventariante e administrador provisório do Espólio de CARLOS**, autorizados pela Corregedoria-Geral da Justiça do Estado de São Paulo, **por meio do item 105.1 do Capítulo XIV** das Normas de Serviço da Corregedoria-Geral da Justiça de São Paulo. Por este ato lhe são conferidos todos os poderes que se fizerem necessários para representar o Espólio em juízo ou fora dele, em especial para, junto ao Banco _____, praticar os atos necessários ao pagamento de 02 (dois) Documentos de Arrecadação de Receitas Estaduais (Dares), nos valores de **R$** \_\_\_\_\_, cada um, até a data de seus vencimentos em 25.10.2017, em nome dos herdeiros, ora outorgantes, supraqualificados, bem como autorizar a transferência do valor correspondente a **R$** _____ para pagamento de custas e emolumentos de escritura, transferindo o valor total das guias e emolumentos de escritura para a conta-corrente n.º _____, agência _____ do Banco _____, 17º Tabelião de Notas desta Capital – CNPJ n.º _____, ou somente dos valores de emolumentos da escritura, se as guias puderem ser recolhidas no próprio Banco _____, podendo, para tanto, requerer, assinar e dar quitação ao que necessário for.

DO COMPROMISSO DE INVENTARIANTE

O **herdeiro ARTUR** neste ato nomeado inventariante do **Espólio de CARLOS,** declara que aceita este encargo, prestando compromisso de cumprir eficazmente seu mister, comprometendo-se, desde já, à prestação de contas aos demais herdeiros, quando por eles solicitado, ou quando da lavratura da escritura de arrolamento com testamento e partilha de bens, que ocorrerá em breve neste tabelionato. Declara ainda ter ciência que a nomeação de inventariante por esta escritura formalizada, visa apenas à representação do Espólio perante as aplicações financeiras supramencionadas e para a situação ali apresentada.

EMOLUMENTOS E ENCERRAMENTO

Pediram a mim, que lavrasse a presente escritura, que feita e lhes sendo lida, em voz alta, aceitaram-na por achá-la conforme, outorgam e assinam.

ESCRITURA DE ARROLAMENTO COM TESTAMENTO E PARTILHA

Aos _____ dias do mês de **setembro** de **2017 (dois mil e dezessete),** no 17º Tabelião de Notas de São Paulo, perante mim, escrevente, apresentaram-se as partes entre si justas e contratadas, a saber:

OUTORGANTES

Como outorgantes, **ARTUR** (nascido em 29.09.1972 – com _ anos), brasileiro, profissão, portador da carteira nacional de habilitação expedida pelo Detran-SP registro nº _____, onde consta o RG nº _____ e o CPF/MF nº _____, casado pelo regime da comunhão parcial de bens em 25.05.1994 (c. casamento: termo **** – folhas **** – livro **** – _____), com SANDRA, brasileira, profissão, portadora da cédula de identidade RG _____, inscrita no CPF/MF sob nº _____, domiciliados em _____, onde residem na Av. _____, nº 694; e, **SÉRGIO** (nascido em 01.06.1981 – com _ anos), brasileiro, profissão, portador da carteira nacional de habilitação, expedida pelo Detran-SP registro nº _____ onde consta o RG _____ e o CPF/MF nº _____, divorciado (c. casamento: matrícula ********* – _____ sentença de 08.04.2016 – ************ – Foro ********** – proc. ********), domiciliado _____, onde reside na Rua _____, nº 246.

ADVOGADO

Acompanhando os outorgantes, comparece a este ato, o advogado inscrito na OAB/SP sob nº _____, Dr. **BRUNO**, brasileiro, casado, portador da cédula de identidade RG _____, inscrito no CPF/MF sob o nº _____, domiciliado _____ e com endereço profissional na _____; os presentes, maiores e capazes, reconhecidos como os próprios de que trato, pelos documentos referidos e apresentados, do que dou fé.

DO AUTOR DA HERANÇA

Pelos outorgantes foi dito, em idioma nacional, que comparecem perante mim, escrevente, acompanhado de seu advogado constituído, para realizar o arrolamento e a partilha dos bens deixados por falecimento de CARLOS e declaram o seguinte: **CARLOS** nasceu na cidade de _____, no dia 11 de novembro de 1945, filho de Ângelo e de Alayde, ambos já falecidos; era brasileiro, profissão, portador da cédula de identidade RG nº _____ e inscrito no CPF/MF sob o nº _____, era solteiro (c. nascimento: matrícula nº ************ – _____) e não teve filhos, fatos declarados no testamento abaixo mencionado. O autor da herança não deixou herdeiros necessários, como aqui comprovado e por essa razão não há legítima a ser respeitada. Residia _____ na Alameda _____, nº _____, e **faleceu no dia 27 de julho de 2017**, também _____, conforme certidão de óbito matrícula nº ************, emitida em 28 de julho de 2017 pelo __º Oficial de Registro Civil das Pessoas Naturais – Subdistrito _____.

DO TESTAMENTO E SUAS DISPOSIÇÕES

O autor da herança deixou testamento público, lavrado em 13 de maio de 2014, no livro _____, página _____ do __º Tabelião de Notas desta Capital, conforme informação expedida pela Central Notarial de Serviços Eletrônicos Compartilhados em 10.08.2017 e a cópia autenticada do seu traslado, que fica arquivada nestas notas. Nesse testamento determinou que: "com a abertura de sua sucessão INSTITUI seus amigos SÉRGIO, brasileiro, casado, profissão, RG _____ e CPF _____, domiciliado e residente na Rua _____, nº 94 – _____, e ARTUR, brasileiro, casado, profissão, RG _____ e CPF _____, domiciliado e residente na Avenida _____, n. 694 – _____, HERDEIROS, em partes iguais, da universalidade de seus bens e direitos, com a observação que, se qualquer destes herdeiros, falecer antes do testador ou simultaneamente com ele, a parte do falecido acrescerá à do sobrevivente." Nomeou como testamenteiros os herdeiros instituídos e não fixou sua vintena.

DA AUTORIZAÇÃO JUDICIAL

Os outorgantes e seu advogado constituído, declaram e comprovam que nos autos do procedimento de abertura e cumprimento de testamento, processo digital nº ******* da __ª Vara da Família e Sucessões do Foro_____ foi declarado aberto, cumprido e registrado o testamento supramencionado e autorizado a lavratura dessa escritura conforme decisão sentença de 12.09.2017 da qual uma cópia fica aqui arquivada.

DO MONTE MOR

O autor da herança possuía na ocasião de seu falecimento, o seguinte bem imóvel: **a) apartamento nº** _____, localizado no __º andar ou __º pavimento do Edifício _____, situado na **Alameda** _____**, nº** _____, Cep. _____, no __º Subdistrito – _____, distrito, município, comarca e __º Oficial de Registro de Imóveis _____, com a área total de 145,86 metros quadrados, perfeitamente descrito e caracterizado na matrícula **nº** _____ do mencionado oficial registrador; havido a título de compra nos termos da transcrição nº _____ no __º Oficial de Registro de Imóveis _____, onde já é objeto da matrícula nº _____; cadastrado na Prefeitura Municipal de _____ sob **nº** _____, com o valor venal de referência, para julho/2017 de R$ 573.303,00, igual valor venal de referência para setembro/2017, e atribuindo para fins dessa partilha ao imóvel o valor de **R$ 274 mil;** e ainda o seguinte bem móvel: **b) saldo em aplicação produto** _____**,** vinculado a conta nº _____ da agência _____ do Banco _____, com valor atribuído para fins fiscais e de partilha de **R$ 500,00**. O total líquido dos bens e haveres do espólio e a herança monta em **R$ 274.500,00 (duzentos e setenta e quatro mil e quinhentos reais).**

DA PARTILHA DOS BENS DO AUTOR DA HERANÇA

Os outorgantes, de livre e espontânea vontade, sem induzimento, dolo ou sugestão, por meio desta escritura e na melhor forma de direito, por determinação testamentária, partilham a herança da seguinte forma:

DO QUINHÃO DOS HERDEIROS TESTAMENTÁRIOS

Os quinhões dos herdeiros **ARTUR** e **SÉRGIO**, no valor total de **R$ 137.250,00 (cento e trinta e sete mil e duzentos e cinquenta reais),** para cada um é composto de: **a) metade ideal do apartamento nº** _____, localizado no __º andar ou __º pavimento do Edifício _____, situado na **Alameda** _____**, nº** _____, no __º Subdistrito – _____, distrito, município, comarca e __º Oficial de Registro de Imóveis desta Capital, objeto da matrícula **nº** ____ do mencionado oficial registrador, pelo valor de **R$ 137 mil; b) saldo em aplicação produto** _____, vinculado a conta nº _____ da agência _____ do Banco _____, com valor de **R$ 250,00.**

IMPOSTO DE TRANSMISSÃO

O imposto de transmissão da herança foi recolhido, em **25.09.2017**, em duas guias nos valores de R$ 5.215,50, cada, calculado à alíquota de 4%, com desconto de 5% concedido em Lei, sobre o valor fiscal de cada quinhão, apurado após o preenchimento e a impressão da Declaração de ITCMD **nº** _____, com valores verídicos e que foram conferidos pelas partes, documentos que ficam arquivados nestas notas.

CERTIDÕES

Os outorgantes apresentam os seguintes documentos que ficam aqui arquivados: **a)** certidão do seu estado civil e documento de identificação pessoal; **b)** certidão conjunta negativa de débitos relativos aos tributos federais e à dívida ativa da união, sob o código de controle: _____, válida até 24.03.2017, e o relatório de consulta de indisponibilidade, resultado negativo, código HASH _____, extraído nesta mesma data, ambos via Internet e em nome do autor da herança; e, **c)** dispensam a exibição das certidões de feitos ajuizados, bem como a exigência de arquivamento, nestas notas, de quaisquer outros documentos exigidos pela Lei Federal nº 7.433/1985, regulamentada pelo Decreto nº 93.240/1986, a não ser as seguintes certidões: certidão de inteiro teor da matrícula do imóvel, expedida em **25.08.2017,** pelo Registro de Imóveis competente, e a certidão negativa de débitos de tributos e contribuições municipais, emitida via Internet, nestas notas em **20.09.2017**.

DECLARAÇÕES DOS OUTORGANTES REFERENTES AO AUTOR DA HERANÇA

Declaram os outorgantes, sob as penas da lei, que: **a)** o autor da herança não deixou outros testamentos particulares e cerrados, além do testamento público aqui mencionado, o qual eles outorgantes reconhecem como válido e eficaz; **b)** são os únicos herdeiros testamentários que deveriam comparecer nesse ato; **c)** não têm conhecimento da existência de outros bens para serem partilhados; **c)** não há dívidas ativas ou passivas em nome do autor da herança; **d)** o autor da herança não estava vinculado à Previdência Social, como empregador, nem devedor, deixando, portanto, de ser apresentada a certidão do Instituto Nacional do Seguro Social (INSS); **e)** o autor da herança era senhor, único e legítimo possuidor, livres e desembaraçados de quaisquer ônus reais, judiciais ou extrajudiciais, tributos atrasados, dúvidas, dívidas, ações judiciais em trâmite, fundadas em direito real ou pessoal, e quaisquer outros encargos dos bens mencionados no item "Monte Mor"; **f)** não há contra o autor da herança nenhum feito ajuizado com referência ao imóvel; **g)** até a data do falecimento não existiam débitos decorrentes de taxas relativos ao imóvel objeto desta; **h)** não há débitos condominiais em relação ao apartamento arrolado e partilhado; e, **i)** o autor da herança não mantinha vida em comum com qualquer pessoa que pudesse vir a caracterizar união estável.

DECLARAÇÃO DO ADVOGADO E DOS OUTORGANTES

O advogado constituído declara que assessorou, aconselhou e acompanhou seus constituintes, tendo conferido a partilha como determinada no testamento, os valores atribuídos e o imposto de transmissão, os quais estão de acordo com a lei. Os outorgantes **ARTUR** e **SÉRGIO**, herdeiros do testador e nomeados testamenteiros, declaram que não recebem vintena, pois o Testador não fixou o valor e não tem direito, por serem herdeiros e testamenteiros. Os outorgantes ratificam a nomeação de inventariante do Espólio de CARLOS, na pessoa do herdeiro **ARTUR**, nomeação realizada nestas notas, para fins de pagamento do ITCMD e lhe conferem todos os poderes que se fizerem necessários para representar o espólio em juízo ou fora dele. Declaram ainda que: **a)** os fatos aqui narrados e as declarações feitas são verdadeiras; **b)** reconhecem a validade do Testamento e concordam e aceitam: os valores atribuídos aos bens para base de cálculo do imposto de transmissão e com os valores recolhidos a título de imposto de transmissão; com a interpretação feita quanto ao teor do Testamento; com os valores atribuídos ao patrimônio; com os bens que compõe cada quinhão e com a presente partilha. Por meio desta escritura e seu posterior registro, recebem seus quinhões dos bens da herança, na forma supramencionada, nada tendo a reclamar no futuro, ficando ressalvados eventuais erros, frações decimais de centavos dos referidos quinhões, omissões e/ou direitos de terceiros.

REQUERIMENTOS

Os outorgantes autorizam os órgãos e pessoas jurídicas, públicos e/ou particulares, inclusive o Oficial de Registro de Imóveis competente e os Bancos supramencionados, a praticar todos os atos necessários ou convenientes para a transferência dos bens ora partilhados para seus nomes e o registro desta escritura.

DOI/SEFAZ

Emitida declaração sobre operação imobiliária conforme Instrução Normativa da Secretaria da Receita Federal, e prestadas as informações, referentes ao ITCMD, para a Secretaria da Fazenda do Estado de São Paulo.

EMOLUMENTOS E ENCERRAMENTO

Pediram a mim, que lavrasse a presente escritura, que feita e lhes sendo lida, em voz alta, aceitaram-na por achá-la conforme, outorgam e assinam. Eu, escrevente, a lavrei. Eu, (a), subscrevo e assino.

12. ARROLAMENTO COM TESTAMENTO E PARTILHA – LEGÍTMA E DISPONÍVEL

Caso prático:

Adélia falece no estado civil de viúva e tem duas filhas: Odete e Celina.

Deixa um testamento no qual determina que da parte disponível de seu patrimônio a sua metade ideal do imóvel localizado na Rua _____ n° 192 seja atribuída para sua filha **ODETE.** Além da metade ideal desse imóvel é proprietária da metade ideal de um terreno constituído de parte do lote n° __, da quadra n° __, do _____, situado na Avenida _____ n° 683.

Como realizar a partilha desses bens por escritura pública?

Solução: Como há testamento será necessário a autorização judicial para a lavratura da escritura de arrolamento e partilha.

Como há herdeiras necessárias, a legítima de cada uma delas deve ser respeitada. Portanto, considerando que a parte disponível será atribuída para Odete, Odete receberá legítima e disponível, equivalente a até 75% do patrimônio total de sua mãe. Será necessário verificar o valor dos imóveis a fim de que 75% do valor total, da soma dos dois, seja atribuída para Odete e 25% para Celina, evitando o condomínio nos imóveis entre as duas irmãs.

ESCRITURA DE ARROLAMENTO COM TESTAMENTO E PARTILHA

Aos **17 (DEZESSETE)** dias do mês de **OUTUBRO** de **2016 (DOIS MIL E DEZES-SEIS),** no 17º Tabelião de Notas de São Paulo, perante mim, escrevente, apresentaram-se as partes entre si justas e contratadas, a saber:

OUTORGANTES

Como outorgantes, **as herdeiras: ODETE,** brasileira, nascida em 25.04.1959, com __ anos de idade, profissão, portadora da cédula de identidade RG nº _____ e inscrita no CPF/MF sob nº _____, casada sob o regime da comunhão universal de bens, em 09.07.1982 (CC – matrícula nº **********, _____, conforme escritura de pacto antenupcial, lavrado no __º Tabelião de Notas _____, livro ****, fls. *** em 17.05.1982, registrado sob nº ****, livro ***, __º Oficial de Registro de Imóveis/SP) com ROBÉRIO, brasileiro, nascido em 01.09.1957, com __ anos de idade, profissão, portador da cédula de identidade RG nº _____, inscrito no CPF/MF sob nº _____, domiciliados _____, onde residem na Rua _____, nº 192, _____, CEP _____; e **CELINA,** brasileira, nascida em 22.11.1960, com __ anos de idade, profissão, portadora da cédula de identidade RG nº _____, inscrita no CPF/MF sob nº _____; casada sob o regime da comunhão parcial de bens, em 22.02.1986 (CC – matrícula nº ***************, _____) com LUCIANO, brasileiro, nascido em 24.08.1953, com __ anos de idade, profissão, portador da cédula de identidade RG nº _____, inscrito no CPF/MF sob nº _____, domiciliados _____, onde residem na Rua _____, nº 717, apartamento __, torre __, e **o testamenteiro: ROGÉRIO**, supramencionado e qualificado.

ADVOGADO

Acompanhando as outorgantes, comparece a este ato, o advogado inscrito na OAB/SP sob nº _____, doutor **JOSÉ**, brasileiro, casado, portador da cédula de identidade RG nº _____ e inscrito no CPF/MF sob nº _____, com endereço profissional _____, na Avenida _____, nº 1162, _____, CEP _____. Os presentes, maiores e capazes, reconhecidos como os próprios de que trato, pelos documentos referidos e apresentados, do que dou fé.

DA AUTORA DA HERANÇA

Pelas outorgantes foi dito em idioma nacional, que comparecem perante mim, escrevente, acompanhadas de seu advogado constituído, para realizar o arrolamento e a partilha dos bens deixados por falecimento de **ADÉLIA** e declararam o seguinte: ADÉLIA nasceu _____, no dia 17.06.1935, filha de Lourenço e Antônia, ambos já falecidos; era brasileira, profissão, portadora da cédula de identidade RG nº _____, inscrita no CPF/MF sob o nº _____, viúva de Augusto, falecido em 17.08.1987 (CC – matrícula nº ********, _____ e CO – matrícula nº *******, _____) teve duas filhas: **ODETE** e **CELINA**, suas herdeiras necessárias, com direito à legítima. Residia _____ na Rua _____, nº 192, _____ e **faleceu no dia 03.12.2014**, _____, conforme certidão de óbito matrícula nº ******** emitida em 06.12.2014 pelo Oficial de Registro Civil das Pessoas Naturais do __º subdistrito _____.

DO TESTAMENTO E SUAS DISPOSIÇÕES

A autora da herança deixou testamento público, lavrado em 22.12.1998, no livro *****, página ****, do __º Tabelião de Notas _____, conforme informação expedida pela Central Notarial de Serviços Eletrônicos Compartilhados em 29.10.2015

Cap. XII – MINUTAS DE ARROLAMENTO | 179

e a cópia autenticada do seu traslado, que fica arquivada nestas notas. Nesse testamento determinou que da parte disponível do patrimônio a metade ideal do imóvel localizado na Rua _____ n° 192 seria atribuído para sua filha **ODETE**, ora outorgante. Nomeou como Testamenteiro ROGÉRIO e não fixou a vintena.

DA AUTORIZAÇÃO JUDICIAL

As outorgantes e seu advogado constituído, declaram e comprovam que nos autos do procedimento de abertura e cumprimento de testamento, processo digital n° _____, da __° Vara da Família e Sucessões da Comarca de _____, foi declarado aberto, cumprido e registrado o testamento supramencionado conforme sentença de fls.__ transitado em julgado em 20.07.2016 e autorizado a lavratura dessa escritura de acordo com a decisão de fls. ___, que fica aqui arquivada.

DO MONTE MOR

A autora da herança possuía na ocasião de seu falecimento, os seguintes bens: **BENS IMÓVEIS: 1) 1/2 (metade ideal) de um prédio e seu terreno, situados na Rua _____ n° 192,** no __° subdistrito _____, do distrito, município, comarca e __° Oficial de Registro de Imóveis de _____, CEP _____, encerrando a área de 214,80m², melhor descrito e caracterizado na matrícula n° _____ do referido oficial registrador. Adquirida pela autora da herança a título de compra, nos termos da escritura lavrada em 03.07.1998, pelo __° Tabelião de Notas de _____, livro ****, folha ****, conforme o **registro R.__** na referida matrícula. Encontra-se lançado pela Prefeitura do Município de São Paulo sob n° _____, com o valor atribuído para a presente partilha e venal de referência proporcional fornecido por aquela prefeitura em (dezembro/2014) de **R$ 230.677,00,** e valor venal de referência proporcional atual de R$ 247.935,00; **2) 1/2 (metade ideal) de um terreno constituído de parte do lote n° __, da quadra n° __, do _____, situado na Avenida _____ n° 683, antiga Rua _____,** no distrito, município, comarca de _____, melhor descrito e caracterizado na matrícula n° _____ do referido oficial registrador. Adquirida pela autora da herança a título de herança, nos termos do Formal de Partilha expedido pelo Juízo de Direito da __ª Vara da Família e Sucessões _____, extraído dos autos (processo n° ********) de arrolamento de bens de herança, conforme o **registro R.__** da referida matrícula. Encontra-se lançado pela Prefeitura do Município da _____, sob n° _____, com o valor proporcional para o exercício de 2014 fornecido por aquela prefeitura de R$ 45.227,77, e valor venal proporcional atual de R$ 52.762,90 e atribuído para a presente partilha de **R$ 76.893,00**. A autora da herança não deixa dívidas ativas ou passivas. O total líquido dos bens e haveres do espólio monta em **R$ 307.570,00 (trezentos e sete mil, quinhentos e setenta reais)** correspondendo a herança R$ 307.570,00, sendo R$ 76.893,00 à legítima de cada filha e R$ 153.785,00 à parte disponível.

DA PARTILHA DOS BENS DA AUTORA DA HERANÇA

Os outorgantes, de livre e espontânea vontade, sem induzimento, dolo ou sugestão, por meio desta escritura e na melhor forma de direito, por determinação testamentária, partilham a herança da seguinte forma:

DO QUINHÃO DA HERDEIRA NECESSÁRIA

O quinhão da herdeira **CELINA**, no valor total de **R$ 76.893,00 a título de legítima**, é composto de: **1/2 (metade ideal) de um terreno constituído de parte** do lote n° __, da quadra n° __, do _____, situado na Avenida _____ que recebeu o n° 683, antiga Rua _____, no distrito, município, comarca de _____, CEP _____, objeto da matrícula n° _____ do referido oficial registrador.

DO QUINHÃO DA HERDEIRA TESTAMENTÁRIA

O quinhão da herdeira **ODETE** no valor total de **R$ 230.677,00, sendo o valor de R$ 76.893,00 correspondendo à legítima e R$ 153.785,00 da parte disponível**, é composto de: **1/2 (metade ideal) de um prédio e seu terreno, situados na Rua _____ n° 192,** no __° subdistrito – _____, do distrito, município, comarca e __° Oficial de Registro de Imóveis de ____, CEP _____, encerrando a área de 214,80m², objeto da matrícula n° ____ do referido oficial registrador, no valor de R$ 230.677,00.

IMPOSTO DE TRANSMISSÃO

O imposto de transmissão da herança foi recolhido em 31.08.2016, nos valores de R$ 5.075,23 e R$ 15.225,53, calculado à alíquota de 4%, com multa, sobre o valor fiscal de cada quinhão, apurado após o preenchimento e a impressão da Declaração de ITCMD n° _____, com valores verídicos e que foram conferidos pelas partes, documentos que ficam aqui arquivados.

CERTIDÕES

O outorgante apresenta os seguintes documentos que ficam aqui arquivados: **a)** certidão do seu estado civil e documento de identificação pessoal; **b)** certidão negativa de débitos relativos aos tributos federais e à dívida ativa da união, sob o código de controle: _____, emitida em 28.07.2016, válida até 24.01.2017 e o relatório de consulta de indisponibilidade, resultado negativo, código HASH _____, em nome da autora da herança e **c)** dispensa a exibição das certidões de feitos ajuizados, bem como a exigência de arquivamento, nestas notas, de quaisquer outros documentos exigidos pela Lei Federal n° 7.433/1985, regulamentada pelo Decreto n° 93.240/1986, a não ser as seguintes certidões: certidões de inteiro teor das matrículas dos imóveis, expedidas em 05.10.2016 pelos Registros de Imóveis competentes e as certidões negativas de débitos de tributos e contribuições municipais, emitidas via Internet nestas notas em 26.08.2016.

DECLARAÇÕES DAS OUTORGANTES REFERENTE A AUTORA DA HERANÇA

Declara as outorgantes, sob as penas da lei, que: **a)** a autora da herança não deixou outros testamentos particulares e cerrados, além do(s) testamento (s) públicos aqui mencionado (s), o qual elas outorgantes reconhecem como válido e eficaz; **b)** são as únicas herdeiras testamentárias e legítimas que deveriam comparecer nesse ato; **c)** não têm conhecimento da existência de outros bens para serem partilhados e também não receberam, durante a vida da autora da herança, bens para serem apresentados à colação; **d)** não há dívidas ativas ou passivas em nome da autora da herança; **e)** a autora da herança não estava vinculada à Previdência Social, como empregadora, nem devedora, deixando, portanto, de ser apresentada a certidão do Instituto Nacional do Seguro Social (INSS); **f)** a autora da herança era senhora, única e legítima possuidora, livres e desembaraçados de quaisquer ônus reais, judiciais ou extrajudiciais, tributos atrasados, dúvidas, dívidas, ações judiciais em trâmite, fundadas em direito real ou pessoal, e quaisquer outros encargos dos bens mencionados no item "Monte Mor"; **g)** não há contra a autora da herança nenhum feito ajuizado com referência aos imóveis; **h)** até

Cap. XII – MINUTAS DE ARROLAMENTO | 181

a data do falecimento não existiam débitos decorrentes de taxas relativos aos imóveis objeto desta; **i)** a autora da herança não mantinha vida em comum com qualquer pessoa que pudesse vir a caracterizar união estável.

DECLARAÇÃO DO ADVOGADO E DAS OUTORGANTES

O advogado constituído declara que assessorou, aconselhou e acompanhou suas constituintes, tendo conferido a partilha como determinada no testamento, os valores e o imposto de transmissão, os quais estão de acordo com a lei. Comparece também **ROBÉRIO**, supraqualificado, nomeado Testamenteiro, declara e concorda em não receber qualquer remuneração por esse encargo, pois o valor da vintena não foi fixado pela Testadora. A outorgante nomeia **ODETE**, como inventariante do Espólio, conferindo-lhe todos os poderes que se fizerem necessários para representar o espólio em juízo ou fora dele. Declara ainda que: **a)** que os fatos aqui narrados e as declarações feitas são verdadeiras; **b)** concordam com os valores atribuídos aos bens para base de cálculo do imposto de transmissão e com os valores recolhidos a título de imposto de transmissão; **c)** reconhecem a validade do Testamento e concordam e aceitam: I) com os valores atribuídos ao patrimônio, II) com os bens que compõe cada quinhão e III) com a presente partilha. Por meio desta escritura e seu posterior registro, recebem seu quinhão dos bens da herança, na forma supramencionada, nada tendo a reclamar no futuro, ficando ressalvados eventuais erros, frações decimais de centavos dos referidos quinhões, omissões e/ou direitos de terceiros.

REQUERIMENTOS

As outorgantes autorizam os órgãos e pessoas jurídicas, públicos e/ou particulares, inclusive os Oficiais de Registro de Imóveis competentes, a praticar todos os atos necessários ou convenientes para a transferência dos bens ora partilhados para seu nome e o registro desta escritura.

DOI/SEFAZ

Emitida declaração sobre operação imobiliária, conforme Instrução Normativa da Secretaria da Receita Federal e prestada as informações, referente ao ITCMD, para a Secretaria da Fazenda do Estado de São Paulo.

EMOLUMENTOS – ENCERRAMENTO

Pediram a mim, que lavrasse a presente escritura, que feita e lhes sendo lida, em voz alta, aceitaram-na por achá-la conforme, outorgam e assinam.

13. ARROLAMENTO COM TESTAMENTO QUE PREVÊ SUBSTITUIÇÃO E ADJUDICAÇAO – SEM HERDEIROS NECESSÁRIOS

Caso prático:

JESSICA era filha de Antônio e de Agnes, ambos falecidos, conforme declarado por ela em seu testamento; era solteira e filha única; não vivia em união estável e faleceu no dia 05 de março de 2014, nesta Capital/SP. Deixou um testamento determinando que a totalidade de seus bens seriam de sua sobrinha Debora. Era titular de um Resíduo de Pensão devido pela Superintendência Regional de

182 | INVENTÁRIO EXTRAJUDICIAL NA PRÁTICA

Administração do Estado do Rio de Janeiro – Ministério da Fazenda, Divisão de Pessoal – GESP, processo nº _____/2012-84 com o valor de R$ 141.778,43.

Solução: a autora da herança deixou um testamento válido e não tinha herdeiros necessários, por essa razão não há legítima a ser respeitada e todo o seu patrimônio é considerado "disponível". Apresentada a decisão judicial autorizando a lavratura da escritura, o bem será adjudicado à herdeira testamentária.

TRASLADO DO LIVRO ___ FLS

ESCRITURA DE ARROLAMENTO COM TESTAMENTO E ADJUDICAÇÃO

Aos **08 (oito)** dias do mês de **dezembro** de **2017 (dois mil e dezessete),** no 17º Tabelião de Notas de São Paulo/SP, perante mim, escrevente, apresentaram-se as partes entre si justas e contratadas, a saber:

OUTORGANTE

Como outorgante, **a herdeira legatária e testamenteira: DEBORA**, brasileira, nascida em 03.10.1952, com 65 anos de idade, professora, portadora da cédula de identidade RG nº _____-SSP/SP, inscrita no CPF/MF sob nº _____, casada sob o regime da comunhão universal de bens aos 31.03.1977 (certidão de casamento matrícula nº _____, do Oficial de Registro Civil das Pessoas Naturais do 24º Subdistrito – Indianópolis, desta Capital/SP) com MIGUEL brasileiro, ___, portador da cédula de identidade RG nº _____-SSP/SP, inscrito no CPF/MF sob nº _____, residentes e domiciliados nesta Capital/SP, na Rua ___, nº ____, Bairro Jardim – CEP.

ADVOGADO

Acompanhando a outorgante, comparece a este ato o advogado constituído, inscrito na OAB/SP sob nº _____, **Dr. ANTONIO,** brasileiro, separado judicialmente, portador da cédula de identidade RG nº _____SSP/SP, inscrito no CPF/MF sob nº _____, domiciliado nesta Capital e com escritório situado na Avenida ___, nº ___, fundos, São Paulo, CEP ___; os presentes, maiores e capazes, reconhecidos como os próprios de que trato, pelos documentos referidos e apresentados, do que dou fé.

DO AUTOR DA HERANÇA

Pela outorgante foi dito em idioma nacional, que comparece perante mim, escrevente, acompanhada de seu advogado constituído, para realizar o arrolamento e adjudicação do bem deixado por falecimento de JESSICA e declararam o seguinte: **JESSICA** nasceu no Município do Rio de Janeiro, Estado do Rio de Janeiro, no dia 04.05.1926, filha de Antônio e de Agnes, ambos falecidos conforme declarado por ela em seu testamento; era brasileira, bibliotecária estadual aposentada, portadora da cédula de identidade RG nº _____-SSP/SP, inscrita no CPF/MF sob o nº _____; era solteira (certidão de nascimento matrícula nº _____, do 1º Oficial de Registro Civil das Pessoas Naturais do Município de Rio de Janeiro/RJ). **Não teve descendentes, não deixou ascendentes e não vivia em união estável,** sendo assim, a autora da herança não deixou herdeiros necessários, como aqui comprovado e por essa razão não há legítima a ser respeitada. A autora da herança residia nesta Capital/SP, na Rua ___, nº ___, Bairro

___; **faleceu no dia 05 de março de 2014, nesta Capital/SP**, conforme certidão extraída em 05.08.2015 do assento de óbito matrícula nº _____, pelo Oficial de Registro Civil das Pessoas Naturais de ___.

DO TESTAMENTO E SUAS DISPOSIÇÕES

A autora da herança deixou testamento público, lavrado em 11.09.1989, no livro ____, página ____, do ___º Ofício de Notas do Rio de Janeiro/RJ; foi apresentada a informação negativa de existência de testamento expedida pela Central Notarial de Serviços Eletrônicos Compartilhados em 15.04.2016 e a busca realizada aos 09.05.2016 pelo Serviço Registral – 6º Ofício de Distribuição do Rio de Janeiro/RJ; no seu testamento, do qual uma cópia autenticada do seu traslado, fica aqui arquivada, deixou como herdeira legatária sua irmã Eliana ___, falecida em 12.11.2011 (certidão de óbito matrícula nº_____, do RCPN da Quinta Circunscrição do Rio de Janeiro/RJ) e que na falta dela, a totalidade de seus bens que possuir quando de sua morte, passarão à propriedade de sua sobrinha **DEBORA, ora outorgante**. Nesse testamento determinou que deixa e lega, por ocasião de seu falecimento, todos os bens que possui ou venha a possuir para sua irmã Eliana, caso esta lhe sobreviva, em contrário, a totalidade dos bens que possui quando de sua morte passará à propriedade de sua sobrinha **DEBORA**. Nomeou como Testamenteira em primeiro lugar sua irmã Eliana e em segundo lugar sua sobrinha **DEBORA**.

DA AUTORIZAÇÃO JUDICIAL

A outorgante e seu advogado constituído, declaram e comprovam que nos autos do procedimento de abertura, registro e cumprimento de testamento, processo nº _____, da 9ª Vara da Família e Sucessões do Foro Central Cível da Comarca de São Paulo/SP, foi declarado aberto, cumprido e registrado o testamento supramencionado conforme sentença de fls. 50 transitado em julgado e autorizado a lavratura dessa escritura de acordo com sentença de fls. 50, que fica aqui arquivada.

DO MONTE MOR

A autora da herança possuía na ocasião de seu falecimento, o seguinte bem móvel: **Resíduo de Pensão** devido pela Superintendência Regional de Administração do Estado do Rio de Janeiro – Ministério da Fazenda, Divisão de Pessoal – GESP, processo nº _____ com o valor de **R$ 141.778,43,** atribuído para fins fiscais e de partilha, sendo que referido saldo deverá ser acrescido de juros e correções até a data do pagamento. A autora da herança não deixa dívidas ativas ou passivas. O total líquido dos bens e haveres do espólio e sua herança monta em **R$ 141.778,43 (cento e quarenta e um mil, setecentos e setenta e oito reais e quarenta e três centavos)**.

DA ADJUDICAÇÃO

Pela presente escritura e na melhor forma de direito, por determinação testamentária, **o bem com o valor mencionado no item "Monte Mor", é ADJUDICADO** integralmente para a herdeira legatária **DEBORA**.

IMPOSTO DE TRANSMISSÃO

A outorgante e seu advogado constituído declaram que não há ITCMD a ser recolhido em razão da **isenção** prevista no **art. 6º, I, letra "e"** da lei estadual nº

184 | INVENTÁRIO EXTRAJUDICIAL NA PRÁTICA

10.705/2000, alterado pela Lei nº 10.992/2001 e apresentam **Declaração de IT-CMD nº** _____, com valores verídicos e que foram por eles conferidos, documentos que permanecem arquivados neste tabelionato.

CERTIDÕES

A outorgante apresenta os seguintes documentos que ficam aqui arquivados: **a)** certidão do seu estado civil e documento de identificação pessoal; **b)** certidão negativa de débitos relativos aos tributos federais e à dívida ativa da união, emitida em 06.12.2017 às 14:33:20hs, sob o código de controle: _____, válida até 04.06.2018; **c)** o relatório de consulta de indisponibilidade, resultado negativo, código HASH _____ em nome da autora da herança, emitido via internet nestas notas e data; e **d)** dispensa a exibição das certidões de feitos ajuizados, bem como a exigência de arquivamento, nestas notas, de quaisquer outros documentos exigidos pela Lei Federal nº 7.433/1985, regulamentada pelo Decreto nº 93.240/1986.

DECLARAÇÕES DA OUTORGANTE REFERENTE A AUTORA DA HERANÇA

Declara a outorgante, sob as penas da lei, que: **a)** a autora da herança não deixou outros testamentos particulares e cerrados, além do testamento público aqui mencionado, o qual ela outorgante reconhece como válido e eficaz; **b)** a autora da herança não deixou descendentes, seus pais e avós já eram falecidos, era solteira e não vivia com ninguém que pudesse vir a caracterizar uma união estável nos termos da legislação vigente, sendo a ora outorgante a única herdeira testamentária que deve comparecer nesse ato; **c)** não têm conhecimento da existência de outros bens para serem partilhados/adjudicados; **c)** não há dívidas ativas ou passivas em nome da autora da herança; **d)** a autora da herança não estava vinculada à Previdência Social, como empregadora, nem devedora, deixando, portanto, de ser apresentada a certidão do Instituto Nacional do Seguro Social (INSS); **e)** a autora da herança era senhora, única e legítima possuidora, livres e desembaraçados de quaisquer ônus reais, judiciais ou extrajudiciais, tributos atrasados, dúvidas, dívidas, ações judiciais em trâmite, fundadas em direito real ou pessoal, e quaisquer outros encargos sobre o bem mencionado no item "Monte Mor"; **f)** não há contra a autora da herança nenhum feito ajuizado com referência ao bem; **g)** a autora da herança não mantinha vida em comum com qualquer pessoa que pudesse vir a caracterizar união estável.

DECLARAÇÃO DO ADVOGADO E DA OUTORGANTE

O advogado constituído declara que assessorou, aconselhou e acompanhou sua constituinte, tendo conferido a adjudicação como determinada no testamento, os valores atribuídos e o imposto de transmissão, os quais estão de acordo com a lei. **DEBORA**, nomeada Testamenteira, declara e concorda em não receber qualquer remuneração por esse encargo. A outorgante, **por ser a única herdeira é também inventariante do Espólio**, tendo todos os poderes que se fizerem necessários para representar o espólio em juízo ou fora dele, especialmente perante a Superintendência Regional de Administração do Estado do Rio de Janeiro – Ministério da Fazenda, Divisão de Pessoal – GESP. Declara ainda que: **a)** declara que os fatos aqui narrados e as declarações feitas são verdadeiras; **b)** reconhece a validade do Testamento e concorda e aceita: o valor atribuído ao bem para base de cálculo do imposto de transmissão e com o valor recolhido a título de imposto de transmissão; com a interpretação feita quanto ao teor do Testamento; com o valor atribuído ao patrimônio; com o bem que compõe o quinhão e com a presente adjudicação. Por meio desta escritura e seu posterior registro, recebe seu quinhão do bem da herança, na forma supramencionada, nada tendo a reclamar no futuro, ficando ressalvados eventuais erros, frações decimais de centavos do referido quinhão, omissões e/ou direitos de terceiros.

REQUERIMENTOS/SEFAZ

A outorgante autoriza os órgãos e pessoas jurídicas, públicos e/ou particulares, especialmente a Superintendência Regional de Administração do Estado do Rio de Janeiro – Ministério da Fazenda, Divisão de Pessoal – GESP a praticar todos os atos necessários ou convenientes para a transferência do bem ora partilhado/adjudicado para seu nome nos termos desta escritura, lavrada conforme legislação em vigor. Prestada as informações, referente ao ITCMD, para a Secretaria da Fazenda do Estado de São Paulo.

EMOLUMENTOS – ENCERRAMENTO

Pediram a mim, que lavrasse a presente escritura, que feita e lhes sendo lida, em voz alta, aceitaram-na por achá-la conforme, outorgam e assinam. Eu, _____ (NOME), escrevente, a lavrei. Eu, (a), subscrevo e assino. Devidamente assinada pela(o)(s) comparecente(s) e pelo subscritor. Nada mais. Eu, _____, conferi, subscrevo, assino o TRASLADO que está conforme e dou fé.

Em Testemunho _____ **Da Verdade**

JUSSARA CITRONI MODANEZE
TABELIÃ

14. ARROLAMENTO – ÓBITO OCORRIDO DURANTE A VIGÊNCIA DO CÓDIGO CIVIL DE 1916

> **Caso prático:**
>
> Adão era casado sob o regime da comunhão parcial de bens com ESTER, desde 03.12.1994; teve uma filha, sua herdeira legítima: JULIA. Falece em 23.06.2002 e deixa frações de dois imóveis recebidos por sucessão. Como realizar a partilha extrajudicial?
>
> **Solução:** o patrimônio adquirido a título gratuito, por doação ou sucessão, pelas pessoas casadas sob o regime da comunhão parcial de bens é considerado patrimônio particular e por essa razão a viúva não tem direito à meação.
>
> Como o óbito ocorreu na vigência do Código Civil de 1916 toda a herança será adjudicada à filha, pois naquele ano a viúva não era considerada herdeira. O imposto de transmissão será quitado em uma única guia em nome da filha.

ESCRITURA DE ARROLAMENTO SOBREPARTILHA DE BENS

Aos **02 (DOIS)** dias do mês de **DEZEMBRO** do ano de **2015 (DOIS MIL E QUINZE),** no 17º Tabelião de Notas de São Paulo/SP, perante mim, escrevente, compareceram partes entre si, justas e contratadas, a saber:

OUTORGANTE

Como outorgante, **a herdeira**: **JULIA**, brasileira, estudante, nascida em 9.09.1996, com 19 anos, solteira (CN – matrícula nº _____), portadora da cédula de identidade RG nº _____ SSP/SP, inscrita no CPF/MF sob nº _____, residente e domiciliada nesta Cidade, na Avenida _____.

ADVOGADA

Acompanhando a outorgante, comparece a este ato, a advogada inscrita na OAB/SP sob nº __, doutora **ANITA,** brasileira, casada, em cuja carteira constam o RG nº _____SSP/SP e o CPF/MF nº _____, domiciliada nesta Capital, com escritório na Rua _____. As presentes, maiores e capazes, reconhecidas como as próprias de que trato, pelos documentos referidos e apresentados, do que dou fé.

DO AUTOR DA HERANÇA

Pela outorgante foi dito, em idioma nacional, que comparece perante mim, escrevente, acompanhada de sua advogada constituída, para realizar o arrolamento e a adjudicação dos bens deixados por falecimento de ADÃO e declara o seguinte: **ADÃO** nasceu nesta Capital, no dia 21.08.1964; era filho de João e Maria, já falecidos; era brasileiro, profissão, portador da cédula de identidade RG nº _____, e inscrito no CPF/MF sob nº _____; era casado sob o regime da comunhão parcial de bens com ESTER, desde 3.12.1994 (CC – matrícula nº _____); **teve uma filha, sua herdeira legítima: JULIA**. O autor da herança residia nesta Cidade de São Paulo, na Rua _____; e **faleceu nesta Capital, no dia 23/6/2002**, conforme certidão extraída do assento de óbito matrícula nº _____. O autor da herança não deixou testamento, tendo sido apresentada a informação negativa de existência de testamento expedida pela Central Notarial de Serviços Eletrônicos Compartilhados em 9.09.2015.

DA PARTILHA JUDICIAL DOS BENS DO AUTOR DA HERANÇA

A outorgante, por meio de ação autuada perante a _____º Vara da Família e Sucessões desta Capital, processo nº _____, cuja sentença transitou em julgado em 23/5/2007, realizou o inventário e a partilha dos bens deixados pelo falecimento de ADÃO. Entretanto, naquele procedimento não foram mencionados os bens ora sobrepartilhados, uma vez que a outorgante não tinha conhecimento de sua existência.

DO MONTE MOR

O autor da herança possuía na ocasião de seu falecimento, além dos já arrolados e partilhados, os seguintes **BENS IMÓVEIS – 1) metade ideal (1/2) de um prédio sob nº 237, situado na Rua** _____, do município, comarca e Oficial de Registro de Imóveis de Itu, neste Estado, CEP _____, e respectivo terreno descrito e caracterizado na matrícula nº _____ do referido oficial registrador; fração ideal essa havida pelo autor por falecimento de João, ocorrido em 8/6/2001, nos termos do formal de partilha expedido em 21.12.2007 pelo Juízo de Direito da Vara da Família e Sucessões da Comarca de Itu/SP, registrado sob nº ___ na citada matrícula. O imóvel encontra-se lançado pela Prefeitura do Município de Itu sob nº _____, com o valor atribuído para fins fiscais e de partilha, e valor venal proporcional para o exercício de 2002 de **R$ 6.178,91**, e valor venal proporcional para o presente exercício de R$ 8.456,92; **2) fração ideal de um quarto (1/4) de um prédio e respectivo terreno sob nº 239, situado com frente para** _____, do município, comarca e Oficial de Registro de Imóveis de Itu, neste Estado, CEP _____, sendo o terreno descrito e caracterizado na matrícula nº _____ do referido oficial registrador; fração ideal essa havida pelo autor por falecimento de João, ocorrido em 8/6/2001, nos termos do formal de partilha expedido em 21.12.2007 pelo Juízo de Direito da Vara da Família e Sucessões da Comarca de Itu/SP, registrado sob nº ___ na citada matrícula. O imóvel encontra-se lançado pela Prefeitura do Município de Itu sob nº ___, com o valor atribuído para fins fiscais e de partilha, e valor venal proporcional para o exercício de 2002 de **R$ 9.671,08**, e valor venal proporcional para o presente exercício de R$ 13.923,43. O autor da herança não deixa dívidas ativas ou passivas. Os totais líquidos dos bens e haveres do espólio e da herança montam em **R$ 15.849,99 (quinze mil, oitocentos e quarenta e nove reais e noventa e nove centavos)**.

DA ADJUDICAÇÃO

Pela presente escritura e na melhor forma de direito, conforme o disposto no art. 1.603, I, do Código Civil de 1916, **os bens da herança, com os valores mencionados no item "Monte Mor", são ADJUDICADOS** integralmente para **JULIA**.

IMPOSTO DE TRANSMISSÃO

A outorgante e a advogada exibem a guia de recolhimento do ITCMD, no valor total de R$ 2.011,68, calculado à alíquota de 4% sobre o valor fiscal da herança, recolhido em 4.11.2015, com os acréscimos legais, conforme legislação vigente, e apurado após o preenchimento e a impressão da Declaração de ITCMD nº ___, retificada pela declaração nº _____, com valor verídico e que foi por elas conferido, ficando todos os documentos arquivados neste tabelionato.

CERTIDÕES

A outorgante apresentou os seguintes documentos que ficam aqui arquivados: a) certidão do seu estado civil e documentos de identificação pessoal; b) certidão negativa de débitos relativos aos tributos federais e à dívida ativa da União, em nome do autor da herança, extraída via internet, confirmada nestas notas, sob código de controle _____, válida até 27/4/2016; c) certidões de inteiro teor das matrículas dos imóveis expedidas em 26.11.2015 pelo Oficial de Registro de Imóveis de Itu/SP; d) certidões negativas de tributos imobiliários expedidas pela Prefeitura de Itu, extraídas via internet, nestas notas, em 27.08.2015 e 19.11.2015, sob nºs _ e _____; e) relatório de consulta de indisponibilidade com resultado negativo, código HASH _____, emitido via internet, nestas notas e data. Dispensa a exibição das certidões de feitos ajuizados, bem como a exigência de arquivamento, nesta serventia, de quaisquer outros documentos elencados pela Lei Federal nº 7.433/1985, regulamentada pelo Decreto nº 93.240/1986.

DECLARAÇÕES DA OUTORGANTE REFERENTES AO AUTOR DA HERANÇA

Declara a outorgante, sob as penas da lei, que: a) é a única herdeira, não havendo outros herdeiros legítimos que deveriam comparecer nesta sobrepartilha; b) não têm conhecimento da existência de outros bens para serem sobrepartilhados; c) não há dívidas ativas ou passivas em nome do autor da herança; d) o autor da herança não estava vinculado à Previdência Social, como empregador nem devedor, deixando, portanto, de ser apresentada certidão do Instituto Nacional do Seguro Social (INSS); e) o autor da herança era senhor e legítimo possuidor, livres e desembaraçados de quaisquer ônus reais, judiciais ou extrajudiciais, tributos atrasados, dúvidas, dívidas, ações judiciais em trâmite, fundadas em direito real ou pessoal, e quaisquer outros encargos dos bens mencionados no item "Monte Mor"; f) não há contra o autor da herança nenhum feito ajuizado com referência aos imóveis.

DECLARAÇÕES DA ADVOGADA E DA OUTORGANTE

A advogada constituída declara que assessorou, aconselhou e acompanhou sua constituinte, tendo conferido a adjudicação, os valores e o imposto de transmissão, os quais estão de acordo com a lei. Por ser a única herdeira, **JULIA** é também inventariante do espólio, nos termos do art. 990 do Código de Processo Civil, com todos os poderes que se fizerem necessários para representá-lo em juízo ou fora dele. A outorgante afirma que os fatos aqui narrados e as declarações feitas são verdadeiras; concorda com os valores atribuídos aos bens e com o recolhido a título de imposto de transmissão; aceita a presente sobrepartilha/adjudicação, e, por meio desta escritura e seu posterior registro, recebe os bens da herança, ficando ressalvados eventuais erros, omissões e/ou direitos de terceiros.

REQUERIMENTOS/DOI/SEFAZ

A outorgante autoriza os órgãos e pessoas jurídicas, públicos ou particulares, especialmente o Oficial do Registro de Imóveis competente, a praticar todos os atos necessários ou convenientes para a transferência dos bens ora adjudicados para seu nome, e o registro desta escritura lavrada de acordo com o previsto no art. 982 do Código de Processo Civil. Emitida declaração sobre operação imobiliária, conforme Instrução Normativa da Secretaria da Receita Federal. Prestadas as informações referentes ao ITCMD para a Secretaria da Fazenda do Estado de São Paulo.

EMOLUMENTOS – ENCERRAMENTO

Pediram-me que lavrasse a presente escritura, que feita e lhes sendo lida, em voz alta, aceitaram-na por achá-la conforme, outorgam e assinam.

15. ARROLAMENTO E PARTILHA – COLATERAIS – IRMÃOS UNILATERAIS E BILATERAIS, SOBRINHOS POR DIREITO DE REPRESENTAÇÃO

Caso prático:

ESTER era solteira, não teve filhos e seus pais e avós eram falecidos, não vivia em união estável. Falece em 22.12.2016, deixando 3 (três) irmãos bilaterais: DANIELA, JAIME e NEIDE, e 2 (dois) irmãos unilaterais: SERENA e Pacífico, falecido aos 11.01.2008, deixando 4 (quatro) filhos, sobrinhos da autora da herança: LEONARDO, VITORIO, ANA e IARA.

Como dividir seu patrimônio em uma escritura de arrolamento e partilha?

Solução: Considerando que os herdeiros legítimos de Ester são seus irmãos e sobrinhos, devemos nos atentar para o fato de que:

A) Irmãos bilaterais herdam o dobro do patrimônio herdado por irmãos unilaterais, portanto 3 irmãos bilaterais herdarão duas vezes o que cada irmão unilateral herdar. – Art. 1.841 do CC/2002.

Usamos a formular 3 X 2 = 6 + 2 X 1 + 2, assim: 6+2+8. A herança será dividida em 8 partes iguais, cabendo 2/8 ou 1/4 a cada um dos 3 irmãos bilaterais e 1/8 a cada um dos 2 irmãos unilaterais.

B) Há direito de representação entre filhos de irmãos, conforme o art. 1.843 do CC.

Portanto 1/8 da herança, que caberia ao irmão pré-morto, será partilhada entre os 4 filhos dele, ou seja: 1/8 dividido por 4.

ESCRITURA DE ARROLAMENTO E PARTILHA

Aos **25 (vinte e cinco)** dias do mês de **abril** de **2017 (dois mil e dezessete)**, no 17º Tabelião de Notas de São Paulo/SP, perante mim, escrevente, apresentaram-se as partes entre si justas e contratadas, a saber:

OUTORGANTES

Como outorgantes, os herdeiros, **DANIELA**, brasileira, nascida em 19.11.1926, com 90 anos de idade, viúva de ___, falecido aos 08.05.1985 (certidão de óbito _____), aposentada, portadora da cédula de identidade RG nº ___-SSP/SP, inscrita no CPF/MF sob nº _____, domiciliada nesta Cidade, SP, onde reside na Rua ___; **JAIME**, brasileiro, nascido em 22.08.1928, com 88 anos de idade, aposentado, portador da cédula de identidade RG nº _____-X-SSP/SP, inscrito no CPF/MF sob o nº _____, assistida de sua mulher, **ROSA** brasileira, aposentada, portadora da cédula de identidade RG _____-SSP/SP, inscrita no CPF/MF sob nº _____, casados pelo regime da comunhão universal de bens em 30.01.1982 (certidão de casamento _____ em conformidade com o Pacto Antenupcial lavrado aos 05.01.1982 pelo ___º Tabelião de Notas desta Capital, SP, no livro __ folha ___, devidamente registrado sob a matrícula nº _____ do livro nº 03 – Registro Auxiliar do ___º Oficial de Registro de Imóveis de São Paulo, SP), domiciliados na cidade de Piracicaba, SP, onde reside na Rua _____; **NEIDE**, brasileira, nascida em 15.09.1930, com 86 anos de idade, viúva (certidão de casamento matrícula nº _____, e certidão de óbito de _____, falecido aos 20.09.2013, matrícula nº _____, do lar, portadora da cédula de identidade RG nº _____-SSP/SP, inscrita no CPF/MF sob nº _____, domiciliada nesta Cidade, SP, onde reside na Rua _____; **SERENA**, brasileira, nascida em 25.01.1956, com 61 anos de idade, professora, portadora da cédula de identidade RG nº ___SSP/SP, inscrita no CPF/MF sob o nº _____ casada pelo regime da comunhão parcial de bens em 28.05.1983 (certidão de casamento ___) com _____, brasileiro, profissão, portador da cédula de identidade RG _____-SSP/SP, inscrito no CPF/MF sob nº _____, domiciliada nesta Cidade, SP, onde reside na _____; **LEONARDO**, brasileiro, nascido em 08.04.1979, com 38 anos de idade, profissão, portador da cédula de identidade RG nº ___-SSP/SP, inscrito no CPF/MF sob o nº _____, casado pelo regime da comunhão parcial de bens em 02.09.2006 (certidão de casamento ___) com NOME, brasileira, profissão, portadora da cédula de identidade RG _____SSP/SP, inscrita no CPF/MF sob n° _____, domiciliado nesta Cidade, SP, onde reside na Rua _____; **VITORIO**, brasileiro, nascido em 23.03.1981, com 36 anos de idade, profissão, solteiro (certidão de nascimento _____), portador da carteira nacional de habilitação – CNH, expedida pelo DETRAN/SP, registro n° _____, onde consta o RG n° ___-SSP/SP e o CPF/MF n° _____, domiciliado em _, onde reside na Rua _____; **ANA**, brasileira, nascida em 07.05.1984, com 32 anos de idade, empresária, portadora da cédula de identidade RG n° _____X-SSP/SP, inscrita no CPF/MF sob o n° _____, casada pelo regime da comunhão parcial de bens em 14.02.2004 (certidão de casamento _____) com NOME, brasileiro, empresário, portador da cédula de identidade RG _____SSP/SP, inscrito no CPF/MF sob n° ____, domiciliada em _, SP, onde reside na Rua _____ e **IARA**, brasileira, nascida em 22.10.1990, com 26 anos de idade, profissão, solteira (certidão de nascimento _____), portadora da carteira nacional de habilitação – CNH, expedida pelo DETRAN/SP, registro n° _, onde consta o RG n° ____-SSP/SP e o CPF/MF n° _____, domiciliada nesta Cidade, SP, onde reside na Rua___.

ADVOGADO

Acompanhando os outorgantes, comparece a este ato, o advogado inscrito na OAB/SP sob n° __, Dr. **PEDRO**, brasileiro, casado, RG n° __-SSP/SP e CPF/MF n° __, domiciliado nesta Capital e com escritório profissional na cidade de São Paulo, SP, na _____; os presentes, maiores e capazes, reconhecidos como os próprios de que trato, pelos documentos referidos e apresentados, do que dou fé.

DA AUTORA DA HERANÇA

Pelos outorgantes foi dito em idioma nacional, que comparecem perante mim, escrevente, acompanhados de seu advogado constituído, para realizar o arrolamento e a partilha dos bens deixados por falecimento de ESTER e declararam o seguinte: **ESTER,** nasceu em São João da Boa Vista/SP, no dia 07.04.1933, filha de Nelson, falecido aos 13.09.1979 (certidão de óbito matrícula n° _____) e de Amanda falecida aos 03.11.1964 (certidão de óbito matrícula n° _); era brasileira, aposentada, portadora da cédula de identidade RG n° _____-SSP/SP, inscrita no CPF/MF sob o n° _____, solteira (certidão de nascimento _____). **Não teve descendentes, não deixou ascendentes e não vivia em união estável, deixando 03 (três) irmãos bilaterais: DANIELA**, **JAIME** e **NEIDE, deixando também 02 (dois) irmãos unilaterais: SERENA** e **Pacífico**, falecido aos 11.01.2008, deixando 04 (quatro) filhos, sobrinhos da autora da herança: **LEONARDO, VITORIO, ANA,** e **IARA**. A autora da herança residia em __, SP, na Rua _____, n° ____, Centro, apto __, e **faleceu no dia 22.12.2016**, em _____, SP, conforme certidão de óbito matrícula n° _____, emitida em 03.01.2017. A autora da herança não deixou testamento, tendo sido apresentada a informação negativa de existência de testamento expedida pela Central Notarial de Serviços Eletrônicos Compartilhados em 12.01.2017.

DO MONTE MOR

A autora da herança possuía na ocasião de seu falecimento, os seguintes **BENS IMÓVEIS: I) APARTAMENTO sob n. ____, do Edifício _____, com entrada pela Rua _____, sob n° __**, do distrito, município, comarca e _° Oficial de

Registro de Imóveis, Títulos e Documentos e Civil de Pessoa Jurídica de ___/SP, CEP _, com a área bruta de ___ m², mais bem descrito e caracterizado na matrícula **nº** _____ do referido Oficial Registrador. O imóvel foi adquirido pela autora da herança a título de compra, nos termos da escritura lavrada em 08.01.2014, às folhas _ do livro _, do _º Tabelião de Notas de _____/SP, conforme o registro _____ da referida matrícula. Está cadastrado na Prefeitura Municipal de __, SP, sob nº _, com o valor venal atribuído para o exercício de 2017 e atribuído para fins de partilha e efeitos fiscais de **R$ 94.621,84; II) APARTAMENTO n. _____, localizado no 1º andar, do Condomínio EDIFÍCIO _____ com frente para a Rua ____, nº _, do** distrito ____, município ____, comarca e _º Oficial de Registro de Imóveis e Anexos de __/SP, CEP __, com a área total real de _____ m², na qual se acha implícita duas (2) vagas indeterminadas de garagens no subsolo, mais bem descrito e caracterizado na matrícula **nº** _____ do referido Oficial Registrador. O imóvel foi adquirido pela autora da herança a título de compra, nos termos da escritura lavrada em 05.12.2013, às folhas _ do livro ____ do __º Tabelião de Notas de ___/SP, conforme o registro _____ da referida matrícula. Está cadastrado na Prefeitura Municipal de __, SP, sob nº ___, com o valor venal atribuído para o exercício de 2017 e atribuído para fins de partilha e efeitos fiscais de **R$ 65.914,38;** e ainda os seguintes **BENS MÓVEIS: III) saldo na conta-corrente nº** _____ agência _, Banco ____ S.A, com valor de **R$ 915,60**, atribuído para fins fiscais e de partilha; **IV) saldo na conta-poupança nº** _, agência ___, Banco _____ S.A, com valor de **R$ 880,00**, atribuído para fins fiscais e de partilha; **V) saldo de investimento denominado CDB vinculado a conta nº** ___, agência __, Banco _____ S.A, com valor de **R$ 23.827,94**, atribuído para fins fiscais e de partilha; **VI) saldo na conta-corrente nº** _, agência 00__, Banco __ S.A, com valor de **R$ 31 mil**, atribuído para fins fiscais e de partilha; **VII) saldo na conta-poupança nº** _, agência __, Banco __S.A, com valor de **R$ 1.400,00**, atribuído para fins fiscais e de partilha. A autora da herança não deixa dívidas ativas ou passivas. O total líquido dos bens e haveres do espólio e a herança monta em **R$ 218.559,76 (duzentos e dezoito mil, quinhentos e cinquenta e nove reais e setenta e seis centavos).**

DA PARTILHA DOS BENS DA AUTORA DA HERANÇA

Os outorgantes, de livre e espontânea vontade, sem induzimento, dolo ou sugestão, por meio desta escritura e na melhor forma de direito, e conforme o disposto nos arts. 1.829, IV, 1.841 e 1.843 do Código Civil, partilham entre si a herança, da seguinte forma:

DO QUINHÃO DOS HERDEIROS BILATERAIS

Os quinhões dos herdeiros **DANIELA, JAIME** e **NEIDE,** no valor total de **R$ 54.639,94 (cinquenta e quatro mil, seiscentos e trinta e nove reais e noventa e quatro centavos), para cada um,** é composto de: **I) 1/4 do APARTAMENTO sob n.** ____, **do Edifício** _____, **com entrada pela Rua** _____, **sob nº** __, CEP ___, objeto da matrícula **nº 41.120** do referido Oficial Registrador, com o valor de **R$ 23.655,46; II) 1/4 do APARTAMENTO n.** _____, **localizado no 1º andar, do Condomínio EDIFÍCIO** _____ **com frente para a Rua** ____, **nº** _, objeto da matrícula **nº** ____ do referido Oficial Registrador com o valor de **R$ 16.478,59; III) 1/4 do saldo na conta-corrente nº** _____, agência ___, Banco __, com valor de **R$ 228,90; IV) 1/4 do saldo na conta-poupança nº**_____, agência ___, Banco __, com valor de **R$ 220,00; V) 1/4 do saldo de investimento**

denominado CDB vinculado a conta nº ___, agência ___, Banco ___, com valor de **R$ 5.956,98; VI) 1/4 do saldo na conta-corrente nº** ___, agência ___, Banco ___, com valor de **R$ 7.750,00; VII) 1/4 do saldo na conta-poupança nº**, com valor de **R$ 350,00.**

DO QUINHÃO DA HERDEIRA UNILATERAL

O quinhão da herdeira **SERENA,** no valor total de **R$ 27.319,97 (vinte e sete mil, trezentos e dezenove reais e noventa e sete centavos)**, é composto de: **I) 1/8 do APARTAMENTO sob n.** ___, **do Edifício** ___, **com entrada pela Rua** ___, **sob nº** ___, CEP ___, objeto da matrícula **nº** ___ do referido Oficial Registrador, com o valor de **R$ 11.827,73; II) 1/8 do APARTAMENTO n.** ___, **localizado no 1º andar, do Condomínio EDIFÍCIO** ___ **com frente para a Rua** ___, **nº** ___, objeto da matrícula **nº** ___ do referido Oficial Registrador, com o valor de **R$ 8.239,29; III) 1/8 do saldo na conta-corrente nº** ___, agência ___, Banco ___, com valor de **R$ 114,45; IV) 1/8 do saldo na conta-poupança nº** ___, agência ___, Banco ___, com valor de **R$ 110,00; V) 1/8 do saldo de investimento denominado CDB vinculado a conta nº** ___, agência ___, Banco ___, com valor de **R$ 2.978,49; VI) 1/8 do saldo na conta-corrente nº** ___, agência ___, Banco ___, com valor de **R$ 3.875,00; VII) 1/8 do saldo na conta-poupança nº** ___, agência ___, Banco ___, com valor de **R$ 175,00.**

DO QUINHÃO DOS HERDEIROS POR REPRESENTAÇÃO DE PACÍFICO

Os quinhões dos herdeiros **LEONARDO, VITORIO, ANA,** e **IARA,** no valor total de **R$ 6.829,99 (seis mil, oitocentos e vinte e nove reais e noventa e nove centavos), para cada um,** é composto de: **I) 1/32 do APARTAMENTO sob n.** ___, **do Edifício** ___, **com entrada pela Rua** ___, **sob nº** ___, CEP ___, objeto da matrícula **nº** ___ do referido Oficial Registrador, com o valor de **R$ 2.956,93; II) 1/32 APARTAMENTO n.** ___, **localizado no 1º andar, do Condomínio EDIFÍCIO** ___ **com frente para a Rua** ___, **nº** ___, objeto da matrícula **nº** ___ do referido Oficial Registrador, com o valor de **R$ 2.059,82; III) 1/32 do saldo na conta-corrente nº** ___, agência ___, Banco ___ com valor de **R$ 28,61; IV) 1/32 do saldo na conta-poupança nº** ___, agência ___, Banco ___, com valor de **R$ 27,50; V) 1/32 do saldo de investimento denominado CDB vinculado a conta nº** ___, agência ___, Banco ___, com valor de **R$ 744,62; VI) 1/32 do saldo na conta-corrente nº** ___, agência ___, Banco ___, com valor de **R$ 968,75; VII) 1/32 do saldo na conta-poupança nº** ___, agência ___, Banco ___, com valor de **R$ 43,75.**

IMPOSTO DE TRANSMISSÃO

O imposto de transmissão da herança foi recolhido, em 13.04.2017, nos valores de R$ 2.559,34, R$ 2.559,34, R$ 2.559,34, R$ 1.279,66, R$ 319,91, R$ 319,91, R$ 319,91 e R$ 319,91, calculado à alíquota de 4%, sobre o valor fiscal de cada quinhão, com multa e atualização monetária, apurado após o preenchimento e a impressão da Declaração de ITCMD, nº ___, com valores verídicos e que foram por conferidos pelas partes, documentos que ficam aqui arquivados.

CERTIDÕES

Os outorgantes apresentam os seguintes documentos que ficam aqui arquivados: **a)** certidão do seu estado civil e documento de identificação pessoal; **b)** certidão conjunta negativa de débitos relativos aos tributos federais e à dívida ativa da união, sob o código de controle: ___, válida até 01.07.2017, emitida aos 02.01.2017 e o relatório de consulta de indisponibilidade, resultado negativo, código HASH _____, em nome da autora da herança e **c)** dispensam a exibição das certidões de feitos ajuizados, bem como a exigência de arquivamento, nestas notas, de quaisquer outros documentos exigidos pela Lei Federal nº 7.433/1985, regulamentada pelo Decreto nº 93.240/1986, a não ser as seguintes certidões: certidões de inteiro teor das matrículas dos imóveis, expedidas em 24.04.2017, pelos Registros de Imóveis competentes e as certidões negativas de débitos de tributos e contribuições municipais, emitidas via Internet nestas notas em 24.04.2017.

DECLARAÇÕES DOS OUTORGANTES REFERENTE A AUTORA DA HERANÇA

Declaram os outorgantes, sob as penas da lei, que: **a)** são os únicos herdeiros, não havendo outros herdeiros legítimos que deveriam comparecer nesse ato, pois a autora da herança não tinha filhos e netos e seus pais e avós já eram falecidos; **b)** não têm conhecimento da existência de outros bens para serem partilhados e também não receberam, durante a vida da autora da herança, bens para serem apresentados à colação; **c)** não há dívidas ativas ou passivas em nome da autora da herança; **d)** a autora da herança não estava vinculada à Previdência Social, como empregadora, nem devedora, deixando, portanto, de ser apresentada a certidão do Instituto Nacional do Seguro Social (INSS); **e)** a autora da herança era senhora, única e legítima possuidora, livres e desembaraçados de quaisquer ônus reais, judiciais ou extrajudiciais, tributos atrasados, dúvidas, dívidas, ações judiciais em trâmite, fundadas em direito real ou pessoal, e quaisquer outros encargos dos bens mencionados no item "Monte Mor"; **f)** não há contra a autora da herança nenhum feito ajuizado com referência aos imóveis; **g)** até a data do falecimento não existiam débitos decorrentes de taxas relativos aos imóveis objeto desta, inclusive débitos condominiais; e **h)** a autora da herança não mantinha vida em comum com qualquer pessoa que pudesse vir a caracterizar união estável.

DECLARAÇÃO DO ADVOGADO

O advogado constituído declara que assessorou, aconselhou e acompanhou seus constituintes, tendo conferido a partilha, os valores e os impostos de transmissão, os quais estão de acordo com a lei.

DECLARAÇÕES DOS OUTORGANTES

Os outorgantes declaram que: **a)** concordam com os valores atribuídos aos bens e com os valores recolhidos a título de imposto de transmissão; **b)** os fatos aqui narrados e as declarações feitas são verdadeiras; e **c)** concordam com a presente partilha, aceitando-a, e por meio desta escritura e seu posterior registro, recebem seus quinhões dos bens da herança, na forma supramencionada, ficando ressalvados eventuais erros, frações decimais de centavos dos referidos quinhões, omissões e/ou direitos de terceiros.

DA NOMEAÇÃO DE INVENTARIANTE

Os herdeiros nomeiam **NOME**, como inventariante do Espólio, tendo todos os poderes que se fizerem necessários para representar o espólio em juízo ou fora dele, especialmente perante o **Banco _ S.A e o Banco _S.A**, e onde mais necessário for, podendo promover tudo que for necessário para a transferência dos bens mencionados no item "DO MONTE MOR". A nomeada declara que aceita este encargo, prestando compromisso de cumprir com eficácia seu mister, comprometendo-se desde já a prestar contas aos demais, quando por eles solicitado, assim como partilhar os valores recebidos nas proporções estabelecidas nesta escritura.

REQUERIMENTOS

Os outorgantes autorizam os órgãos e pessoas jurídicas, públicos e/ou particulares, inclusive os Oficiais de Registro de Imóveis competentes, o Banco __ S.A e o Banco__ S.A, a praticar todos os atos necessários ou convenientes para a transferência dos bens ora partilhados para seus nomes e o registro desta escritura.

DOI/SEFAZ

Emitida declaração sobre operação imobiliária, conforme Instrução Normativa da Secretaria da Receita Federal e prestadas as informações referentes ao ITCMD para a Secretaria da Fazenda do Estado de São Paulo.

EMOLUMENTOS – ENCERRAMENTO

Pediram a mim, que lavrasse a presente escritura, que feita e lhes sendo lida, em voz alta, aceitaram-na por achá-la conforme, outorgam e assinam.

16. ARROLAMENTO COM ASCEDENTES E COMPANHEIRO

Caso prático:

Lucas _____, viveu em união estável com Kelly desde janeiro de 2014 e em 09.04.2016 se casaram sob o regime da comunhão parcial de bens em 09.04.2016. Lucas não teve filhos e tem os pais ANTONIO e ANA, vivos. Falece em 19.07.2017 e deixa imóvel, automóvel e saldo de contas adquiridos durante a união estável e o casamento. Desejam que um automóvel seja atribuído para Ana e todos os outros bens para Kelly. Como lavrar a escritura de arrolamento e partilha?

Solução: o patrimônio adquirido onerosamente durante a união estável e o casamento sob o regime da comunhão parcial de bens é considerado patrimônio comum e por essa razão a viúva tem direito à meação.

A união estável pode ser reconhecida na escritura de arrolamento e partilha quando há outros herdeiros legítimos para ratificar esse fato e o período da união estável.

O STF equiparou o companheiro ao cônjuge para fins de sucessão, no julgamento dos Recursos Extraordinários (REs) 646.721 e 878.694, portanto, aplica-se o art. 1.829 do CC na sucessão do companheiro.

Quando o cônjuge ou companheiro concorre com ascendentes tem direito à herança, nos bens particulares e também no patrimônio comum, além de sua meação – art. 1.829, II, do CC.

A fim de que Ana receba tão somente um veículo será necessário realizar uma cessão de parte dos direitos hereditários para Kelly – que receberá um quinhão maior que aquele previsto em lei.

Antônio não receberá patrimônio algum, poderia renunciar, ou ceder. Faz uma cessão pois apenas Kelly será beneficiada com a cessão e não Ana, que também seria beneficiada se houvesse renúncia.

Cap. XII – MINUTAS DE ARROLAMENTO | 195

ESCRITURA DE ARROLAMENTO COM CESSÃO DE DIREITOS E PARTILHA

Aos **26 (vinte e seis)** dias do mês de **outubro** de **2017 (dois mil e dezessete),** no 17º Tabelião de Notas de São Paulo, perante mim, escrevente, apresentaram-se as partes entre si justas e contratadas, a saber:

OUTORGANTES

Como outorgantes, **KELLY**, brasileira, nascida em 04.10.1984, com 33 anos de idade, profissão, viúva, portadora da Carteira Nacional de Habilitação (CNH) – Detran/SP, registro nº _, onde constam o RG nº _____-SSP/SP e o CPF/MF nº _____, residente e domiciliada em ____/SP, na _____, **ANTONIO**, brasileiro, nascido em 09.12.1945, com 71 anos de idade, aposentado, portador da Carteira Nacional de Habilitação (CNH) – Detran/SP, registro nº ____, onde constam o RG nº _____-SSP/SP e o CPF/MF nº _____ e **ANA**, brasileira, nascida em 17.05.1960, com 57 anos de idade, do lar, portadora da Carteira Nacional de Habilitação (CNH) – Detran/SP, registro nº _____, onde constam o RG nº ____-SSP/SP e o CPF/MF nº_____, casados pelo regime da comunhão parcial de bens em 23.10.1982 (C.C. matrícula nº _____), residentes e domiciliados em _____SP, na Rua _____

ADVOGADO

Acompanhando os outorgantes, comparece a este ato, o advogado inscrito na OAB/SP sob nº _____, **Dr. JOSÉ,** brasileiro, solteiro, portador do RG nº ___-SSP/SP e CPF/MF nº _____, com escritório profissional nesta Capital, na Rua _____; os presentes, maiores e capazes, reconhecidos como os próprios de que trato, pelos documentos referidos e apresentados, do que dou fé.

DO AUTOR DA HERANÇA

Pelos outorgantes foi dito em idioma nacional, que comparecem perante mim, escrevente, acompanhados de seu advogado constituído, para realizar o arrolamento e a partilha dos bens deixados por falecimento de LUCAS e declararam o seguinte: **LUCAS** nasceu em _____/SP, no dia 28.02.1986, filho de ANTONIO e ANA, já qualificados; era brasileiro, profissão, portador da Carteira Nacional de Habilitação (CNH) – Detran/SP, registro nº ____, onde constam o RG nº _____SSP/SP e o CPF/MF nº _____, **casado com KELLY**, ora outorgante, sob o regime da **comunhão parcial de bens** em **09.04.2016** (C.C. matrícula: _____). **Não teve descendentes, deixou como seus herdeiros legítimos: a viúva KELLY e os ascendentes ANTONIO e ANA**. O autor da herança residia ____/SP, na _____ e **faleceu no dia 19.07.2017,** em _____/SP, conforme certidão de óbito matrícula nº _____ emitida em 20.07.2017. O autor da herança não deixou testamento, tendo sido apresentada a informação negativa de existência de testamento expedida pela Central Notarial de Serviços Eletrônicos Compartilhados em 06.09.2017.

DA UNIÃO ESTÁVEL

O autor da herança mantinha união estável desde o mês de janeiro de 2014 (dois mil e quatorze), com **KELLY,** anteriormente mencionada e qualificada, nos termos do art. 1.723 do Código Civil Brasileiro, sendo que posteriormente houve o casamento do autor da herança com KELLY, em data de 09.04.2016, pelo regime da comunhão parcial de bens conforme certidão de casamento, matrícula: _____. Dessa união não tiveram filhos.

DO MONTE MOR COMUM

O autor da herança possuía na ocasião de seu falecimento, os seguintes bens, adquiridos durante a união estável e o casamento: BEM IMÓVEL: **A) APARTAMEN-TO** _____, **integrante do empreendimento denominado "Residencial ____",** **situado na Rua _ nº __,** CEP __, perímetro urbano, no distrito, município, comarca e _ Oficial de Registro de Imóveis de _s/SP, com a área total de __m², com 01 (uma) vaga de garagem, de uso comum, individual e indeterminada, sujeita ao auxílio de manobrista/garagista, localizada na garagem coletiva do condomínio, descrito e caracterizado na **matrícula nº** _____ do referido Registrador. O imóvel foi adquirido pelo autor da herança, no estado civil de solteiro convivendo em união estável com KELLY, a título de compra, através do instrumento particular nº _____, firmado em 24.09.2015, em São Paulo-SP, nos termos das leis 4.380/1964 e 9.514/1997, no âmbito do Sistema Financeiro da Habitação, conforme o registro R. 06 da matrícula nº _____ do _º Oficial de Registro de Imóveis de _____s/SP, **e alienado fiduciariamente ao Banco** _____ **S/A, conforme Registro** _____ **da referida matrícula.** Cadastrado na Prefeitura Municipal sob nº _____, com o valor venal referente ao exercício de 2017 e atribuído para fins de partilha e fiscais de R$ 160.361,57; BENS MÓVEIS, **B) veículo de passeio automóvel, marca __,** **modelo** _____, ano de fabricação 2014, modelo 2014, cor prata, placa ___, conforme certificado de registro de veículo onde consta o código Renavam _____, com valor de **R$ 34.282,00**, atribuído para fins de partilha e fiscais; **C) veículo** **de passeio automóvel, marca, modelo** _____, ano de fabricação 2006, modelo 2006, cor preta, placa _____, conforme certificado de registro de veículo onde consta o código Renavam _____, com valor de **R$ 14.125,00**, atribuído para fins de partilha e fiscais; **D) Saldo do FGTS – PIS/PASEP/NIT** _____, **Conta FGTS:** ___, com valor de **R$ 10.662,70**, atribuído para fins de partilha e fiscais, acrescido de juros e correções até a data do pagamento; **E) Saldo do FGTS – PIS/PASEP/** **NIT** ____, **Conta FGTS:** _____ com valor de **R$ 139,60**, atribuído para fins de partilha e fiscais, acrescido de juros e correções até a data do pagamento e **F) Saldo** **do FGTS – PIS/PASEP/NIT** _____, **Conta FGTS:** _____, com valor de **R$ 7,72**, atribuído para fins de partilha e fiscais, acrescido de juros e correções até a data do pagamento. O autor da herança não deixa dívidas ativas ou passivas, exceto a alienação fiduciária adiante mencionada. O total líquido dos bens e haveres do espólio monta em **R$ 219.578,59** (duzentos e dezenove mil, quinhentos e setenta e oito reais e cinquenta e nove centavos) correspondendo a herança **R$** **109.789,29.**

DA CESSÃO GRATUITA DE DIREITOS

Por **ANTONIO** e **ANA**, agora na qualidade de cedentes, foi dito que, por esta mesma escritura e na melhor forma de direito, de livre e espontânea vontade, sem constrangimento, induzimento ou coação e possuindo outros bens e meios necessários às suas subsistências, **cedem e transferem**, da parte disponível de seu patrimônio e **a título gratuito, importando em doação**, a viúva **KELLY** sua nora, ora cessionária, no valor total de **R$ 59.067,86**, sendo que ANA cede parte dos seus direitos hereditários no valor de R$ 22.471,43 e ANTONIO cede todos os seus direitos hereditários no valor de R$ 36.596,43 valores atribuídos para fins fiscais. Assim, fica a cessionária inteiramente sub-rogada nos direitos ora adquiridos, notadamente os de posse e de ação.

DA PARTILHA DOS BENS DO AUTOR DA HERANÇA

Os outorgantes, de livre e espontânea vontade, sem induzimento, dolo ou sugestão, por meio desta escritura e na melhor forma de direito, **com fundamento no art. 1.829, II, art. 1.836 e art. 1.837 do Código Civil Brasileiro**, partilham entre si a herança, da seguinte forma:

DA MEAÇÃO E DO QUINHÃO DA VIÚVA

A meação e o quinhão de **KELLY**, no valor total de **R$ 205.453,59** (duzentos e cinco mil, quatrocentos e cinquenta e três reais e cinquenta e nove centavos), é composta de: **A) TOTALIDADE OU 100% DO APARTAMENTO _____, integrante do empreendimento denominado "Residencial ____", situado na Rua _ nº __,** CEP __, objeto da matrícula nº ___ do _º Oficial de Registro de Imóveis de ___s/SP, com valor de R$ 160.361,57, **alienado fiduciariamente ao Banco ___ S/A, conforme Registro _____ da referida matrícula; sendo 1/2 (metade) a título de meação, 1/6 (um sexto) a título de herança e 1/3 (um terço) a título da cessão de direitos; B) TOTALIDADE OU 100% do veículo de passeio automóvel, marca _, modelo ____,** ano de fabricação 2014, modelo 2014, cor prata, placa _, código Renavam _____ com valor de R$ 34.282,00, **sendo 1/2 (metade) a título de meação, 1/6 (um sexto) a título de herança e 1/3 (um terço) a título da cessão de direitos; C) TOTALIDADE OU 100% do Saldo do FGTS – PIS/PASEP/NIT ___, Conta FGTS: ___,** com valor de R$ 10.662,70, acrescido de juros e correções até a data do pagamento, **sendo 1/2 (metade) a título de meação, 1/6 (um sexto) a título de herança e 1/3 (um terço) a título da cessão de direitos; D) TOTALIDADE OU 100% do Saldo do FGTS – PIS/PASEP/NIT ___, Conta FGTS: _____,** com valor de R$ 139,60, acrescido de juros e correções até a data do pagamento, **sendo 1/2 (metade) a título de meação, 1/6 (um sexto) a título de herança e 1/3 (um terço) a título da cessão de direitos; E) TOTALIDADE OU 100% do Saldo do FGTS – PIS/ PASEP/NIT ___, Conta FGTS: _____,** com valor de R$ 7,72, acrescido de juros e correções até a data do pagamento, **sendo 1/2 (metade) a título de meação, 1/6 (um sexto) a título de herança e 1/3 (um terço) a título da cessão de direitos.**

DO QUINHÃO DA HERDEIRA ASCENDENTE

O quinhão da herdeira ascendente **ANA**, no valor total de **R$ 14.125,00** (quatorze mil, cento e vinte e cinco reais), é composto de: **TOTALIDADE OU 100% do veículo de passeio automóvel, marca, modelo _,** ano de fabricação 2006, modelo 2006, cor preta, placa ____, código Renavam __.

DA DÍVIDA DO ESPÓLIO – PAGAMENTO DAS PARCELAS RESTANTES DA ALIENAÇÃO FIDUCIÁRIA EM GARANTIA

Declara a outorgante **KELLY,** que o restante das parcelas referente a garantia da dívida da alienação fiduciária mencionada no item "A" do tópico "Do Monte Mor", contraída pelo **Espólio de LEANDRO**, será suportada integralmente por ela outorgante, **assumindo desde já pela obrigação do pagamento da dívida até final liquidação e comunicação imediata ao Banco _____,** dessa escritura, para transferência do imóvel para seu nome, salvo se houver seguro para quitação das parcelas restantes.

IMPOSTO DE TRANSMISSÃO

O imposto de transmissão da herança foi recolhido em 13.09.2017 pelos herdeiros, nos valores de R$ 1.322,19, R$ 1.322,19 e R$ 1.322,23 calculado à alíquota de 4%, com desconto de 5% sobre o valor fiscal dos bens mencionados nos itens A, B e C do tópico do "Monte Mor", apurado após o preenchimento e a impressão da Declaração de ITCMD nº _____ pelo advogado, com valores verídicos e que foram conferidos pelas partes, documentos que ficam aqui arquivados. Quanto aos bens mencionados nos itens D, E e F do tópico do "Monte Mor" o ITCMD deixa de ser recolhido por isenção prevista na legislação estadual vigente (art. 6º, I, alínea "e", da Lei nº 10.705/2000), constante na declaração de ITCMD supramencionada. Quanto à cessão a título gratuito, deixa de ser recolhido o imposto de transmissão (ITCMD), por isenção, uma vez que o valor efetivamente recebido pela cessionária, não atinge 2.500 UFESPs, declarando a mesma, não haver recebido nesse exercício qualquer outra cessão ou doação isenta de cada um dos cedentes (art. 6º, II, alínea "a", §§ 2º e 3º, do Regulamento do ITCMD, aprovado pelo Decreto Estadual nº 46.655/2.002), conforme Declaração de ITCMD nº _____ que ficará arquivada neste tabelionato.

CERTIDÕES

Os outorgantes apresentam os seguintes documentos que ficam aqui arquivados: **a)** certidões dos seus estados civis e documentos de identificação pessoal; **b)** certidão conjunta negativa de débitos relativos aos tributos federais e à dívida ativa da união, sob o código de controle: _____, válida até 17.04.2018 e o relatório de consulta de indisponibilidade, resultado negativo, **código HASH:** _____, em nome do autor da herança e **c)** dispensam a exibição das certidões de feitos ajuizados, bem como a exigência de arquivamento, nestas notas, de quaisquer outros documentos exigidos pela Lei Federal nº 7.433/1985, regulamentada pelo Decreto nº 93.240/1986, a não ser as seguintes certidões: certidão de inteiro teor da matrícula do imóvel, expedida em 28.09.2017 pelo Registro de Imóveis competente e a certidão negativa de tributos imobiliários municipais, emitida via Internet nestas notas em 28.09.2017.

DECLARAÇÕES DOS OUTORGANTES REFERENTE AO AUTOR DA HERANÇA

Declaram os outorgantes, sob as penas da lei, que: **a)** são os únicos herdeiros, não havendo outros herdeiros legítimos que deveriam comparecer nesse ato; **b)** não têm conhecimento da existência de outros bens para serem partilhados e também não receberam, durante a vida do autor da herança, bens para serem apresentados à colação; **c)** não há dívidas ativas ou passivas, exceto a alienação fiduciária já mencionada em nome do autor da herança; **d)** o autor da herança não estava vinculado à Previdência Social, como empregador, nem devedor, deixando, portanto, de ser apresentada a certidão do Instituto Nacional do Seguro Social (INSS); **e)** o autor da herança era senhor, único e legítimo possuidor, livres e desembaraçados de quaisquer ônus reais, judiciais ou extrajudiciais, tributos atrasados, dúvidas, dívidas, ações judiciais em trâmite, fundadas em direito real ou pessoal, e quaisquer outros encargos dos bens mencionados no item "Monte Mor"; **f)** não há contra o autor da herança nenhum feito ajuizado com referência ao imóvel; **g)** até a data do falecimento não existiam débitos decorrentes de taxas relativos ao imóvel objeto desta; **h)** não há débitos condominiais em relação ao apartamento arrolado e partilhado; **i) Declaram também que têm pleno**

Cap. XII – MINUTAS DE ARROLAMENTO | 199

conhecimento que foi instituída em favor do Serviço Autônomo de Água e Esgoto de _____ – SAAE, uma Servidão Administrativa de Passagem de linhas de tubulações de esgoto, a título gratuito, com a área de _m², averbada sob nº 01 na matrícula nº _ do__ Oficial de Registro de Imóveis de Guarulhos/SP e têm ciência da Alienação Fiduciária para garantia da dívida perante o Banco _____, ref. ao imóvel descrito no item "A" do tópico do monte mor, registrada sob nº ____ na matrícula nº ___ do __º Oficial de Registro de Imóveis de Guarulhos/SP, responsabilizando-se desde já a outorgante KELLY, pelo integral pagamento da dívida até final liquidação, salvo se houver seguro e pela comunicação dessa escritura ao banco credor; j) Declaram ainda os herdeiros ascendentes, que reconhecem a união estável, já declarada, configurada na convivência pública, contínua e duradoura, mantida pelo autor da herança com KELLY.

DECLARAÇÕES DOS CEDENTES E DOS CESSIONÁRIOS

Os cedentes declaram sob pena de responsabilidade civil e penal que: **a)** não estão vinculados à Previdência Social como empregadores nem devedores, deixando, portanto, de apresentar certidões do Instituto Nacional do Seguro Social (INSS) e da Secretaria da Receita Federal (SRF); **b)** não existem quaisquer feitos ajuizados fundados em ações reais ou pessoais reipersecutórias que recaia sobre o imóvel objeto da cessão efetivada; **c)** não existem fatos, ações, protestos, execuções ou quaisquer medidas judiciais ou administrativas que afetem esta escritura e a segurança do presente negócio jurídico. A **cessionária** declara sob as penas da lei, que dispensa os cedentes da exibição das certidões de feitos ajuizados, bem como a exigência de arquivamento, nestas notas, de quaisquer outros documentos exigidos pela Lei Federal nº 7433/1985, regulamentada pelo Decreto nº 93.240/1986, com exceção dos seguintes: **a)** certidão da matrícula do imóvel e da certidão negativa de débitos de tributos imobiliários supramencionadas; **b)** Certidões Negativas de Débitos Trabalhistas nºs _ e _____ e **c)** relatórios de consulta de indisponibilidade, resultados **negativos**, códigos HASH: _____ e _____, ambas em nome dos cedentes, emitidas via Internet nestas notas e data; as quais ficam arquivadas nestas notas juntamente com as outras supramencionadas. **Os cedentes e a cessionária** declaram que a cessão dos valores de direitos hereditários é realizada a título gratuito e assim o excesso de direitos é recebido a título gratuito, não havendo permuta, compensação financeira, torna ou reposição de quaisquer valores.

DECLARAÇÕES DO ADVOGADO E DOS OUTORGANTES

O advogado constituído declara que assessorou, aconselhou e acompanhou seus constituintes, tendo conferido a partilha, os valores e o imposto de transmissão, os quais estão de acordo com a lei. Declaram ainda que: **a)** o autor da herança não deixou testamento público, cerrado ou particular; **b)** concordam com os valores atribuídos aos bens e com os valores recolhidos a título de imposto de transmissão; **c)** declaram que os fatos aqui narrados e as declarações feitas são verdadeiras; **d)** concordam e aceitam a presente partilha e por meio desta escritura e seu posterior registro, recebem sua meação e seus quinhões dos bens da herança, na forma mencionada, ficando ressalvados eventuais erros, frações decimais de centavos dos referidos quinhões, omissões e/ou direitos de terceiros e **e)** têm ciência da inconstitucionalidade do art. 1.790 do Código Civil declarada pelo Supremo

INVENTÁRIO EXTRAJUDICIAL NA PRÁTICA

Tribunal Federal (STF) em 10.05.2017, em decisão proferida no julgamento dos Recursos Extraordinários (REs) 646721 e 878694, ambos com repercussão geral reconhecida, e por isso fundamentam essa escritura conforme o disposto nos arts. 1.829, II, 1.836 e 1.837 do Código Civil Brasileiro.

DA NOMEAÇÃO DE INVENTARIANTE

Os outorgantes nomeiam a viúva **KELLY**, como inventariante do Espólio, tendo todos os poderes que se fizerem necessários para representar o espólio em juízo ou fora dele, especialmente perante a **Caixa Econômica Federal**, podendo promover o levantamento e saque dos saldos das contas de FGTS mencionados no item "DO MONTE MOR", atualizados com juros e correções monetárias até a data dos levantamentos, e também especialmente perante o **Detran/SP** e onde mais necessário for, nas transferência dos veículos noticiados no item "do monte mor". A nomeada declara que aceita este encargo, prestando compromisso de cumprir com eficácia seu mister, comprometendo-se desde já a prestar contas aos herdeiros ascendentes, quando por eles solicitado.

REQUERIMENTOS

Os outorgantes autorizam os órgãos e pessoas jurídicas, públicos e/ou particulares, inclusive o Oficial de Registro de Imóveis competente, **Caixa Econômica Federal, Detran/SP**, a praticar todos os atos necessários ou convenientes para a transferência dos bens ora partilhados para seus nomes e o registro desta escritura.

DOI/SEFAZ

Emitida declaração sobre operação imobiliária, conforme Instrução Normativa da Secretaria da Receita Federal e prestadas as informações, referente ao ITCMD, para a Secretaria da Fazenda do Estado de São Paulo.

EMOLUMENTOS – ENCERRAMENTO

Pediram a mim, que lavrasse a presente escritura, que feita e lhes sendo lida, em voz alta, aceitaram-na por achá-la conforme, outorgam e assinam.

17. ARROLAMENTO COM ADJUDICAÇÃO AO COMPANHEIRO

Caso prático:

PEDRO, filho de José Silva, falecido em 21.05.2009 e Ana __, falecida em 14.10.1994 era brasileiro, professor, solteiro. Não teve descendentes e deixou uma única irmã bilateral: NATALI. Vivia em união estável desde 20.07.2013 com a companheira ERICA, ora outorgante. Pedro faleceu no dia 27.12.2017. Era titular do APARTAMENTO nº _____, situado no _____, na Rua, nº ____, adquirido por compra em 30.06.2000. com o valor venal/IPTU para o exercício de 2017 e atribuído para fins de partilha e fiscais de R$ 52.401,17, e valor venal de referência/IPTU para o exercício de 2018 de **R$ 53.816,09** e saldo da conta-corrente nº _____, agência _____ do Banco _____, em 27.12.2017 com valor de R$ 1.424,55.

Solução: a união estável pode ser reconhecida por escritura pública desde que os herdeiros do companheiro falecido compareçam reconhecendo essa união. Após a decisão do STF que equiparou o companheiro ao cônjuge para fins de sucessão, será aplicado o art. 1.829, III, e não mais o art. 1.790, III, do Código Civil e por essa razão o patrimônio particular será adjudicado na totalidade a título de herança e o comum, metade a título de meação e a outra metade a título de herança ao companheiro.

TRASLADO DO LIVRO ___ FLS

ESCRITURA DE ARROLAMENTO E ADJUDICAÇÃO

Aos **06 (seis)** dias do mês de **março** de **2018 (dois mil e dez oito),** no 17º Tabelião de Notas de São Paulo, perante mim, escrevente, apresentaram-se as partes entre si justas e contratadas, a saber:

OUTORGANTES

Como outorgantes, a companheira e herdeira, **ERICA**, brasileira, nascida em 01.01.1978, com 40 anos de idade, professora, solteira e maior (C.N. matrícula nº _____ do Registro Civil das Pessoas Naturais do 14º Subdistrito Lapa, desta Capital), portadora da cédula de identidade RG n.º _____-SSP-SP, inscrita no CPF/MF sob o n.º _____, residente e domiciliada na cidade de Cotia/SP, na Rua _____, nº ___, ap. ___, Jardim Rio das Pedras, CEP_____, e a interveniente **NATALI** , brasileira, monitora, solteira e maior (C.N. matrícula nº _____ do Registro Civil das Pessoas Naturais do 14º Subdistrito Lapa, desta Capital), portadora da cédula de identidade RG _____-SSP/SP, inscrita no CPF/MF nº _____, residente e domiciliada Rua _____, nº ___, CEP _____.

ADVOGADA

Acompanhando as outorgantes, comparece a este ato, a advogada inscrita na OAB/SP sob nº _____, **Dra. PATRICIA**, brasileira, casada, portadora do RG nº _____-SSP/SP e CPF/MF nº _____, com escritório nesta Capital, Rua _____, nº _____, CEP _____ as presentes, maiores e capazes, reconhecidas como as próprias de que trato, pelos documentos referidos e apresentados, do que dou fé.

DO AUTOR DA HERANÇA

Pelas outorgantes foi dito em idioma nacional, que comparecem perante mim, escrevente, acompanhadas de sua advogada constituída, para realizar o arrolamento e a adjudicação dos bens deixados por falecimento de PEDRO e declararam o seguinte: **PEDRO** nasceu em São Paulo/SP, no dia 13.05.1971, filho de José, falecido em 21.05.2009 (C.O. matrícula: _____ do Oficial de Registro Civil de Itapecerica da Serra/SP) e Ana , falecida em 14.10.1994 (C.O. termo _____, fls. _____ no livro C-____ do Registro Civil do 14º Subdistrito Lapa, desta Capital); era brasileiro, professor, solteiro (C.N. matrícula nº _____ do Registro Civil do 14º Subdistrito Lapa, desta Capital), portador da cédula de identidade RG nº _____-SSP/SP, inscrito no CPF/MF nº _____. **Não teve descendentes e deixou uma única irmã bilateral: NATALI ora outorgante e interveniente. Deixou como sua herdeira legítima: a companheira ERICA ora outorgante.** O autor da herança residia em Cotia/SP, na Rua _____, nº ____, ap. ____, Jardim Rio das Pedras, CEP _____, e **faleceu no dia 27.12.2017,** em

Cotia/SP, conforme certidão de óbito matrícula nº _____ emitida em 08.01.2018 pelo Oficial de Registro Civil das Pessoas Naturais do Distrito de ___/ SP. O autor da herança não deixou testamento, tendo sido apresentada a informação negativa de existência de testamento expedida pela Central Notarial de Serviços Eletrônicos Compartilhados em 12.01.2018.

DA UNIÃO ESTÁVEL

O autor da herança mantinha **união estável desde o dia 20.07.2003**, com **ERICA** já qualificada, nos termos do art. 1.723 do Código Civil Brasileiro. Dessa união não tiveram filhos.

DO MONTE MOR PARTICULAR

O autor da herança possuía na ocasião de seu falecimento, os seguintes bens: BEM IMÓVEL: **A) APARTAMENTO nº** _____, **na Rua, nº** ____, CEP _____, no município _____, comarca e Oficial de Registro de Imóveis de Cotia/SP, contendo living, dois dormitórios, cozinha, lavanderia e W.C., com área total construída de 94,193m², completamente descrito e caracterizado na matrícula nº ____ do referido Registrador. O imóvel foi adquirido pelo autor da herança, a título de compra, nos termos do instrumento particular com força de escritura pública, firmado aos 30.06.2000, em Osasco/SP, conforme o registro R.01 da referida matrícula. Cadastrado na Prefeitura Municipal sob nº _____, com o valor venal/IPTU para o exercício de 2017 e atribuído para fins de partilha e fiscais de **R$ 52.401,17**, e valor venal de referência/IPTU para o exercício de 2018 de **R$ 53.816,09** e BEM MÓVEL **B) Saldo da conta-corrente nº** _____, agência _____ do Banco _____, em 27.12.2017, com valor de **R$ 1.424,55**, atribuído para fins de partilha e fiscais, acrescido de juros e correções até a data do pagamento. O autor da herança não deixa dívidas ativas ou passivas. O total líquido dos bens e haveres do espólio e da herança montam em **R$ 53.825,72** (cinquenta e três mil, oitocentos e vinte e cinco reais e setenta e dois centavos).

DA ADJUDICAÇÃO

Pela presente escritura e na melhor forma de direito, **o apartamento e o saldo da conta-corrente, com os valores mencionados no item "Monte Mor Particular",** são **ADJUDICADOS** integralmente para **ERICA, 100% a título de herança**.

IMPOSTO DE TRANSMISSÃO

O imposto de transmissão da herança referente aos bens mencionados no item "Monte Mor" dessa escritura, deixa de ser recolhido por isenção prevista na legislação estadual vigente (art. 6º, I, alíneas "b" e "d", da Lei nº 10.705/2000). Emitida a declaração nº 5_____8, com valores verídicos e que foram conferidos pelas partes, documentos que ficam aqui arquivados.

CERTIDÕES

As outorgantes apresentam os seguintes documentos que ficam aqui arquivados: **a)** certidões dos seus estados civis e documentos de identificação pessoal; **b)** certidão positiva com efeitos de negativa de débitos relativos aos tributos federais e à dívida ativa da união, sob o código de controle: _____, válida até 14.08.2018 e o relatório de consulta de indisponibilidade, resultado negativo, código HASH: _____, em nome do autor da herança e **c)** dispensam a exibição das certidões de feitos ajuizados, bem como a exigência de arquivamento, nestas notas, de quaisquer outros documentos exigidos pela Lei Federal nº 7.433/1985, regulamentada pelo Decreto nº 93.240/1986, a não ser as seguintes certidões: certidão de inteiro teor da matrícula do imóvel, expedida em 09.02.2018 pelo Registro de Imóveis competente e a certidão negativa de débitos de tributos e contribuições municipais, emitida via Internet nestas notas em 01.03.2018.

DECLARAÇÃO DA INTERVENIENTE

A seguir, pela interveniente, **NATALI**, já qualificada, na qualidade de única irmã do autor da herança, foi dito que **reconhece a união estável mantida pelo autor da herança com ERICA desde o dia 20.07.2003**. Declara ainda, que comparece a este ato concordando com a adjudicação que ora se efetiva, declarando nada de futuro reclamar ou pleitear com fundamento na mesma, assinando-a com a companheira e herdeira para os devidos efeitos legais.

DECLARAÇÕES DAS OUTORGANTES REFERENTES AO AUTOR DA HERANÇA

Declaram as outorgantes, sob as penas da lei, que: **a)** ERICA é a única herdeira, não havendo outros herdeiros legítimos que deveriam comparecer nesse ato, pois o autor da herança não tinha filhos e netos e seus pais e avós já eram falecidos; **b)** não têm conhecimento da existência de outros bens para serem adjudicados e também não recebeu, durante a vida do autor da herança, bens para serem apresentados à colação; **c)** não há dívidas ativas ou passivas em nome do autor da herança; **d)** o autor da herança não estava vinculado à Previdência Social, como empregador, nem devedor, deixando, portanto, de ser apresentada a certidão do Instituto Nacional do Seguro Social (INSS); **e)** o autor da herança era senhor, único e legítimo possuidor, livres e desembaraçados de quaisquer ônus reais, judiciais ou extrajudiciais, tributos atrasados, dúvidas, dívidas, ações judiciais em trâmite, fundadas em direito real ou pessoal, e quaisquer outros encargos dos bens mencionados no item "Monte Mor"; **f)** não há contra o autor da herança nenhum feito ajuizado com referência ao imóvel; **g)** até a data do falecimento não existiam débitos decorrentes de taxas relativos ao imóvel objeto desta; **h)** não há débitos condominiais em relação ao apartamento arrolado e adjudicado.

DECLARAÇÕES DA ADVOGADA E DAS OUTORGANTES

A advogada constituída declara que assessorou, aconselhou e acompanhou suas constituintes, tendo conferido a adjudicação, os valores e o imposto de transmissão, os quais estão de acordo com a lei. A outorgante ERICA, por ser a única herdeira é também a inventariante do Espólio de PEDRO tendo todos os poderes que se fizerem necessários para representar o espólio em juízo ou fora dele. Declaram ainda que: **a)** o autor da herança não deixou testamento público, cerrado ou particular; **b)** concordam com os valores atribuídos aos bens; **c)** declaram que os fatos aqui narrados e as declarações feitas são verdadeiras; **d)** concordam e aceitam a presente adjudicação e por meio desta escritura e seu posterior registro, recebe seu quinhão dos bens da herança, na forma mencionada, ficando ressalvados eventuais erros, frações decimais de centavos do referido quinhão, omissões e/ou direitos de terceiros; **e) têm ciência da inconstitucionalidade do art. 1.790 do Código Civil declarada pelo Supremo Tribunal Federal (STF) em 10.05.2017, em decisão proferida no julgamento dos Recursos Extraordinários (REs) 646721 e 878694, ambos com repercussão geral reconhecida, e**

204 | INVENTÁRIO EXTRAJUDICIAL NA PRÁTICA

por isso fundamentam essa escritura no art. 1.829, III e art. 1.838 do Código Civil.

REQUERIMENTOS

As outorgantes autorizam os órgãos e pessoas jurídicas, públicos e/ou particulares, inclusive o Oficial de Registro de Imóveis competente, **Banco** _____, a praticar todos os atos necessários ou convenientes para a transferência dos bens ora adjudicados para o nome de **ERICA** e o registro desta escritura.

DOI/SEFAZ

Emitida declaração sobre operação imobiliária, conforme Instrução Normativa da Secretaria da Receita Federal e prestadas as informações, referente ao ITCMD, para a Secretaria da Fazenda do Estado de São Paulo.

EMOLUMENTOS – ENCERRAMENTO

Pediram a mim, que lavrasse a presente escritura, que feita e lhes sendo lida, em voz alta, aceitaram-na por achá-la conforme, outorgam e assinam. Eu, _____ (NOME), escrevente, a lavrei. Eu, (a), subscrevo e assino. Devidamente assinada pela(o)(s) comparecente(s) e pelo subscritor. Nada mais. Eu, _____, conferi, subscrevo, assino o TRASLADO que está conforme e dou fé.

Em Testemunho_____ **Da Verdade**

JUSSARA CITRONI MODANEZE
TABELIÃ

18. ARROLAMENTO COM COMORIÊNCIA

> **Caso prático:**
>
> SABRINA nasceu em Rodeio/SC, no dia 25.01.1936 era viúva de Pedro, falecido em 14.10.2005. Teve duas filhas, suas herdeiras legítimas: MARINA e ELIANA B) ELIANA filha de SABRINA, era casada com Renato sob o regime da separação convencional de bens. Eliana teve uma única filha, sua herdeira legítima: BRENDA, falecida em 28.01.2008, sem deixar descendentes (CO – termo _____, livro C-___, folha ___, Jardim América, São Paulo/SP).
>
> Luiza, Eliana e Renato faleceram juntos em um acidente no dia 22.07.2017, em __/MG.
>
> Sabrina era titular de saldo bancário no valor de R$ R$ 23.513,39
>
> Eliana era titular de saldos bancários nos valores de R$ 4.038,99, R$ 45.727,43 e R$ 4.586,22 e dois imóveis: 1/2 (metade) ideal de um apartamento nº _____, do Edifício ____, situado na Avenida _____, nºs ___, _____ e, com o valor atribuído para fins fiscais e para a presente partilha e venal de referência proporcional fornecido por aquela prefeitura (julho/2017) de R$ 90.360,50; e valor venal de referência

proporcional atual de R$ 89.019,00; 2) 1/2 (metade) ideal de um apartamento n°
_____, no _____ andar ou _____ pavimento do Edifício, situado na Avenida
_____, n° _____, com o valor atribuído para fins fiscais e para a presente parti-
lha e venal de referência proporcional fornecido por aquela prefeitura (julho/2017)
de R$ 80.603,00. Esses imóveis foram adquiridos por Sabrina e Pedro a título de
compra. No falecimento de Pedro foi atribuído metade desses bens à Sabrina e a
outra metade dividida entre as duas filhas Marina e Eliana. Há dois anos Sabrina
doou sua metade para as duas filhas com reserva de usufruto.

Renato não tinha bens.

FUNDAMENTO JURÍDICO

Solução: O art. 8° do Código Civil prevê a comoriência e determina que pre-
sumir-se-ão que faleceram ao mesmo tempo. A consequência jurídica desse
fato é que um não será herdeiro do outro e a sua herança será transmitida aos
demais herdeiros.

No caso apresentada, como Sabrina teve duas filhas: Marina e Eliana, esta falecida
em comoriência, apenas Marina será sua herdeira. Quanto a Eliana, considerando
que sua mãe e seu marido foram comorientes e que sua filha já era falecida, a irmã
Marina será sua única herdeira. Não há bens comuns entre Eliana e seu marido e
por essa razão não há bens para inventariar em nome de Renato.

Destacamos que o usufruto é um direito pessoal e por essa razão é cancelado com
o falecimento da usufrutuária, motivo pelo qual não foi arrolado no inventário de
Sabrina e foi arrolada a plena propriedade desse imóvel no inventário de Eliana.

TRASLADO DO LIVRO____FLS

ESCRITURA DE ARROLAMENTO E ADJUDICAÇÃO

Aos **02 (DOIS)** dias do mês de **MARÇO** de **2018 (DOIS MIL E DEZOITO),** no 17°
Tabelião de Notas de São Paulo/SP, perante mim, escrevente, apresentaram-se as
partes entre si justas e contratadas, a saber:

OUTORGANTE

Como outorgante, **a herdeira: MARINA**, brasileira, nascida em 22.02.1957, com
61 anos de idade, do lar, portadora da cédula de identidade RG n° _____-
SSP/SP, inscrita no CPF/MF sob n° _____, casada pelo regime da comunhão
parcial de bens, em 28.11.1978 (CC – matrícula n° _____, São
Paulo/SP) com MIGUEL, brasileiro, nascido em 25.10.1957, com 60 anos de idade,
aposentado, portador da cédula de identidade RG n° _____-SSP/SP, inscrito
no CPF/MF sob n° _____, domiciliados nesta Cidade, onde residem na Avenida _____,, n° ____, CEP _____.

ADVOGADA

Acompanhando a outorgante, comparece a este ato, Dra. Patrícia, brasileira, casada, inscrita na OAB SP sob o n.° _____, onde consta RG _____-SSP-SP e o CPF/
MF sob o n.° _____, residente e domiciliada nesta Capital, e com endereço
profissional na rua _____, CEP _____, os presentes, maiores e capazes, reconhecidos como os próprios de que trato, pelos documentos referidos e
apresentados, do que dou fé.

DAS AUTORAS DAS HERANÇAS

Pela outorgante foi dito em idioma nacional, que comparece perante mim, escrevente, acompanhada de seu advogado constituído, para realizar o arrolamento e a partilha dos bens deixados por falecimentos de SABRINA e ELIANA; e declararam o seguinte: **A) SABRINA** nasceu em __/SC, no dia 25.01.1936, filha de Antônio e Agnes s, ambos falecidos, era brasileira, aposentada, portadora da cédula de identidade RG n° _____-SSP/SP, inscrita no CPF/MF sob o n° _____, era viúva (CC – matrícula n° ___, ___/SC; na qual consta a anotação do óbito de Pedro falecido em 14.10.2005, termo n° _____, livro C-___, folha ___, Consolação, São Paulo/SP). **Teve duas filhas, suas herdeiras legítimas: MARINA e** ELIANA (**falecida em comoriência com SABRINA no dia 22.07.2017 às 11:30 horas**, como abaixo descrito). Residia nesta Cidade, na Avenida , n° ___, CEP 01211-000; e **faleceu no dia 22.07.2017, em __/MG,** conforme certidão do assento de óbito extraída em 24.07.2017, matrícula n° ___, pelo Oficial de Registro Civil das Pessoas Naturais de /MG. **B) ELIANA** nasceu em /SC, no dia 20.08.1959, filha de PEDRO (falecido em 14.10.2005) e SABRINA (**falecida em comoriência com ELIANA no dia 22.07.2017 às 11:30 horas**); era brasileira, aposentada, portadora da cédula de identidade RG n° _____-SSP/SP e inscrita no CPF/MF sob n° _____; era casada com Renato, (**falecido em comoriência com SABRINA e ELIANA no dia 22.07.2017 às 11:30 horas** – CO – matrícula n° _____), sob o regime da separação convencional de bens, conforme pacto antenupcial lavrado no livro _, folhas _ em data, de _ Tabelião, registrado sob n° _ no _ Registro de Imóveis de _____ (CC – matrícula n° _____, Santa Cecília, São Paulo/SP). **Teve uma única filha, sua herdeira legítima: BRENDA** falecida em 28.01.2008, sem deixar descendentes (CO – termo _____, livro C-___, folha ___, Jardim América, São Paulo/SP). Residia nesta Cidade, na Avenida, n° ___, CEP _____; e **faleceu no dia 22.07.2017, _____,** conforme certidão do assento de óbito extraída em 24.07.2017, matrícula n° _____, pelo Oficial de Registro Civil das Pessoas Naturais de MG. As autoras das heranças não deixaram testamentos, tendo sido apresentadas as informações negativas de existência de testamentos expedidas pela Central Notarial de Serviços Eletrônicos Compartilhados em 19.12.2017.

DO MONTE MOR DE SABRINA

A autora da herança possuía na ocasião de seu falecimento, o seguinte bem: **saldo de CDB/RDB/DRA vinculado à conta-corrente n° _____, na agência Banco_____, com o valor de R$ 23.513,39**, atribuído para fins de partilhas e fiscais, acrescido de juros e correções até a data do pagamento. A autora da herança não deixa dívidas ativas ou passivas. O total líquido dos bens e haveres do espólio e da herança montam em **R$ 23.513,39** (vinte e três mil, quinhentos e treze reais e trinta e nove centavos).

DA ADJUDICAÇÃO

Pela presente escritura e na melhor forma de direito, por força da comoriência, e conforme o disposto no art. 1.829, I, do Código Civil, **os bens, com os valores mencionados no item "Monte Mor",** são **ADJUDICADOS** integralmente para **MARINA**.

DO MONTE MOR DE ELIANA

A autora da herança possuía na ocasião de seu falecimento, os seguintes bens: **BENS IMÓVEIS: 1) 1/2 (metade) ideal de um apartamento n° _____, no _____ andar ou _____ pavimento do Edifício ____, situado na Avenida____n°s ___,**

_____ **e** _____, no 11º subdistrito –, do distrito, município, comarca e Oficial de Registro de Imóveis de São Paulo/SP, CEP _____, com a área bruta de 82,46m², melhor descrito e caraterizado na matrícula nº ___ do referido registro imobiliário. Encontra-se lançado pela Prefeitura do Município de São Paulo/SP sob nº _____-2, com o valor atribuído para fins fiscais e para a presente partilha e venal de referência proporcional fornecido por aquela prefeitura (julho/2017) de **R$ 90.360,50**; e valor venal de referência proporcional atual de R$ 89.019,00; **2) 1/2 (metade) ideal de um apartamento nº** _____, **na Av.** ____, **nº** _____, no º subdistrito –, do distrito, município, comarca e º Oficial de Registro de Imóveis de São Paulo/SP, CEP _____, com a área bruta de 82,46m², mais bem descrito e caraterizado na matrícula nº ____ do referido registro imobiliário. Encontra-se lançado pela Prefeitura do Município de São Paulo/SP sob nº _____, com o valor atribuído para fins fiscais e para a presente partilha e venal de referência proporcional fornecido por aquela prefeitura (julho/2017) de **R$ 80.603,00**; e valor venal de referência proporcional atual de R$ 78.969,00. As metades ideais dos imóveis "1" e "2" foram adquiridas pela autora da herança, da seguinte forma: a) fração ideal de 1/4 (um quarto) nos termos do Formal de Partilha expedido em __/___/2007, pelo Juízo de Direito da 9ª Vara da Família e Sucessões desta Cidade, extraído dos autos (processo nº _____, nº de ordem ____/2005) de arrolamento de bens de herança, conforme o registro nº 03 da referida matrícula; e b) fração ideal de 1/4 (um quarto) a título de doação da nua propriedade, nos termos da escritura lavrada em 03.02.2012, à folha ___, do livro ___, pelo 1º Tabelião de Notas de São Paulo/SP, conforme o registro nº 05 da referida matrícula. O **usufruto será cancelado**, em virtude do falecimento da usufrutuária SABRINA (falecida em comoriência com ELIANA, como supramencionado), cuja certidão de óbito será encaminhada ao Registro de Imóvel competente, para averbação, consolidando a plena propriedade em nome da outorgante, sobre a referida fração ideal. **BENS MÓVEIS: 3) saldo do NB** _____, **na agência** _____, **Banco** _____, aposentadoria invalidez previdenciária, com o valor de **R$ 4.038,99**, atribuído para fins de partilhas e fiscais, acrescido de juros e correções até a data do pagamento; **4) saldo em conta-poupança nº** _____, **na agência** ___, **Banco** _____, com o valor de **R$ 45.727,43**, atribuído para fins de partilhas e fiscais, acrescido de juros e correções até a data do pagamento; **5) saldo de previdência privada vinculada à conta nº** _____, **na agência** _____, **Banco** _____, com o valor de **R$ 4.586,22**, atribuído para fins de partilhas e fiscais, acrescido de juros e correções até a data do pagamento. A autora da herança não deixa dívidas ativas ou passivas. Os totais líquidos dos bens e haveres do espólio e da herança montam em **R$ 225.316,14** (duzentos e vinte e cinco mil, trezentos e dezesseis reais e quatorze centavos).

DA ADJUDICAÇÃO

Pela presente escritura e na melhor forma de direito, por força de comoriência, e conforme o disposto no art. 1.829, IV, do Código Civil, **os bens, com os valores mencionados no item "Monte Mor",** são **ADJUDICADOS** integralmente para **MARINA.**

IMPOSTO DE TRANSMISSÃO

O imposto de transmissão da herança de SABRINA deixa de ser recolhido por isenção prevista na legislação estadual vigente (art. 6º, I, alínea "d", da Lei nº 10.705/2000). Emitida a declaração nº 5_____0, com valor verídico e que foi conferido pela parte. O advogado preencheu e a parte recolheu previamente a declaração do ITCMD relativo à herança de ELIANA, sendo uma guia de R$ 11.690,26, calculado à alíquota de 4% acrescido de juros e correções sobre o valor fiscal do quinhão, recolhida em 01.03.2018, conforme legislação vigente e apurados após o preenchimento e a impressão da Declaração de ITCMD nº 5_____3, com valores verídicos e que foram por ela conferidos, permanecendo todos os documentos arquivados neste tabelionato.

CERTIDÕES

A outorgante apresentou os seguintes documentos que ficam aqui arquivados: **a)** certidão do seu estado civil e documentos de identificação pessoal; **b)** certidões negativas de débitos relativos aos tributos federais e à dívida ativa da união, sob os códigos de controles: _____ e _____, válidas até 24.06.2018; certidões negativas de débitos trabalhistas (CNDT) nºs _____/2018 e _____/2018, válidas até 26.08.2018; e os relatórios de consultas de indisponibilidade, resultados negativos, códigos _____, em nome das autoras das heranças; **c)** dispensam a exibição das certidões de feitos ajuizados, bem como a exigência de arquivamento, nestas notas, de quaisquer outros documentos exigidos pela Lei Federal nº 7.433/1985, regulamentada pelo Decreto nº 93.240/1986, a não ser as seguintes: certidões de inteiro teor das matrículas expedidas em 27.02.2018 pelo oficial de registro de imóveis competente, e as certidões conjuntas de débitos de tributos imobiliários – situação regular, emitidas via Internet nestas notas em 26.12.2017 pela Prefeitura de São Paulo/SP.

DECLARAÇÕES DA OUTORGANTE REFERENTES ÀS AUTORAS DAS HERANÇAS

Declara a outorgante, sob as penas da lei, que: **a)** é a única filha viva de SABRINA, irmã de ELIANA e herdeira de ambas, não havendo outros herdeiros legítimos que deveriam comparecer neste ato, porque SABRINA não teve outros filhos e netos e seus pais e avós já eram falecidos e não vivia em união estável; e ELIANA só teve uma única filha, que faleceu sem deixar descendentes e seus pais e avós já eram falecidos, e foi casada sob o regime da separação obrigatória de bens, com Renato, falecido em comoriência com ela, como já citado; **b)** não têm conhecimento da existência de outros bens para serem partilhados; **c)** não há dívidas ativas ou passivas em nome das autoras das heranças; **d)** as autoras das heranças não estavam vinculadas à Previdência Social, como empregadoras, nem devedoras, deixando, portanto, de serem apresentadas as certidões do Instituto Nacional do Seguro Social (INSS); **e)** as autoras das heranças eram senhoras, únicas e legítimas possuidoras, livres e desembaraçados de quaisquer ônus reais, judiciais ou extrajudiciais, tributos atrasados, dúvidas, dívidas, ações judiciais em trâmite, fundadas em direito real ou pessoal, e quaisquer outros encargos dos bens mencionados no item "Monte Mor"; **f)** não há contra as autoras das heranças nenhum feito ajuizado com referência aos imóveis; **g)** até a data dos falecimentos não existiam débitos decorrentes de taxas relativas aos imóveis objeto desta; **h)** não há débitos condominiais relativos aos imóveis arrolados e partilhados; **i)** SABRINA não mantinha vida em comum com qualquer pessoa que pudesse vir a caracterizar união estável; **j)** não deixaram testamentos públicos válidos, nem cerrados e/ou particulares.

DECLARAÇÃO DO ADVOGADO

O advogado constituído declara que assessorou, aconselhou e acompanhou sua constituinte, tendo conferido as adjudicações, os valores e os impostos de transmissão, os quais estão de acordo com a lei.

DECLARAÇÕES DA OUTORGANTE

A outorgante declara que: **a)** concorda com os valores atribuídos aos bens e com os valores recolhidos a título de imposto de transmissão; **b)** os fatos aqui narrados e as declarações feitas são verdadeiras; **c)** concorda com as presentes adjudicações, aceitando-as, e por meio desta escritura e seu posterior registro, a herdeira recebe os bens das heranças, na forma supramencionada, ficando ressalvados eventuais erros, frações decimais de centavos do referido quinhão, omissões e/ou direitos de terceiros.

DA NOMEAÇÃO DE INVENTARIANTE

A outorgante, **por ser a única herdeira é também inventariante dos Espólios**, tendo todos os poderes que se fizerem necessários para representar os espólios em juízo ou fora dele, especialmente perante **o Banco** _____, **e Banco** _____, e onde mais necessário for, podendo promover o levantamento e saque dos valores depositados nas contas mencionadas nos itens "MONTE MOR", atualizadas com juros e correções monetárias até a data do levantamento. A nomeada declara que aceita este encargo, prestando compromisso de cumprir com eficácia seu mister.

REQUERIMENTOS/INFORMAÇÕES

A outorgante autoriza os órgãos e pessoas jurídicas, públicos e/ou particulares, inclusive o Oficial de Registro de Imóveis competente, Banco_____, e Banco _____, a praticar todos os atos necessários ou convenientes para a transferência dos bens ora adjudicados para o seu nome e o registro desta escritura.

DOI/SEFAZ

Emitida declaração sobre operação imobiliária, conforme Instrução Normativa da Secretaria da Receita Federal e prestadas as informações referentes ao ITCMD para a Secretaria da Fazenda do Estado São Paulo.

EMOLUMENTOS – ENCERRAMENTO

Pediram a mim, que lavrasse a presente escritura, que feita e lhes sendo lida, em voz alta, aceitaram-na por achá-la conforme, outorgam e assinam. Eu, _____ (NOME), escrevente, a lavrei. Eu, (a), subscrevo e assino. Devidamente assinada pela(o)(s) comparecente(s) e pelo subscritor. Nada mais. Eu, _____, conferi, subscrevo, assino o TRASLADO que está conforme e dou fé.

Em Testemunho_____ **Da Verdade**

JUSSARA CITRONI MODANEZE
TABELIÃ

19. ARROLAMENTO COM RENÚNCIA DO HERDEIRO DO SEGUNDO FALECIDO E BEM APRESENTADO À COLAÇÃO

Caso prático:

BENTA falece no estado civil de viúva em 01.02.2002. Teve 02 (dois) filhos, JO-SIVALDO e CARLOS falecido em 21.09.2012. O inventário de Carlos foi realizado judicialmente e nele foi reconhecida sua união estável com Regiane, reconhecida como sua companheira e única herdeira.

Benta doou para CARLOS o apartamento n° _____, situado no _____ andar do Edifício, localizado na Rua____ , com entrada pelo n° _____, CEP _____, objeto da matrícula n° _____ **a título de adiantamento de legítima**, nos termos da escritura lavrada em 23.09.1998, folhas , livro do ____° Tabelião de Notas desta Capital. Esse apartamento está cadastrado na Prefeitura Municipal de São Paulo sob o n° ____, com o valor venal para o exercício de 2002 de R$ 16.639,00, sendo atribuído pelas partes para a doação o valor de R$ 22.192,00 e valor venal de referência (março/2018) de R$ 118.707,00.

Benta é titular da CASA e seu terreno, à Rua____, n°____, esquina da Rua , CEP _____, objeto da transcrição n° _____ do 6° Oficial de Registro de Imóveis desta Capital. Adquirido a título de partilha, nos termos do Formal de Partilha expedido pelo Juízo de Direito da ° Vara da Família e Sucessões do Foro Central Cível desta Capital, extraído dos autos (processo n° _____) de arrolamento de bens de herança, ainda não registrado; lançado pela Prefeitura Municipal de São Paulo através da Rua____, n°____, e cadastrado sob o n° _____, com o valor venal para o exercício de 2002 de R$ 63.105,00, com valor atribuído pelas partes para fins fiscais e de partilha de R$ 41.247,00, e ainda com o valor venal de referência (março/2018) de R$ 379.210,00.

Fundamento jurídico:

Solução: Neste caso prático há duas possibilidades de lavratura de escrituras.

A primeira seria fazer um arrolamento conjunto dos bens de Benta e Carlos. Arrolaríamos a CASA e a partilharíamos entre Carlos e Josivaldo, em proporções diferentes em razão da apresentação do apartamento à colação. No arrolamento de Carlos constaria sua fração na CASA e a cessão de direitos hereditários feita pela companheira a Josivaldo, com a adjudicação para ele. Haveria dois fatos geradores do imposto de transmissão causa mortis: a morte de Benta e a de Carlos, com base de cálculo proporcional ao valor da casa e mais um imposto pela cessão de direitos sobre o imóvel (*inter vivos*: doação ou oneroso).

Na minuta abaixo, fizemos uma renúncia da herança de Benta feita pelo Espólio de Carlos por sua única herdeira e companheira, com fundamento no art. 1.809 do Código Civil, porque a companheira aceitou a herança de Carlos (segundo falecido) e por essa razão pode renunciar a herança da primeira falecida (Benta).

O apartamento recebido por Carlos em razão da doação feita por sua mãe Benta e título de adiantamento da legítima foi apresentado à colação e estimado seu valor. Nessa hipótese, como não foram atribuídos bens a Carlos, em razão da renúncia e como o valor do apartamento é bem inferior ao valor da casa, não houve necessidade de compensar os valores recebidos a título de legítima.

O imposto de transmissão causa mortis foi recolhido somente em nome de Josivaldo, que aceitou a herança e não há imposto de transmissão na renúncia pura e simples.

TRASLADO DO LIVRO ___ FLS
ESCRITURA DE ARROLAMENTO E ADJUDICAÇÃO

Aos **23 (vinte e três)** dias do mês de **março** de **2018 (dois mil e dezoito),** no 17º Tabelião de Notas de São Paulo/SP, perante mim, escrevente, apresentaram-se as partes entre si justas e contratadas, a saber:

OUTORGANTE HERDEIRO

Como outorgantes, o herdeiro **JOSIVALDO**, brasileiro, nascido em 14.11.1953, com 64 anos de idade, vendedor, portador da cédula de identidade RG _____, inscrito no CPF/MF sob nº _____, casado sob o regime da comunhão universal de bens em 10.11.1977 (certidão de casamento matrícula nº _____) com MARIETA, brasileira, do lar, portadora da cédula de identidade RG SSP/SP, inscrita no CPF/MF sob o nº _____, residente e domiciliado no Município de_____/SP, na Estrada _____.

OUTORGANTE ANUENTE

REGIANE, brasileira, nascida em 01.09.1949, com 68 anos de idade, solteira (certidão de nascimento ___), profissão, portadora da cédula de identidade RG _____-SSP/SP, inscrita no CPF/MF sob o nº ___, residente e domiciliada no Município de _____/SP, na Rua _____ nº ___, companheira de CARLOS, herdeiro falecido da autora da herança, conforme adiante mencionado, nos termos da Escritura de Declaração de União Estável, lavrada em 24.07.2009, folhas ___, livro_____ do ___ º Tabelião de Notas desta Capital, reconhecida pelo MM.º Juízo de Direito da Vara única da Comarca de Morro Agudo/SP, autos de arrolamento de bens – Inventário e Partilha nº ___.2012 .

ADVOGADO

Acompanhando as outorgantes, comparece a este ato, Dr. _____, brasileiro, casado, advogado, inscrito na OAB/SP sob o nº _____, onde consta o RG _____-SSP/SP e o CPF/MF sob nº _____, residente e domiciliado nesta Capital, com escritório na Rua _____. Os presentes, maiores e capazes, reconhecidos como os próprios de que trato, pelos documentos referidos e apresentados, do que dou fé.

DA AUTORA DA HERANÇA

Pelos outorgantes foi dito em idioma nacional, que comparecem perante mim, escrevente, acompanhados de seu advogado constituído, para realizar o arrolamento e a partilha do bem deixado por falecimento de BENTA e declararam o seguinte: **BENTA** nasceu em São Paulo/SP, no dia 01.12.1922, filha de ___ e de _____, ambos falecidos; era brasileira, do lar, portadora da cédula de identidade RG nº _____-SSP/SP, inscrita no CPF/MF sob o nº _____, viúva de _____, falecido em 08.03.1978 (certidão de óbito _____). **Teve 02 (dois) filhos, seus herdeiros legítimos: JOSIVALDO, ora outorgante,** e **CARLOS (RG -SSP/SP – CPF/MF nº _____), falecido em 21.09.2012, no estado civil de solteiro e sem deixar descendentes (certidão de óbito matrícula nº _____).** A autora da herança residia nesta Capital, na Rua _____; e **faleceu no dia 01.02.2002, nesta Capital,** conforme certidão de óbito matrícula nº _____, emitida em 15.03.2018. A autora da herança não deixou testamento, tendo sido apresentada a informação negativa de existência de testamento expedida pela Central Notarial de Serviços Eletrônicos Compartilhados em 07.03.2018.

BEM APRESENTADO A COLAÇÃO E DA SATISFAÇÃO DA LEGÍTIMA

Pela outorgante, **REGIANE**, já qualificada, na qualidade de companheira e inventariante do herdeiro legítimo **CARLOS, falecido como supramencionado,** foi dito que recebeu a título de partilha e adjudicação, nos termos do formal de partilha expedido em 09.02.2015, extraído dos autos de arrolamento de bens – Inventário e Partilha nº 2012, número de ordem 36/13, processados perante o Juízo de Direito da Vara única da Comarca de _____/SP, o **apartamento nº _____, situado no _____ andar do Edifício _____, localizado na Rua _____, com entrada pelo nº _____, CEP _____, __ °** Subdistrito – Cambuci, distrito, município, comarca e __ ° Oficial de Registro de Imóveis desta Capital, com a área privativa de 72,25m², área comum de 7,86m², tendo a área construída total de 80,11m², perfeitamente descrito e caracterizado na matrícula **nº _____** do referido Oficial Registrador, imóvel este que foi adquirido por **CARLOS da autora da herança, a título de adiantamento de legítima**, nos termos da escritura lavrada em 23.09.1998, folhas ___, livro do ___ ° Tabelião de Notas desta Capital, conforme registro _____ da referida matrícula. Está cadastrado na Prefeitura Municipal de São Paulo sob o nº ___, com o valor venal para o exercício de 2002 de R$ 16.639,00, sendo **atribuído pelas partes para a presente colação o valor de R$ 22.192,00 (vinte e dois mil, cento e noventa e dois reais), declarado na escritura de doação** e ainda com o valor venal de referência (março/2018) de R$ 118.707,00.

DO MONTE MOR

A autora da herança possuía na ocasião de seu falecimento, o seguinte bem imóvel: **UMA CASA e seu terreno, à Rua _____, nº ___, esquina da Rua _____, CEP _____, __ ° Subdistrito – _____,** distrito, município, comarca e __ ° Oficial de Registro de Imóveis desta Capital, que mede 4,15m na Rua _____, 3,60m no canto chanfrado e 11,60m no alinhamento da Rua _____. Divide de um lado com o prédio nº 272 da Rua ___; de outro lado com a Rua ____ e nos fundos com um dos lados do prédio 24 da Rua ___, de propriedade do adquirente e dos transmitentes, objeto da transcrição **nº _____** do 6º Oficial de Registro de Imóveis desta Capital. Referido imóvel foi adquirido pela autora da herança a título de partilha, nos termos do Formal de Partilha expedido pelo Juízo de Direito da __ ° Vara da Família e Sucessões do Foro Central Cível desta Capital, extraído dos autos (processo nº _____) de arrolamento de bens de herança, ainda não registrado e que seguirá para Registro junto com essa escritura. O imóvel está sendo lançado pela Prefeitura Municipal de São Paulo através da Rua _____ nº ___, e cadastrado sob o nº ___, com o valor venal para o exercício de 2002 de R$ 63.105,00, **com valor atribuído pelas partes para fins fiscais e de partilha de R$ 41.247,00,** e ainda com o valor venal de referência (março/2018) de R$ 379.210,00. A autora da herança não deixa dívidas ativas ou passivas. O total líquido do bem e haver do espólio e a herança monta em **R$ 41.247,00 (quarenta e um mil, duzentos e quarenta e sete reais).**

RENÚNCIA DA HERANÇA

O **Espólio de CARLOS,** neste ato representado pela sua inventariante **REGIANE, supramencionada e qualificada,** nos termos do formal de partilha expedido em 09.02.2015, extraído dos autos de arrolamento de bens – Inventário e Partilha nº _____, número de ordem _____, processados perante o Juízo de Direito da Vara única da Comarca de ___/SP, agora na qualidade de renunciante, foi dito que de livre e espontânea vontade, sem constrangimento, induzimento ou coação e possuindo outros bens e meios necessários à sua subsistência,

renuncia ao direito hereditário do Espólio de CARLOS adquirido pela sucessão aberta quando do falecimento de BENTA.

DA ADJUDICAÇÃO

Pela presente escritura e na melhor forma de direito, **o bem imóvel, consistente na CASA e seu terreno, à Rua ___, n° __, esquina da Rua ___, CEP _____, ____ ° Subdistrito – ____, distrito, município, comarca e __ ° Oficial de Registro de Imóveis desta Capital, objeto da transcrição n° 4** do referido Oficial Registrador, **com o valor de R$ R$ 41.247,00 (quarenta e um mil, duzentos e quarenta e sete reais), mencionado no item "Monte Mor",** é **ADJUDICADO** integralmente para o herdeiro **JOSIVALDO**.

IMPOSTO DE TRANSMISSÃO

O imposto de transmissão da herança foi recolhido em 29.11.2017, no valor de R$ 8.816,53, calculado à alíquota de 4%, acrescido de juros e correções, sobre o valor fiscal do quinhão, apurado após o preenchimento e a impressão da Declaração de ITCMD n° ___, com valores verídicos e que foram conferidos pelas partes. Quanto a renúncia não há incidência do imposto de transmissão, pois os outorgantes renunciaram pura e simplesmente.

CERTIDÕES

Os outorgantes apresentam os seguintes documentos que ficam aqui arquivados: **a)** certidão do seu estado civil e documento de identificação pessoal; **b)** certidão negativa de débitos relativos aos tributos federais e à dívida ativa da união, sob o código de controle: ___, válida até 07.08.2018 e o relatório de consulta de indisponibilidade, resultado negativo, código HASH ___, em nome da autora da herança e **c)** dispensam a exibição das certidões de feitos ajuizados, bem como a exigência de arquivamento, nestas notas, de quaisquer outros documentos exigidos pela Lei Federal n° 7.433/1985, regulamentada pelo Decreto n° 93.240/1986, a não ser as seguintes certidões: certidão de transcrição do imóvel expedida em 20.03.2018, pelo Registro de Imóveis competentes e a certidão conjunta de débitos de tributos imobiliários, situação regular, emitida via internet, nestas notas, em 22.03.2018.

DECLARAÇÕES DOS OUTORGANTES REFERENTES A AUTORA DA HERANÇA

Declaram os outorgantes, sob as penas da lei, que: **a) JOSIVALDO** é o único herdeiro, não havendo outros herdeiros legítimos que deveriam comparecer neste ato; **b)** a outorgante, REGIANE, declara, na qualidade de inventariante do Espólio de CARLOS, que recebeu conforme os títulos aquisitivos supramencionados, da autora da herança BENTA o imóvel objeto da matrícula **n° 9** do __ ° Oficial de Registro de Imóveis desta Capital, a título de adiantamento de legítima, **bem este apresentado à colação; c)** o outorgante JOSIVALDO declara que não recebeu, durante a vida da autora da herança, bens para serem apresentados à colação; **d)** não há dívidas ativas ou passivas em nome da autora da herança; **e)** a autora da herança não estava vinculada à Previdência Social, como empregadora, nem devedora, deixando, portanto, de ser apresentada a certidão do Instituto Nacional do Seguro Social (INSS); **f)** a autora da herança era senhora, única e legítima possuidora, livres e desembaraçados de quaisquer ônus reais, judiciais ou extrajudiciais, tributos atrasados, dúvidas, dívidas, ações judiciais em trâmite, fundadas em direito real ou pessoal, e quaisquer outros encargos do bem mencionado no item "Monte Mor"; **g)** não há contra a autora da herança nenhum feito ajuizado com referência ao imóvel; **h)** até a data do falecimento não existiam débitos decorrentes de taxas relativos ao imóvel objeto desta; **i)** a autora da herança não mantinha vida em comum com qualquer pessoa que pudesse vir a caracterizar união estável.

DECLARAÇÕES DOS RENUNCIANTES

O renunciante, na forma como vem representado, e a inventariante por si declaram que têm ciência da irrevogabilidade da renúncia ora formalizada; possui outros meios e rendas necessários à sua subsistência e a presente renúncia não prejudica direitos de terceiros, pois não existem fatos, ações, protestos, execuções ou quaisquer medidas judiciais ou administrativas que afetem esta escritura, tanto em relação ao Espólio de CARLOS, bem como na pessoa da própria inventariante. Apresentam as Certidões Negativas de Débitos Trabalhistas nº _____ e nº _____ e relatório de consulta de indisponibilidade, resultado **negativo**, código HASH: ___, e HASH ___, ambas em seus nomes, emitidas via internet nestas Notas e data.

DECLARAÇÃO DO ADVOGADO E DOS OUTORGANTES

O advogado constituído declara que assessorou, aconselhou e acompanhou seus constituintes, tendo conferido a renúncia/adjudicação, os valores e o imposto de transmissão, os quais estão de acordo com a lei. Os outorgantes nomeiam **JOSIVALDO**, como inventariante do Espólio de BENTA, conferindo-lhe todos os poderes que se fizerem necessários para representar o espólio em juízo ou fora dele. Declaram ainda que: **a)** a autora da herança não deixou testamento público, cerrado ou particular; **b)** concordam com os valores atribuídos aos bens e com os valores recolhidos a título de imposto de transmissão; **c)** declara que os fatos aqui narrados e as declarações feitas são verdadeiras; **d)** com os valores atribuídos ao patrimônio e **com os valores recebidos a título de legítima, por ambos herdeiros, seja na presente partilha e na doação antes formalizada**; **e)** concordam e aceitam a presente renúncia/adjudicação e por meio desta escritura e seu posterior registro, recebe seu quinhão do bem da herança, na forma supramencionada, ficando ressalvados eventuais erros, frações decimais de centavos dos referidos quinhões, omissões e/ou direitos de terceiros.

REQUERIMENTOS

Os outorgantes autorizam os órgãos e pessoas jurídicas, públicos e/ou particulares, inclusive o Oficial de Registro de Imóveis competente, a praticar todos os atos necessários ou convenientes para a transferência do bem ora adjudicado para seu nome e o registro desta escritura.

DOI/SEFAZ

Emitida declaração sobre operação imobiliária, conforme Instrução Normativa da Secretaria da Receita Federal e prestada as informações, referente ao ITCMD, para a Secretaria da Fazenda do Estado de São Paulo.

EMOLUMENTOS – ENCERRAMENTO

Pediram a mim, que lavrasse a presente escritura, que feita e lhes sendo lida, em voz alta, aceitaram-na por achá-la conforme, outorgam e assinam. Eu, _____ _____, escrevente, a lavrei. Eu, (nome do escrevente), subscrevo e assino. Devidamente assinada pela(o)(s) comparecente(s) e pelo subscritor.

Nada mais. Eu, _____, conferi, subscrevo, assino o TRAS-LADO que está conforme e dou fé.

Em Testemunho_____ **Da Verdade**

JUSSARA CITRONI MODANEZE
TABELIÃ

20. ADITIVO RETIFICADOR – ERRO MATERIAL – CÁLCULO MATEMÁTICO

> **Caso prático:**
>
> Na Escritura de arrolamento, o autor da herança era casado e teve 9 filhos; porém 3 já falecidos, sem descendentes. Ao realizar a partilha, a meação da viúva foi composta pela totalidade dos direitos e usufruto. No quinhão dos herdeiros, por equívoco, constou 1/9 do prédio, com valor proporcional a nua propriedade que cada um recebe.
>
> **Solução:**
>
> Fundamento jurídico: a legislação do Estado de São Paulo atribui ao usufruto o valor de 1/3 do bem e a nua propriedade: 2/3. Considerando essa legislação e os valores da cessão, meação e quinhão, demonstramos o erro material para lavrar o aditivo, sem a presença de todas as partes.
>
> LEMBRETE: na escritura de arrolamento é necessário anotar o livro e folha do aditivo.

ADITIVO RETIFICADOR

Aos ____ (____) dias do mês de **abril** do ano de **2024 (dois mil e vinte e quatro),** no 17º Tabelião de Notas de São Paulo, eu, **VALCELLIR,** escrevente, lavro o presente ADITIVO RETIFICADOR para declarar que: **a)** aos 12 (doze) dias do mês de maio do ano de 2023 (dois mil e vinte e três), no livro _____, nas páginas _____, lavrei a escritura de ARROLAMENTO COM CESSÃO DE DIREITOS HEREDITÁRIOS E PARTILHA, tendo como herdeiros: viúva meeira MARIA e o herdeiros: ANA, PAULO, PEDRO, LUIS, AMANDA E JOÃO, todos qualificados na referida escritura, em razão por falecimento de JOSÉ, ocorrido aos 03.03.2023; **b)** encaminhada referida escritura para registro junto ao ___ º Oficial de Registro de Imóveis desta Capital, prenotada no citado Oficial Registrador sob número __, o título foi DEVOLVIDO para cumprimento de exigência legal, da qual consiste em: Conforme Consignado na presente escritura de partilha, ora apresentada, coube a viúva MARIA a totalidade do usufruto do imóvel transcrito sob nº _____, cabendo aos demais herdeiros filhos a totalidade da nua propriedade, na proporção de 1/6 parte ideal a cada um deles; **c)** afim de possibilitar o registro dessa escritura, eu escrevente verifiquei a partilha nela realizada quanto ao imóvel da matrícula __ do __º Oficial de Registro de Imóveis desta Capital/SP e constato que a viúva recebe a título de meação "A TOTALIDADE DO USUFRUTO sobre um prédio e seu terreno situados na Rua _____, nº_____" (...), com valor de R$ 231.301,33 e que nos quinhões dos herdeiros constou: "1/9 (um nono) de um prédio e seu terreno situados na Rua , nº _____" (...), com valor de R$ 77.100,45; **d)** constato também que o veículo foi atribuído na totalidade para a herdeira ANA**; e)** considerando a legislação do ITCMD, determina que ao usufruto corresponda o valor de 1/3 do imóvel e a nua propriedade o valor de 2/3 e tendo em vista que o valor do imóvel partilhado é R$ 693.904,00; constato que o usufruto corresponde ao valor de R$ 231.301,33 – valor da meação da viúva e a totalidade da nua propriedade ao valor de R$ 462.602,67, que dividia por 6, corresponde ao valor de R$ 77.100,45 – valor que constou no quinhão dos herdeiros; f) assim, considerando que há 6 filhos, então 462.602,67, dividido por 6 corresponde ao valor de R$ 77.100,45. **Desse modo constato erro material no item "DO QUINHÃO DOS HERDEIROS", pois onde constou "1/9 (um nono) de um prédio" deveria ter constado: "1/6 (um sexto) da nua propriedade de um prédio". Assim pelo presente venho por ADITAR E RETIFICAR** a escritura supramencionada para constar no quinhão de todos os herdeiros a seguinte redação: **"O Quinhão dos herdeiros**: ANA, PAULO, PEDRO, LUIS, AMANDA E JOÃO **é composto de: 1/6 (um sexto) da NUA-PROPRIEDADE de um prédio e seu terreno situados na Rua _____, nº _____, (...)"**, mantendo o valor de R$ 77.100,45. Passa o presente **aditivo**, a fazer parte integrante daquela, para todos os fins e efeito de direito. Ato isento em razão de erro imputável ao serviço notarial, conforme legislação vigente. Processo: _____.

21. ADITIVO RETIFICADOR – ERRO MATERIAL – DOCUMENTO ARQUIVADO

> **Caso prático:**
>
> Na escritura de arrolamento, a nacionalidade de uma das herdeiras está errada.
>
> **Solução:**
>
> Fundamento jurídico: o aditivo retificador, pode ser lavrado apenas pelo escrevente, sem a presença das partes da escritura, desde que haja um documento arquivado, que demonstre o correto.
>
> Mencionamos a escritura lavrada, o erro, o documento que demonstra o correto e, por fim, a retificação.
>
> LEMBRETE: na escritura de arrolamento é necessário anotar o livro e folha do aditivo.

ADITIVO RETIFICADOR

Aos **12 (DOZE)** dias do mês de **JANEIRO** do ano de **2024 (DOIS MIL E VINTE E QUATRO),** no 17º Tabelião de Notas de São Paulo, eu, **Nome,** escrevente, lavro o presente ADITIVO RETIFICADOR para declarar que: **a)** aos 07 (sete) dias do mês de dezembro do ano de 2023 (dois mil e vinte e três), no livro ___, nas páginas ___, lavrei a escritura de ARROLAMENTO E PARTILHA, dos bens deixados por falecimento de JOÃO. Dentre os bens arrolados e partilhados, constou o imóvel objeto da matrícula nº ___, do _º Oficial de Registro de Imóveis desta Capital-SP; **b)** encaminhada

Cap. XII – MINUTAS DE ARROLAMENTO | 217

referida escritura, para registro, junto ao _º Oficial de Registro de Imóveis desta Capital-SP, prenotada no citado Oficial Registrador sob número ___, o título foi DEVOLVIDO para cumprimento de exigência legal, da qual consiste na nacionalidade correta da herdeira: **MARIA,** que por um lapso, constou como angolana, quando na verdade sua nacionalidade é portuguesa, conforme informação junto ao RNE nº W ___, emitido pelo SE/DPMAF/DPF, da qual a cópia reprográfica se encontra arquivada nestas Notas na ficha de firma nº ___. Assim, pelo presente ADITIVO RETIFICADOR, venho por aditar a escritura supramencionada, para que dela passe a constar **que a nacionalidade correta de MARIA é portuguesa.** Passa o presente aditivo, a fazer parte integrante daquela, para todos os fins e efeito de direito. Processo ___ Ato isento conforme legislação vigente.

22. RET/RAT – TODAS AS PARTES COMPARECEM – VALORES DOS BENS

> **Caso prático:**
>
> No arrolamento constou apenas o saldo total do investimento bancário; sem mencionar cada um dos valores e as aplicações a eles correspondentes. Uma das instituições financeiras se negou ao levantamento desses valores.
>
> **Solução:**
>
> Fundamento jurídico: por se tratar de valor e objeto da escritura, todas as partes comparecem na RET/RAT.

ESCRITURA DE RETIFICAÇÃO E RATIFICAÇÃO

Aos __ (____) dias do mês de **JANEIRO** de **2024 (DOIS MIL E VINTE E QUATRO)** no 17º Tabelião de Notas de São Paulo, situado na Rua Vergueiro, nº 128, 2º andar, São Paulo/SP, CEP 01504-000, perante mim, escrevente, compareceram partes entre si justas e contratadas a saber:

OUTORGANTES

MARIA, brasileira, nascida em __, com __ anos de idade, do lar e aposentada, portadora da carteira nacional de habilitação (CNH), expedida pelo DETRAN/SP, registro nº ___, onde consta o RG nº ___ SSP e o CPF nº ___, domiciliada nesta Capital/SP, onde reside na ___, nº __, apartamento __, CEP __; e os **herdeiros**: **MILA** *qualificar* e **LUAN** qualificar

ADVOGADO

Acompanhando e orientando os outorgantes, comparece a este ato, o advogado inscrito na OAB/SP sob o nº __, **Dr. RUI,** brasileiro, casado, portador da cédula de identidade RG nº ___ SSP/SP, inscrito no CPF sob o nº ___, residente e domiciliado nesta Capital/SP, com endereço profissional situado na Rua __, nº ___, São Paulo/SP, CEP ___; os presentes, maiores e capazes, reconhecidos como os próprios de que trato, pelos documentos referidos e apresentados, do que dou fé.

OBJETO DA RETIFICAÇÃO

Por escritura de **ESCRITURA DE ARROLAMENTO COM CESSÃO DE DIREITOS E PARTILHA DE BENS** lavrada nestas Notas em **08.02.2023** no livro __, às folhas

___, os outorgantes e o advogado supraqualificados, formalizaram o arrolamento e a consequente partilha dos bens deixados pela sucessão aberta pelo falecimento de **LUIS,** falecido em 22.08.2022, qualificado no título supramencionado. Após concluída a escritura, a viúva meeira e **INVENTARIANTE** nomeada iniciou os trâmites para levantamento dos ativos financeiros deixados pelo inventariado junto ao BANCO ___ S/A e BANCO ___ S/A. A partilha realizada entre os sucessores do espólio foi devidamente cumprida pelos referidos bancos, **exceto pelo Banco ___ S/A,** que impugnou o levantamento dos ativos financeiros, arguindo que os INVESTIMENTOS FINANCEIROS arrolados naquela escritura no item "12" do Tópico *"Do Monte Mor"* fossem arrolados de modo a discriminar cada um dos investimentos. Pelo motivo supra-exposto, as partes e o advogado constituído comparecem nesta escritura, a fim de cumprir exigência do **Banco ___ S/A,** nos termos a seguir aduzidos.

RETIFICAÇÃO E RATIFICAÇÃO

Em face à necessidade de retificação da escritura no item "12" do Tópico "Do Monte "Mor" *e no* item "12" do Tópico "Da Meação da Viúva", as partes apresentam EXTRATO BANCÁRIO emitido pelo banco competente e solicitação por e-mail enviada pelo advogado constituído contendo a EXIGÊNCIA feita pelo Banco, bem como a planilha com a discriminação exata dos ATIVOS FINANCEIROS já arrolados e partilhados na escritura ora retificada e ratificada, que somados totalizam o valor de **R$ ___,** cuja redação passa para a ser a seguinte: **12) Aplicação Financeira com Juros Pós Fixados denominada ___,** vinculado à corrente nº ___, mantida na agência ___ do Banco _____, com o valor de **R$ 51.081,13,** nos termos do extrato bancário apresentado, onde consta a posição do investimento em AGOSTO/2022, cuja cópia fica aqui arquivada, atribuído para fins de partilha e efeitos fiscais, acrescido de juros e correções até a data do efetivo levantamento junto ao banco competente; **12.A) Aplicação Financeira com Juros Pós Fixados denominada ___,** vinculado à corrente nº ___, mantida na agência ___ do Banco _____, com o valor de **R$ 338.993,69,** nos termos do extrato bancário apresentado, onde consta a posição do investimento em AGOSTO/2022, cuja cópia fica aqui arquivada, atribuído para fins de partilha e efeitos fiscais, acrescido de juros e correções até a data do efetivo levantamento junto ao banco competente; **12.B) Aplicação Financeira com Juros Pré Fixados denominada ___,** vinculado à corrente nº ___, mantida na agência ___ do Banco _____, com o valor de **R$ 82.684,52,** nos termos do extrato bancário apresentado, onde consta a posição do investimento em AGOSTO/2022, cuja cópia fica aqui arquivada, atribuído para fins de partilha e efeitos fiscais, acrescido de juros e correções até a data do efetivo levantamento junto ao banco competente e; **12.C) Aplicação Financeira indexada pela Inflação denominada ___,** vinculado à corrente nº ___, mantida na agência ___do Banco _____, com o valor de **R$ 110.066,04,** nos termos do extrato bancário apresentado, onde consta a posição do investimento em AGOSTO/2022, cuja cópia fica aqui arquivada, atribuído para fins de partilha e efeitos fiscais, acrescido de juros e correções até a data do efetivo levantamento junto ao banco competente. Assim, os outorgantes e o advogado constituído, **RETIFICAM** aquela escritura com relação a **descrição dos ativos financeiros** inventariados retro mencionados, que couberam na partilha única e exclusivamente à viúva meeira MARIA, **RATIFICANDO-NA** em todos os seus demais termos e dizeres, para todos os fins e efeitos de direito. **Fica a presente escritura de RETIFI-CAÇÃO E RATIFICAÇÃO fazendo parte integrante daquela lavrada nestas Notas em 08.02.2023, no livro__, às folhas __.**

DECLARAÇÕES DO ADVOGADO

O advogado constituído declara neste ato que assessorou, aconselhou e acompanhou seus constituintes, tendo conferido os termos da retificação/ratificação ora realizada, a qual é feita em estrito cumprimento à exigência feita pelo **BAN-CO __ S/A.** Declara também que com relação ao ITCMD causa mortis recolhido na ocasião do arrolamento, **não houve alteração alguma com relação ao valor apurado e recolhido** na **Declaração de ITCMD nº __**, vez que a retificação ora formalizada pela presente escritura visou apenas e tão somente discriminar os valores já inventariados no título ora retificado e que em razão da partilha realizada, couberam **única e exclusivamente** a viúva meeira **MARIA, ora outorgante, já qualificada**.

REQUERIMENTOS

As partes autorizam desde já os atos necessários ou convenientes para que o BANCO __ S/A proceda com as transferências dos ativos financeiros arrolados e partilhados na Escritura de Inventário, cumprindo estritamente a partilha realizada entre as partes, onde coube a **totalidade dos bens** ora descritos na presente escritura de retificação e ratificação à viúva meeira.

ENCERRAMENTO

Pediram-me que lavrasse a presente escritura, que feita e sendo lida em voz alta, aceitaram-na por achá-la conforme, outorgam e assinam.

23. RET/RAT PARA INCLUIR DÍVIDA DO CARTÃO DE CRÉDITO

> **Caso prático:**
>
> Na escritura de arrolamento e partilha constou o saldo de uma conta bancária. Quando os herdeiros tentaram sacar/levantar esse valor, foram informados que havia uma dívida proveniente das despesas de um cartão de crédito em nome da autora da herança e que somente se constasse essa dívida e autorização para sua quitação, fariam o saque do saldo remanescente.
>
> **Solução:** por se tratar de dívida do Espólio, desconhecida pelos herdeiros, com o comparecimento de todas as partes, a escritura foi retificada, para incluir essa dívida e a autorização ao inventariante para sua quitação.

ESCRITURA DE RETIFICAÇÃO/RATIFICAÇÃO

Aos **25 (VINTE E CINCO)** dias do mês de **MARÇO** de **2024 (DOIS MIL E VINTE E QUATRO),** perante mim, escrevente do 17º Tabelião de Notas de São Paulo, situado na Rua _____, nº _____, São Paulo/SP, CEP _____, compareceram no imóvel situado nesta Capital, na Rua __nº ___, partes entre si justas e contratadas a saber:

OUTORGANTES

Como outorgantes, os herdeiros, **FERNANDO,** qualificação, e **LUCAS,** qualificação

ADVOGADO

Acompanhando os outorgantes, comparece a este ato o advogado constituído inscrito na OAB/SP sob nº __, **Dr. _____, qualificação,** os presentes, maiores e capazes, reconhecidos como os próprios de que trato, pelos documentos referidos e apresentados, do que dou fé.

DA AUTORA DA HERANÇA

Pelos outorgantes foi dito em idioma nacional, que comparecem perante mim, escrevente, acompanhados de seu advogado constituído, para realizar o arrolamento e a partilha dos bens deixados por falecimento de MARIA e declararam o seguinte: **MARIA** nasceu em São Paulo/SP, no dia 17.06.1950, filha de _____ e _____, ambos já falecidos; era brasileira, divorciada (certidão de casamento ____, na qual consta a averbação de divórcio, nos termos da sentença, datada de 17.06.1996, transitada em julgado, nos autos do processo nº ____), aposentada, portadora da cédula de identidade RG _____, inscrita no CPF sob o nº _____; **teve 02 (dois) filhos**, **seus herdeiros legítimos: FERNANDO e LUCAS**. A autora da herança residia em São Paulo/SP, na Rua __ nº ___, CEP ___, e **faleceu no dia 26 (vinte e seis) de junho de 2023 (dois mil e vinte e três)**, nesta Capital, conforme certidão de óbito matrícula nº _____, emitida em 26.06.2023. A autora da herança não deixou testamento, tendo sido apresentada a informação negativa de existência de testamento expedida em 06.09.2023.

DO ARROLAMENTO

Os outorgantes realizaram o arrolamento e a partilha dos bens deixados pela autora da herança, por meio da escritura pública de arrolamento, lavrada nestas Notas em 11.09.2023, às folhas ___ do livro ___. Em referida Escritura declararam que a autora da herança, não tinha dívidas, por desconhecimento desse fato. No Banco ___ S.A., foi apresentada a exigência de aludida instituição financeira, solicitando a retificação do título para constar, os débitos pendentes e em aberto: as dívidas de cartões de crédito em nome de MARIA.

DECLARAÇÃO/RETIFICAÇÃO

Assim, por esta escritura e na melhor forma de direito, eles outorgantes, acompanhados por seu advogado, retificam a escritura supramencionada, para constar as dívidas deixadas pelo Espólio de MARIA e declarar o valor então apresentado pela Instituição Financeira.

DAS DÍVIDAS DO ESPÓLIO

A autora da herança possuía na ocasião de seu falecimento, as seguintes dívidas: a) saldo de fatura de cartão de crédito, apurado em 05.03.2024, no valor total de R$ 1.103,76, referente ao cartão ____; e b) a) saldo de fatura de cartão de crédito, apurado em 19.02.2024, no valor total de **R$ 25.442,10**, referente ao cartão _____. O total das dívidas do espólio montam em **R$ 26.545,86 (vinte e seis mil, quinhentos e quarenta e cinco reais e oitenta e seis centavos)**.

DECLARAÇÃO DOS OUTORGANTES

Neste ato os outorgantes ratificam a nomeação de _____ como inventariante do Espólio, **autorizando-o a perante o Banco do___, "negociar" o valor das**

Cap. XII – MINUTAS DE ARROLAMENTO | 221

dívidas aqui declaradas, os juros e encargos nela incidente, fazer acordo quanto ao valor que será quitado e quitar/pagar esses valores, na forma e condições que ajustar, inclusive com o saldo credor das contas bancárias em nome do autor da herança. Assim, retificada a escritura na forma supramencionada, ratificam-na em todos os seus demais termos, relações e dizeres, passando a presente a fazer parte integrante daquela para todos os fins e efeitos de direito.

ENCERRAMENTO

Pediram-me que lavrasse a presente escritura, que feita e lhes sendo lida, em voz alta, aceitaram-na por achá-la conforme, outorgam e assinam.

24. CERTIDÃO PARCIAL DE ESCRITURA DE ARROLAMENTO PARA COMPROVAR O INVENTARIANTE NOMEADO PELAS PARTES

Caso prático

O Inventariante precisa comprovar perante um órgão público que é representante do Espólio de NOME. A escritura de arrolamento e partilha foi lavrada no Tabelião e nela constou sua nomeação. Entretanto, não deseja apresentar ao órgão público todo o patrimônio arrolado e partilhado.

Solução: as escrituras públicas têm "publicidade" por meio de traslados e certidões. As certidões podem ser emitidas com o teor integral da escritura, ou com alguns itens apenas. A certidão parcial pode ser emitida por solicitação expressa da parte. Nesse caso, ela solicita que seja emitida de forma digital. Aconselhamos a arquivar no processo dessa certidão o pedido/requerimento da parte indicando os itens que necessita comprovar.

CERTIDÃO PARCIAL

JUSSARA CITRONI MODANEZE, Tabeliã do 17º Tabelião de Notas de São Paulo, situado na Rua_____, nº_____, São Paulo/SP, CEP_____, na forma da lei etc.

C E R T I F I C A que o texto abaixo foi extraído do ato notarial mencionado, nos termos do disposto no art. 19, § 1º, da Lei Federal 6.015/1973 c/c o art. 6º, inciso II, da Lei Federal 8.935/1994 e o subitem 78.3 do Capítulo XVI do Tomo II das Normas de Serviço da Corregedoria-Geral da Justiça, e que essa certidão foi emitida sob a forma de documento eletrônico, conforme autorizado pela Medida Provisória 2.200-2, de 24 de agosto de 2001, e pelo Provimento 149/2023 do Conselho Nacional de Justiça, atendendo à solicitação e respondendo ao quesito formulado verbalmente pelo advogado **VINICIUS,** inscrito na OAB/SP sob nº_____, quanto à pessoa que foi nomeada inventariante do Espólio.

ATO: ESCRITURA DE ARROLAMENTO E PARTILHA

LIVRO:_____, PÁGINAS:_____, DATA: _____

Certifico que na certidão de arrolamento e partilha de bens acima mencionada constam como autora da herança, outorgantes e advogado as pessoas a seguir elencadas:

Aos **09 (nove)** dias do mês de **junho** de **2015 (dois mil e quinze),** no 17º Tabelião de Notas de São Paulo, perante a mim, escrevente, apresentaram-se as partes entre si justas e contratadas, a saber:

OUTORGANTE

Como outorgantes: **ROSE**, qualificação

ADVOGADO

Acompanhando os outorgantes, comparece a este ato o advogado inscrito na OAB/SP sob nº___, Dr. **VINICIUS**, qualificação

DA AUTORA DA HERANÇA

Pelos outorgantes foi dito em idioma nacional, que comparecem perante a mim, escrevente, acompanhados de seu advogado constituído, para realizar o arrolamento e a partilha dos bens deixados por falecimento de AMERICO (copiar o texto que constou na escritura impressa no Livro de Notas)

Certifica também, a pedido da parte interessada, que em referida escritura figurou na qualidade de **INVENTARIANTE DO ESPÓLIO DE AMERICO** o herdeiro **JOSÉ,** conforme reprodução abaixo, nos termos da escritura de inventário, ora referida:

DECLARAÇÃO DO ADVOGADO E DOS OUTORGANTES

O advogado constituído declara que assessorou, aconselhou e acompanhou seu constituintes, tendo conferido a partilha, os valores e o imposto de transmissão, os quais estão de acordo com a lei. Os outorgantes nomeiam **José** como inventariante do Espólio, nos termos do art. 990 do Código de Processo Civil, tendo todos os poderes que se fizerem necessários para representar o espólio em juízo ou fora dele (...).

Certifica ainda que consta o pagamento do ITCMD e sua declaração à Fazenda do Estado de São Paulo. Constam todos os documentos e todas as declarações necessárias à formalidade e à solenidade do ato. Devidamente encerrada, constam as assinaturas dos comparecentes, ROSE, JOSÉ e VINICIUS. Emolumentos. Encerramento da certidão com assinatura com certificado digital da Tabeliã.

25. CERTIDÃO PARCIAL DE ESCRITURA DE ARROLAMENTO PARA COMPROVAR A UNIÃO ESTÁVEL

Caso prático

A companheira precisa comprovar perante a Previdência Social a União Estável que mantinha com o autor da herança. A escritura de arrolamento e partilha foi lavrada no Tabelião e nela constaram o reconhecimento da União Estável e o período. Entretanto, não deseja apresentar ao órgão público todo o patrimônio arrolado e partilhado.

Solução: as escrituras públicas têm "publicidade" por meio de traslados e certidões. As certidões podem ser emitidas com o teor integral da escritura, ou com alguns itens apenas. A certidão parcial pode ser emitida por solicitação expressa da parte. Nesse caso, ela solicita que seja emitida fisicamente. Aconselhamos a arquivar no processo dessa certidão o pedido/requerimento da parte indicando os itens que necessita comprovar.

CERTIDÃO PARCIAL

JUSSARA CITRONI MODANEZE, Tabeliã do 17º Tabelião de Notas de São Paulo, situado na Rua ___, nº____, São Paulo/SP, CEP____, na forma da lei etc.

C E R T I F I C A que o texto abaixo foi extraído do ato notarial mencionado, nos termos do disposto no art. 19, § 1º, da Lei Federal 6.015/1973 c/c o art. 6º, inciso II, da Lei Federal 8.935/1994 e o subitem 78.3 do Capítulo XVI do Tomo II das Normas de Serviço da Corregedoria-Geral da Justiça, atendendo à solicitação e respondendo ao quesito formulado verbalmente por MARTA, inscrita na OAB/SP sob nº ____, tão somente quanto ao reconhecimento da União Estável.

ATO: ESCRITURA DE ADJUDICAÇÃO

LIVRO: ____, PÁGINAS: ____, DATA: ____

Certifico que na escritura de arrolamento e adjudicação acima menciona-da constam como autor da herança, outorgante, intervenientes e advogada, o reconhecimento da união estável e o período dessa união, com as pessoas a seguir elencadas e os itens abaixo reproduzidos:

Aos **25 (VINTE E CINCO)** dias do mês de **JUNHO** de **2024 (DOIS MIL E VINTE E QUATRO),** no 17º Tabelião de Notas de São Paulo/SP, situado na Rua Vergueiro, nº 128, 2º andar, São Paulo/SP, CEP 01504-000, perante a mim, escrevente, apresentaram-se as partes entre si justas e contratadas, a saber:

OUTORGANTE

Como outorgante, **a companheira**: **REGINA,** qualificação

INTERVENIENTES

SILVANA, qualificação **e RODRIGO**, qualificação

ADVOGADA

Acompanhando a outorgante e intervenientes, comparece a este ato a advogada inscrita na OAB/SP sob nº___, Dra. **MARTA,** qualificação. Os presentes, maiores e capazes, reconhecidos como os próprios de que trato, pelos documentos referidos e apresentados, do que dou fé.

DO AUTOR DA HERANÇA

Pela outorgante e intervenientes, foi dito em idioma nacional, que comparecem perante a mim, escrevente, acompanhado de sua advogada constituí-da, para realizar o arrolamento e a adjudicação dos bens deixados por falecimento de BARROS e declaram o seguinte: **BARROS** nasceu em __/SP, no dia 25/12/1954, filho de _____ e _____, ambos falecidos (C.O. e C.O.), era brasileiro, aposentado, portador da cédula de identidade RG nº _____-SSP/SP, inscrito no CPF sob o nº____, era solteiro (CN – matrícula nº ___) e convivente em união estável com **REGINA**, ora outorgante. Não teve filhos e seus pais já eram falecidos, tinha dois irmãos: SILVANA E RODRIGO, ora intervenientes. O autor da herança residia nesta Capital, na Rua ____, e **faleceu no dia 17 (dezessete) de abril de 2024 (dois mil e vinte e quatro) nesta Capital**, conforme certidão de óbito matrícula nº ____. O autor da herança não deixou testamento, tendo sido apresentada a informação negativa de existência de testamento expedida em 17/05/2024.

DA UNIÃO ESTÁVEL

Pela outorgante e intervenientes, na qualidade de irmãos do autor da herança, foi dito que o autor da herança mantinha união estável desde **25 (vinte e cinco) de janeiro de 1979 (mil novecentos e setenta e nove)** com **REGINA**, acima mencionada e qualificada, nos termos do art. 1.723 do Código Civil Brasileiro e que reconhecem a união estável, acima declarada, configurada na convivência pública, contínua e duradora, mantida pelo autor da herança até seu falecimento (...).

Certifica ainda que constam todas as declarações para arrolamento e partilha do patrimônio e o pagamento dos impostos de transmissão, bem como todas as declarações necessárias à formalidade e solenidade do ato. Devidamente encerrada, consta 01 impressão digital de SILVANA. Constam as assinaturas dos comparecentes: REGINA, RODRIGO E MARTA (também a rogo de Silvana). Emolumentos. Encerramento da certidão com assinatura física da Tabeliã.

Capítulo XIII

MINUTAS DE PROCURAÇÃO E RENÚNCIA

As minutas deste capítulo são modelos utilizados no 17º Tabelião de Notas de São Paulo/SP.

Aconselhamos que as procurações sejam lavradas após a definição da partilha e, se houver partilha "desigual", que seja declarado quais bens irão compor o quinhão ou meação do herdeiro ou viúvo que outorga a procuração.

O modelo de procuração, quando há cessão de direitos hereditários ou de meação e para renúncia, tem suas peculiaridades, como o valor a ser cedido, o bem que comporá o quinhão, a declaração de que a renúncia é de todo o patrimônio e irrevogável etc.

No item "outorgante", qualificamos e identificamos a parte e declaramos seu estado civil atual. No item "qualificação", deverá constar: nome, nacionalidade, profissão, estado civil, portador da cédula de identidade RG nº __ SSP/__ e inscrito no CPF sob nº _____, residente e domiciliado em __/__.

Na procuração e na renúncia, devem constar o nome do **autor da herança**, a data do seu óbito e a menção a sua certidão de óbito.

O outorgado será outro herdeiro, viúvo, advogado ou terceira pessoa.

Os poderes serão aqueles correspondentes à partilha que será realizada.

O renunciante pode outorgar uma procuração para que a sua renúncia seja formalizada na própria escritura de arrolamento, ou assinar a escritura autônoma de renúncia que será mencionada na escritura de arrolamento. As procurações para renúncia devem ser bem específicas. Nos poderes, não pode constar: "aceitar quinhão" ou "concordar com a partilha", para não caracterizar aceitação tácita.

Quanto às escrituras de renúncia de direitos hereditários, podem se referir à "herança da lei" e/ou à "herança testamentária", jamais renúncia de bem específico. Quem renuncia, renuncia a toda a herança, sem determinar os bens.

226 | INVENTÁRIO EXTRAJUDICIAL NA PRÁTICA

Os artigos transcritos a seguir fundamentam esses argumentos:

"Art. 1.808. Não se pode aceitar ou renunciar a herança em parte, sob condição ou a termo.

§ 1º O herdeiro, a quem se testarem legados, pode aceitá-los, renunciando a herança; ou, aceitando-a, repudiá-los.

§ 2º O herdeiro, chamado, na mesma sucessão, a mais de um quinhão hereditário, sob títulos sucessórios diversos, pode livremente deliberar quanto aos quinhões que aceita e aos que renuncia. [...]

Art. 1.812. São irrevogáveis os atos de aceitação ou de renúncia da herança."

1. PROCURAÇÃO PARA ARROLAMENTO E PARTILHA "DA LEI"

ESCRITURA DE PROCURAÇÃO

Aos «**00 (dia)**» dias do mês de «**mês**» de «**20__ (dois mil e __)**», no 17º Tabelião de Notas de São Paulo, perante mim, escrevente, compareceu:

OUTORGANTE

«NOME» «QUALIFICAÇÃO», o presente, maior e capaz, reconhecido como o próprio de que trato, pelos documentos referidos e apresentados, do que dou fé.

OUTORGADO

O outorgante me disse que nomeia e constitui seu procurador: «**NOME**», «QUALIFICAR»

PODERES

Ao outorgado, são conferidos poderes específicos para representar o outorgante na escritura pública de inventário, na forma de arrolamento, e partilha de bens e eventual sobrepartilha dos bens, deixados por falecimento de «**NOME**», cujo óbito ocorreu em «__/__/___»; podendo para tanto arrolar os bens; nomear inventariante, para que este represente o espólio ativa e passivamente, em juízo ou fora dele; prestar as declarações de praxe e inerentes ao ato notarial; prestar declarações de herdeiros, de bens, especificando o acervo dos bens, bem como o total das dívidas e demais obrigações, se houver; apresentar provas e documentos relativamente aos direitos hereditários; informar sobre existência de ônus incidentes sobre o patrimônio; apresentar bens à colação; estimar valores dos bens e/ou concordar com a estimativa dos valores dos bens; apresentar e concordar com cálculos e partilha dos bens; aceitar o quinhão que lhe couber, «composto por «_% do imóvel situado na Rua _____. objeto da matrícula nº _____ de _____ Registro de Imóveis de _____;»

» dar e receber quitação; efetuar pagamento do imposto de transmissão devido pelo seu quinhão; estipular e concordar com cláusulas e condições; transigir, acordar, desistir; concordar com termos; prestar compromissos de qualquer natureza, assinar termos; entranhar e desentranhar papéis e documentos; atender a exigências e formalidades e representá-la perante a Secretaria da Fazenda Estadual, Posto Fiscal Estadual, Delegacia da Receita Federal, Prefeitura Municipal e demais repartições públicas da União, Estados, Municípios e autarquias, Tabelião de Notas, Registro de Imóveis e ali tudo promover, requerer e assinar em nome da outorgante; autorizar registros e averbações; promover retificações, ratificações, aditamentos e alterações, fazer declarações; são conferidos também poderes para constituir advogado para o ato notarial, retificar, ratificar e aditar a escritura pública de inventário/arrolamento e partilha e praticar quaisquer outros atos necessários ao bom e fiel desempenho deste mandato. **SUBSTABE-LECIMENTO:** É vedado o substabelecimento. **VALIDADE:** A presente procuração terá validade até o dia «_____ de _____ de 20_ (dois mil e _____).»

EMOLUMENTOS E ENCERRAMENTO

Pediu a mim, que lavrasse a presente, que feita e lhe sendo lida, em voz alta, aceitou-a por achá-la conforme, outorga e assina.

2. PROCURAÇÃO PARA ARROLAMENTO COM CESSÃO DE DIREITOS HEREDITÁRIOS

ESCRITURA DE PROCURAÇÃO

Aos «**00 (dia)**» dias do mês de «**mês**» de «**20__ (dois mil e __)**», no 17º Tabelião de Notas de São Paulo, perante mim, escrevente, apresentaram-se as partes entre si justas e contratadas, a saber:

OUTORGANTE

«NOME», «QUALIFICAÇÃO», o presente, maior e capaz, reconhecido como o próprio de que trato, pelos documentos referidos e apresentados, do que dou fé.

OUTORGADO

O outorgante me disse que nomeia e constitui seu procurador: «**NOME**», « QUALIFICAR»

PODERES

Ao outorgado, são conferidos poderes específicos para representar o outorgante na escritura pública de inventário, na forma de arrolamento e partilha de bens deixados por falecimento de «**NOME**», cujo óbito ocorreu em

«__/__/__»; podendo, para tanto, arrolar os bens; nomear inventariante, para que este represente o espólio ativa e passivamente, em juízo ou fora dele; prestar as declarações de praxe e inerentes ao ato notarial; prestar declarações de herdeiros, de bens, especificando o acervo dos bens, bem como o total das dívidas e demais obrigações, se houver; apresentar provas e documentos relativamente aos direitos hereditários; informar sobre existência de ônus incidentes sobre o patrimônio; apresentar bens à colação; estimar valores dos bens e/ou concordar com a estimativa dos valores dos bens; apresentar e concordar com cálculos e partilha dos bens; aceitar o quinhão composto por: «A) fração» **de um prédio e seu respectivo terreno, situados à Rua «_____», nº «_____»,** objeto da matrícula nº «____» do «__»º Registro de Imóveis de «___»; «__ fração» **«de um veículo, assim caracterizado: marca/modelo: ___, cor ____, ano de fabricação e modelo: ___, placa ___, chassi: ___, Renavam: ___;». Confere, ainda, poderes para ceder e transferir a título gratuito, importando em doação, parte dos seus direitos hereditários, a fim de que os demais herdeiros e viúva meeira recebam em seus quinhões e meação, respectivamente, nos bens que determinarem, sendo o quinhão do outorgante composto pelos bens supramencionados**; dar e receber quitação; efetuar pagamento do imposto de transmissão devido pelo seu quinhão; estipular e concordar com cláusulas e condições; transigir, acordar, desistir; concordar com termos; prestar compromissos de qualquer natureza, assinar termos; entranhar e desentranhar papéis e documentos; atender a exigências e formalidades e representá-la perante a Secretaria da Fazenda Estadual, Posto Fiscal Estadual, Delegacia da Receita Federal, Prefeitura Municipal e demais repartições públicas da União, Estados, Municípios e autarquias, Tabelião de Notas, Registro de Imóveis e ali tudo promover, requerer e assinar em nome da outorgante; autorizar registros e averbações; promover retificações, ratificações, aditamentos e alterações e fazer declarações; são conferidos também poderes para constituir advogado para o ato notarial, retificar, ratificar e aditar a escritura pública de inventário/arrolamento e partilha, praticar quaisquer outros atos necessários ao bom e fiel desempenho deste mandato.

EMOLUMENTOS E ENCERRAMENTO

Pediu a mim, que lavrasse a presente, que feita e lhe sendo lida, em voz alta, aceitarou-a por achá-la conforme, outorga e assina.

3. PROCURAÇÃO PARA RENÚNCIA EM ARROLAMENTO

ESCRITURA DE PROCURAÇÃO

Aos «**00 (dia)**» dias do mês de «**mês**» de «**20__ (dois mil e __)**», no 17º Tabelião de Notas de São Paulo, perante mim, escrevente, compareceu:

OUTORGANTE

«NOME», «QUALIFICAÇÃO», o presente, maior e capaz, reconhecido como o próprio de que trato, pelos documentos referidos e apresentados, do que dou fé.

OUTORGADO

O outorgante me disse que nomeia e constitui seu procurador: **«NOME»,** «QUALIFICAR»

PODERES

Ao outorgado, são conferidos poderes específicos para representar o outorgante na escritura pública de inventário, na forma de arrolamento e partilha de bens deixados por falecimento de «NOME», cujo óbito ocorreu em «__/__/___»; especialmente para **renunciar aos direitos hereditários adquiridos pela sucessão aberta quando do falecimento;** prestar as declarações de praxe e inerentes ao ato notarial; retificar, ratificar e aditar a escritura pública de inventário/arrolamento e praticar quaisquer outros atos necessários ao bom e fiel desempenho deste mandato. **SUBSTABELECIMENTO:** É vedado o substabelecimento. **VALIDADE:** A presente procuração terá validade até o dia «_____ de _____ de 20_ (dois mil e __).»

ENCERRAMENTO

Pediu a mim, que lavrasse a presente, que feita e lhe sendo lida, em voz alta, aceitou-a por achá-la conforme, outorga e assina.

4. PROCURAÇÃO PARA NOMEAR INVENTARIANTE PARA CUMPRIR OBRIGAÇÃO DE OUTORGAR ESCRITURA DEFINITIVA

ESCRITURA DE PROCURAÇÃO

Aos **«00 (dia)»** dias do mês de **«mês»** de **«20__ (dois mil e __)»**, no 17º Tabelião de Notas de São Paulo, perante mim, escrevente, compareceu:

OUTORGANTE

«NOME», «QUALIFICAÇÃO», o presente, maior e capaz, reconhecido como o próprio de que trato, pelos documentos referidos e apresentados, do que dou fé.

OUTORGADO

O outorgante me disse que nomeia e constitui seu procurador: **«NOME»,** «QUALIFICAR»

PODERES

Ao outorgado, são conferidos poderes específicos para representar o outorgante na **escritura pública de nomeação de inventariante para o espólio**

INVENTÁRIO EXTRAJUDICIAL NA PRÁTICA

de «NOME», cujo óbito ocorreu em «__/__/___»; declarando a obrigação de fazer consistente em outorgar a escritura definitiva do imóvel situado na Rua « __ », nº «_,» objeto da matricula nº «_» de «_» Registro de Imóveis de «_____», para o compromissário comprador «NOME», «QUALIFI-CAÇÃO», cumprindo o compromisso de venda e compra firmado em « __/__/_ », totalmente quitado antes do falecimento de «Nome»; nomear inventariante para representar o espólio na outorga da escritura definitiva, ativa e passivamente, em juízo ou fora dele; prestar as declarações de praxe e inerentes ao ato notarial; dar e receber quitação; estipular e concordar com cláusulas e condições; transigir, acordar, desistir; concordar com termos; prestar compromissos de qualquer natureza, assinar termos; entranhar e desentranhar papéis e documentos; atender a exigências e formalidades e representá-la perante a Secretaria da Fazenda Estadual, Posto Fiscal Estadual, Delegacia da Receita Federal, Prefeitura Municipal e demais repartições públicas da União, Estados, Municípios e autarquias, Tabelião de Notas, Registro de Imóveis e ali tudo promover, requerer e assinar em nome da outorgante; autorizar registros e averbações; promover retificações, ratificações, aditamentos e alterações, fazer declarações; são conferidos também poderes para constituir advogado para o ato notarial, retificar, ratificar e aditar a escritura pública e praticar quaisquer outros atos necessários ao bom e fiel desempenho deste mandato. **SUBSTABELECIMENTO:** É vedado o substabelecimento. **VALIDADE:** A presente procuração terá validade até o dia «_____ de _____ de 20_ (dois mil e __).»

ENCERRAMENTO

Pediu a mim, que lavrasse a presente, que feita e lhe sendo lida, em voz alta, aceitou-a por achá-la conforme, outorga e assina.

5. ESCRITURA AUTÔNOMA DE RENÚNCIA DE HERANÇA DA SUCESSÃO LEGÍTIMA

ESCRITURA DE RENÚNCIA DE HERANÇA

Aos «**00 (dia)**» dias do mês de «**mês**» de «**20__ (dois mil e __)**», no 17º Tabelião de Notas de São Paulo, perante mim, escrevente, compareceram:

OUTORGANTE

«NOME», «QUALIFICAÇÃO» e «NOME», «QUALIFICAÇÃO», os presentes, maiores e capazes, reconhecidos como os próprios de que trato, pelos documentos referidos e apresentados, do que dou fé.

RENÚNCIA

Então me disse o outorgante renunciante, «acompanhado por sua mulher,» o seguinte: **1)** que «**NOME**» FALECEU no dia «_ de _____ de _____», na cidade de «_____», Estado de «____», conforme certidão de óbito expedida pelo Oficial de Registro Civil das Pessoas Naturais do «__»º Subdistrito, extraída do termo «____», lavrado às folhas «____» do livro C-«__» ou matrícula nº «_____», («pai, irmãos e cunhados» deles outorgantes); **2)** que ele outorgante, na qualidade de herdeiro, por motivos particulares, não deseja concorrer a essa herança, pelo que vêm, como lhe permitem os arts. 1.806 e 1.809 do Código Civil Brasileiro, e para todos os efeitos de direito, declarar que desiste dessa herança, isto é, renunciando-a, sem lhe importar a quem possa aproveitar este ato, de modo que ele, outorgante renunciante, não tenha parte no respectivo inventário ou arrolamento (administrativo ou judicial). Declara também que tem **ciência da irrevogabilidade da renúncia** ora formalizada (art. 1.812 do Código Civil Brasileiro) e possui outros meios e rendas necessários à sua subsistência. Declara, ainda, sob pena de **responsabilidade civil e criminal,** que a renúncia da herança ora formalizada **não prejudica direitos de terceiros,** pois não existem fatos, ações, protestos, execuções ou quaisquer medidas judiciais ou administrativas que afetem esta escritura.

Os outorgantes não têm descendentes, são os únicos herdeiros e não receberam bens a serem apresentados à colação [colocar essa declaração quando do filhos querem beneficiar um dos pais com a renúncia].

EMOLUMENTOS E ENCERRAMENTO

Apresentado e arquivado o relatório de consulta de indisponibilidade, resultado negativo, código HASH _____ e a certidão negativa de débitos trabalhistas CNDT nº _____, extraídas via internet nestas notas e data. Assim disseram e pediram-me lavrasse a presente escritura, que feita e lhes sendo lida, em voz alta, aceitaram-na por achá-la conforme, outorgaram e assinam.

6. ESCRITURA AUTÔNOMA DE RENÚNCIA DE LEGADO (TESTAMENTO)

ESCRITURA DE RENÚNCIA DE HERANÇA

Aos «**00 (dia)**» dias do mês de «**mês**» de «**2000 (dois mil e __)**», no 17º Tabelião de Notas de São Paulo, perante mim, escrevente, compareceram:

OUTORGANTE

«NOME», «QUALIFICAÇÃO» e «NOME», «QUALIFICAÇÃO», os presentes, maiores e capazes, reconhecidos como os próprios de que trato, pelos documentos referidos e apresentados, do que dou fé.

RENÚNCIA

Então me disse o outorgante renunciante, «acompanhado por sua mulher,» o seguinte: **1)** que «**NOME**» FALECEU no dia «_ de _____ de _____», na cidade de «_____», Estado de «____», conforme certidão de óbito expedida pelo Oficial de Registro Civil das Pessoas Naturais do «__»° Subdistrito, extraída do termo «____», lavrado às folhas «____» do livro C-«___» ou matrícula n° «_____», («pai, irmãos e cunhados» deles outorgantes); **2)** NOME fez um testamento no _° Tabelião de Notas de _____ (livro _ páginas __, em _/_/_) e deixou **TODA PARTE DISPONÍVEL** para a ora outorgante; **3)** ela, outorgante, na qualidade de herdeira testamentária, por motivos particulares, não deseja concorrer a essa herança, pelo que vem, como lhe permitem os arts. 1.806 e 1.809 do Código Civil Brasileiro, e para todos os efeitos de direito, declarar que RENUNCIA à herança deixada pelo testamento mencionado, isto é, renunciando-o, sem lhe importar a quem possa aproveitar este ato, de modo que ela, outorgante renunciante, não tenha parte no respectivo inventário ou arrolamento (administrativo ou judicial), tão somente quanto a herança deixada no referido testamento. Declara também que tem ciência da irrevogabilidade da renúncia ora formalizada (art. 1.812 do Código Civil Brasileiro) e possui outros meios e rendas necessários à sua subsistência. Declara, ainda, sob pena de **responsabilidade civil e criminal** que a renúncia da herança ora formalizada **não prejudica direitos de terceiros,** pois não existem fatos, ações, protestos, execuções ou quaisquer medidas judiciais ou administrativas que afetem esta escritura.

Os outorgantes declaram que não receberam bens a serem apresentados à colação [colocar essa declaração quando filhos querem beneficiar um dos pais com a renúncia].

EMOLUMENTOS E ENCERRAMENTO

Apresentado e arquivado o relatório de consulta de indisponibilidade, resultado negativo, código HASH _____e a certidão negativa de débitos trabalhistas CNDT n° _____, extraídas via internet nestas notas e data. Assim disseram e pediram-me lavrasse a presente escritura, que feita e lhes sendo lida, em voz alta, aceitaram-na por achá-la conforme, outorgaram e assinam.

Capítulo XIV

DECISÕES ADMINISTRATIVAS E JUDICIAIS

Neste capítulo, destacamos as decisões administrativas e judiciais que fundamentam a partilha conforme "a lei", ou seja: com condomínio entre os herdeiros nos bens, ou a partilha "desigual", com bens na totalidade compondo os quinhões ou direito de usufruto na meação.

Destacamos, também, as decisões quanto à falta de personalidade jurídica do espólio e à possibilidade de se lavrar escritura para o inventariante o representar, a vedação de sucessão por salto, quando necessário o arrolamento conjunto e a importância de se observar o estado civil dos herdeiros na data do óbito e na escritura de arrolamento.

Procuração com poderes para renunciar a herança

Apelação Cível nº 1006223-26.2022.8.26.0019. Apelante: Silvana Lucia Anauati Rangel Correia da Silva. Apelado: Oficial de Registro de Imoveis e Anexos da Comarca de Americana. Interessado: Espólio de Ruth Abrahão Anuati. Voto nº 43.054. Registro de Imóveis – Dúvida julgada procedente – Escritura pública de inventário e partilha em que promovida renúncia da herança, por herdeiro representado por procuradores, em conformidade com os arts. 1.806 e 1.810 do Código Civil – Procuração, com cláusula "em causa própria", em que outorgados poderes para a alienação de bem certo e determinado – Extrapolação dos poderes outorgados aos mandatários que demanda a retificação da escritura pública de inventário e partilha, para excluir a renúncia realizada de forma pura e simples – Recurso não provido.

Arrolamento de imóvel adquirido por doação a um dos cônjuges e não ao casal

Apelação cível nº 1007246-74.2023.8.26.0438. Apelante: Madalena Miranda Gomide. Apelado: Oficial de Registro de Imóveis e Anexos da Comarca de Penápolis.

234 | INVENTÁRIO EXTRAJUDICIAL NA PRÁTICA

Voto Nº 43.165. Registro de imóveis – Negativa de registro de escritura de compra e venda de bem imóvel – Recusa fundada na necessidade de prévio inventário de bens deixados pelo cônjuge – Direito de acrescer não ocorrente na espécie – Doação realizada exclusivamente em favor dos filhos, e não de seus cônjuges – Mancomunhão sobre o imóvel doado que decorre do regime de bens do casamento e não de efeitos próprios da doação – Inaplicabilidade do art. 551, parágrafo único, do Código Civil – Sentença mantida – Apelação não provida.

As decisões a seguir orientam o tabelião quanto ao que deve ser observado ao lavrar escrituras de arrolamento.

– **Comunicado nº 236/2007 do Tribunal de Justiça de São Paulo/SP.** Nesse comunicado, consta expressamente a facultatividade via extrajudicial para realizar os arrolamentos. Publicado logo após a edição da Lei nº 11.441/2007, época em que havia questionamentos se os arrolamentos seriam exclusivamente extrajudiciais, nas hipóteses em que os requisitos dessa lei estavam preenchidos.

– **Acórdão – Apelação nº 0000228-62.2014.8.26.0073 – Conselho Superior da Magistratura de São Paulo.** Essa decisão ressalta que não há necessidade de alvará judicial para Espólio cumprir obrigação de fazer, ou seja: outorgar a escritura definitiva de venda e compra para os compromissários compradores. Questionava-se se essa nomeação de inventariante poderia ser realizada por escritura pública, entendimento confirmado nesse acórdão.

– **Processo nº 2015/50558 (126/2015-E) CGJ/SP.** Essa decisão fundamenta a nomeação de inventariante para o Espólio de um herdeiro comparecer em outra Escritura de arrolamento, recebendo o quinhão da herança que lhe cabe e, posteriormente, partilhando em outro ato. Ressalta-se que o espólio não tem personalidade jurídica para ser parte na escritura, sem um inventariante que o represente.

– **Acórdão – Apelação Cível nº 990.10.212.332-4 – CGJ/SP.** Essa decisão fixa o entendimento de que há necessidade de realizar arrolamento conjunto, quando há patrimônio pertencente a mais de uma pessoa falecida. Determina o dever de ser realizado o arrolamento dos bens de cada um dos falecidos e a partilha para seus herdeiros, proibindo a sucessão "por salto". Na sucessão por salto, o quinhão de cada herdeiro seria a soma do patrimônio que recebe de todos os falecidos e, conforme essa decisão, é necessário receber seu quinhão em cada uma das heranças.

– **Processo 0007518-18.2012.8.26.0100 – 1ª Vara de Registros Públicos de São Paulo/SP.** Essa decisão destaca a importância de observar o estado civil do herdeiro na data do óbito e na data da escritura. Nela, o herdeiro era casado sob o regime da comunhão universal de bens na data do óbito e divorciado no momento da assinatura da escritura. Esse fato – mudança do estado civil e os efeitos jurídicos – não foi observado na escritura desse processo.

– **Acórdão – Apelação nº 0016919-74.2012.8.26.0477 – Conselho Superior da Magistratura – São Paulo e Processo nº 0068806-30.2013.8.26.0100 – 1ª Vara de Registros Públicos de São Paulo/SP.** Os conceitos de cessão de direitos hereditários e de cessão de direitos de meação são abordados de maneira bastante didática nessa decisão.

– **Agravo de Instrumento nº 2231994-72.2016.8.26.00001 – 11ª Vara da Família e Sucessões do Foro Central Cível – São Paulo/SP.** Essa decisão destaca a possibilidade de partilha do patrimônio compondo a meação com o direito de usufruto e os quinhões com a nua-propriedade.

– **2ª Vara de Registros Públicos da Comarca da Capital do Estado de São Paulo – Processo 1156991-75.2023.8.26.0100.** Decisão que afirma não haver gratuidade no arrolamento extrajudicial.

– **2ª Vara de Registros Públicos da Comarca da Capital do Estado de São Paulo – Processo nº 1143240-21.2023.8.26.0100.** Decisão que afirma ser possível retificação de arrolamento judicial por escritura pública, com o comparecimento de todas as partes.

Inventários com testamento
Serviço de Controle das Unidades Extrajudiciais
DESPACHOS/PARECERES/DECISÕES 52695/2016

Processo nº 2016/52695 – São Paulo – Corregedoria-Geral da Justiça do Estado de São Paulo (Parecer 133/2016-E – Tabelionato de Notas – Proposta feita pelos MM. Juízes das Varas de Família e Sucessões do Foro Central da Capital, sobre a possibilidade de ser lavrada escritura pública de inventário, na hipótese de existir testamento – Decisão desta Corregedoria Geral, contrária ao pleito (Processo nº 2014/62010) – Posição revista – Inteligência do artigo 610 do novo CPC – Compreensão da função do Tabelião – Desjudicialização, como forma de desonerar os interessados e o Judiciário – Proposta acatada – Alteração das NSCGJ – Provimento CG nº 37/2016)

Acesse mais sobre o conteúdo:
> uqr.to/1u2bc

Capítulo XV

LEGISLAÇÃO

Neste capítulo, destacamos a legislação e os provimentos que fundamentam a lavratura das escrituras de arrolamento, conforme a sucessão legítima e testamentária.

Em cada legislação, os textos podem ser acessados via QRCode ou link.

Acesse mais sobre o conteúdo: Leis nº 11.441/2007 (Lei do Inventário no Tabelião de Notas), nº 10.406/2002 (Código Civil), nº 13.105/2015 (Código de Processo Civil), Quadro comparativo do Código Civil de 1916 e de 2002, Provimentos nº 149/2023 e nº 18/2012 e Resolução CNJ nº 35/2007.

> uqr.to/1u2b6

NORMAS EXTRAJUDICIAIS DA CORREGEDORIA-GERAL DA JUSTIÇA DO ESTADO DE SÃO PAULO

Acesse mais sobre o conteúdo: Processo nº 2016/52695 – São Paulo – Corregedoria-Geral da Justiça do Estado de São Paulo.

> uqr.to/1u2b7

LEGISLAÇÃO SOBRE O ITCMD: LEI, DECRETO, RESOLUÇÃO, PORTARIA CAT E OUTROS

Acesse mais sobre o conteúdo:
Leis nº 9.591/1966, nº 10.705/2000, nº 10.426/2002, Portarias CAT nº 15/2003, nº 5/2007, Instrução Normativa da RFB nº 2.186/2024, Decreto estadual nº 56.693/2011 e Decreto nº 46.655/2002.

> uqr.to/1u2ba

PROVIMENTO CGJ Nº 37/2016 – Altera o item 129, do Capítulo XIV, das NSCGJ, incluindo subitens (Processo nº 2016/52695 – Parecer 133/2016-E)

O DESEMBARGADOR MANOEL de Queiroz Pereira Calças, Corregedor-Geral da Justiça, no uso de suas atribuições legais,

CONSIDERANDO a necessidade de aperfeiçoamento do texto da normatização administrativa;

CONSIDERANDO o exposto, sugerido e decidido nos autos do processo nº 2016/00052695;

RESOLVE:

Artigo 1º Dar nova redação ao item 129 e subitens, do Capítulo XIV, das NSCGJ, nos termos que seguem:

129. Diante da expressa autorização do juízo sucessório competente, nos autos do procedimento de abertura e cumprimento de testamento, sendo todos os interessados capazes e concordes, poderão ser feitos o inventário e a partilha por escritura pública, que constituirá título hábil para o registro imobiliário.

129.1 Poderão ser feitos o inventário e a partilha por escritura pública, também, nos casos de testamento revogado ou caduco, ou quando houver decisão judicial, com trânsito em julgado, declarando a invalidade do testamento, observadas a capacidade e a concordância dos herdeiros.

129.2 Nas hipóteses do subitem 129.1, o Tabelião de Notas solicitará, previamente, a certidão do testamento e, constatada a existência de disposição reconhecendo filho ou qualquer outra declaração irrevogável, a lavratura de escritura pública de inventário e partilha ficará vedada, e o inventário far-se-á judicialmente.

Artigo 2º Este provimento entra em vigor na data de sua publicação, revogadas as disposições contrárias.

São Paulo, 17 de junho de 2016.

(a) **Manoel de Queiroz Pereira Calças**

Corregedor-Geral da Justiça

(*DJE* 28-30.06 e 04.07.2016)